基于大数据理念的普通高校体育课程教学评价体系构建与实践研究

乡村振兴背景下农村公共体育服务供需矛盾和治理路径研究 XSI

现代体育课程实践
与排球运动教学分析

肖　潇　著

吉林科学技术出版社

图书在版编目（CIP）数据

现代体育课程实践与排球运动教学分析 / 肖潇著
. -- 长春 : 吉林科学技术出版社 , 2023.6
ISBN 978-7-5744-0582-0

Ⅰ . ①现… Ⅱ . ①肖… Ⅲ . ①体育教学—教学研究—
高等学校②排球运动—体育教学—教学研究—高等学校
Ⅳ . ① G807.4 ② G842.2

中国国家版本馆 CIP 数据核字 (2023) 第 113897 号

现代体育课程实践与排球运动教学分析

著	肖 潇
出 版 人	宛 霞
责任编辑	杨雪梅
封面设计	古 利
制 版	古 利
幅面尺寸	170mm×240mm
开 本	16
字 数	200 千字
印 张	15.75
印 数	1–1500 册
版 次	2023年6月第1版
印 次	2024年1月第1次印刷

出 版	吉林科学技术出版社
发 行	吉林科学技术出版社
地 址	长春市南关区福祉大路5788号出版大厦A座
邮 编	130118

发行部电话/传真　0431-81629529　81629530　81629531
　　　　　　　　　　　81629532　81629533　81629534

储运部电话　0431-86059116
编辑部电话　0431-81629510

印 刷	廊坊市印艺阁数字科技有限公司

书 号	ISBN 978-7-5744-0582-0
定 价	113.00 元

前　言

　　体育是学校培养全面发展人才的一项重要教育内容，学校的体育工作直接影响着 21 世纪建设人才的素质。随着教育体制改革的不断深入，素质教育已成为我国教育体制改革的重要部分。新的教育理论和实践模式的提出，也成为体育教育工作者十分关注的问题和研究的方向。

　　随着课程改革的推广和普及，高校体育教学开始突破旧的教学模式，从观念、内容到方法、手段全方位发生了变革，高校体育要贯彻终身体育，建立"健康第一"的体育教学思想，从以技能传授为主的教学转向使学生参与运动、养成习惯、掌握技能、学会保健、提高素质、增进健康的教学，使学生在校期间就能掌握科学锻炼身体的方法和手段，养成锻炼习惯。因此，不管是从教学的角度，还是从强身的角度，体育教学都是一项非常重要的内容。

　　本书围绕现代体育课程实践与排球运动教学展开分析，从论述现代体育的概念与分类、体育基础理论的解读和体育教学体系中的要素分析方面入手，深入分析现代体育课程教学的目标与内容安排、现代体育课程教学模式与方法选用及现代体育课程课堂教学实践，重点探讨了排球运动的教学理论与实践。本书内容丰富，实用性强，逻辑清晰，由浅入深地分析现代体育课程实践，并对排球运动的实践教学进行了深入探索。对从事与研究高校体育教育的工作者具有参考价值，并且具有一定的出版意义。

　　本书参考了大量相关文献资料，借鉴、引用了诸多专家、学者和教师的研究成果，得到了很多专家学者的支持和帮助，在此深表谢意。由于能力有限，时间仓促，虽极力丰富本书内容，力求著作的完美无瑕，并经多次修改，仍难免有不妥与遗漏之处，恳请专家和读者指正。

目　录

第一章　现代体育的相关理论及要素

第一节　体育基础理论解读

一、体育的概念与分类

(一) 体育的概念

"体育"一词目前有多种解释，美国百科全书用 physical education and sport，即体育与运动，泛指一切非生产性的体力活动，即从兴趣出发，以竞技为目标和以强健身体为目的的体力活动。国际名词协会出版的《体育名词术语》中 physical culture 直译为身体文化，一般译作体育，解释为广义文化的一部分，它综合各种身体练习 (活动) 来提高人的生物学潜能 (力) 和精神潜力的范畴、规律、制度和物质条件。

狭义的体育是指身体的教育；广义的是指身体教育、竞技运动、身体锻炼三者的总称。目前我国对体育概念的解释是：体育是一种特殊的社会现象，它是以发展身体、增强体质、增进健康为基本特征的教育过程和社会文化活动，包括身体教育、竞技运动、身体锻炼三个方面的内容。

(二) 体育的类别

1. 学校体育

学校体育是我国各级各类学校的一门必修科目，按照不同层次学校的不同教育目标，并根据在校学生年龄特征，面向全体学生，通过高校体育课程教学和课余体育锻炼活动，运用各种体育内容与方法，发展学生体育运动，增强学生体质，传授体育知识、技术和技能，提高学生体育文化素养和终身体育的能力，培养思想道德素质及意志品质的一种有组织、有计划、有目的的身体教育过程。所以说，学校体育是学校教育的重要组成部分，也是全民体育、全民健身的基础。

2. 社会体育

社会体育又称群众体育或大众体育，主要是以健身、健美、休闲、娱乐、保健和康复为目标的群众性体育活动。社会体育的开展有助于活动者身体、情绪、精神和社会、家庭的健康。目前国内外经常开展的娱乐体育、余暇体育、养生体育和医疗保健体育均属于此范畴。其特点是：内容丰富多样，表现形式新颖灵活，自愿参加并因人而异，注重实效性，具有广泛的群众性，其活动领域遍布整个社会与家庭。

3. 竞技体育

竞技体育又称为竞技运动，也称精英体育，是指运动员根据规则以取胜为目的的竞技性和娱乐性的身体活动，为了最大限度地发挥和提高个人和集体在形体、体能、心理和运动能力等方面的潜能，以取得优异成绩为目的而进行的科学、系统的训练和竞赛。未来高水平竞技体育将成为一种专业化、职业化的社会体育现象。

社会体育是高校体育的延伸，它可使人们的体育生涯得以延续并受益终身。

二、体育的本质与性能

随着社会的发展和人们生活水平的日益提高，体育逐渐走进人们的视野，融入人们的生活，使人们能进一步认识和理解体育的本质和功能。但是，多年来由于各种社会原因，在我国体育界对体育的本质和功能一直没有形成统一的认识。究其原因，一方面，人们对体育现象自身的复杂性、广泛性及其体育本质、本质属性和功能等概念的外延与内涵的模糊认识，或多或少地阻碍了对体育本质的探讨；另一方面，人们对探讨体育本质、功能的理论价值缺乏正确的评估。下面对体育的本质和功能进行论述。

（一）本质体现

本质是事物本身所固有的，决定事物性质、面貌和发展的根本属性。在国外体育发展史上，从古希腊的柏拉图、亚里士多德、法国的卢梭到后来众多的学者对体育都有过较多的研究和描述。总的来看，国外的观点多把体育看成教育的一个重要组成部分，重视从强身健体、增进健康的视角去认识体育的本质属性。

体育作为一种锻炼身体、增进健康、改善生活方式、提高生活质量的方式，其本质过去是、今天是、将来必定还是"以人体运动为基本手段，增进人们健康，提高人们的生活质量"。

(二) 性能体现

在当今体育全球化和扩大化发展的背景下，体育的功能由原来单一的身体功能向政治、经济、文化等多元功能扩展，但无论怎样变化，体育的本质功能总是与健康联系在一起。

体育在生理、心理方面的功能得以细化和加强，而体育的社会功能也正在悄然发生转变。

转变一：从生产到生活。这一转变涉及体育与经济的关系，是世界性的趋势。促进生产发展，曾被认为是体育最重要的社会功能。在体力对生产力的发展起重要作用的年代，体育培养身体强壮的生产者，而生产的目的就是再生产，增强体质直接增强了劳动生产力。进入后工业社会，体力不直接作用于生产，体育的社会功能从促进生产劳动转变为提高生活质量，并为培养高素质的人才发挥作用。

转变二：从群体到个体。这一转变涉及体育与政治的关系发生变化。体育活动尤其是高水平的竞赛，给人类和平发展带来了损害，偏离了体育的终极目标。从群体到个体，并不是说应该放弃群体的需要和利益，而是应该把这种需求和利益更好地体现于个体。

转变三：从工具到玩具。工具是为了完成工作而利用的器物；玩具是在休闲生活中得到快乐的载体。当然，"工具"功能的转移并不意味着其"工具"作用消失。"玩具"作用的增加，实际是要突出它在满足人们对体育休闲文化需求中的作用。

(三) 多视角下的体育本质

1. 从体育发展人的自然和社会属性方面来看体育的本质

人们至今对体育的本质还没有一个明确的概念。究其原因，是因为人类体育现象自身的复杂性、广泛性，研究体育现象角度的多样性及其体育本质、本质属性和功能等概念内涵的外延性与内在性的模糊认识等，可能或多或少地起了一些阻碍探讨体育本质的作用。因此，有些学者认为探讨体育的本质没有必要，如果继续下去无非是在玩文字游戏而已。这种观点是不恰当的，随着社会的发展，许多和体育本质相违背的事物也冠冕堂皇地以体育自居，以下从哲学、人类学和逻辑学的角度对体育的本质进行阐述。

体育的本质问题是体育理论中最基本的问题，即体育的本质是体育的核心，但这个问题迄今为止众说纷纭，莫衷一是。毋庸置疑，体育的本质是指决定该事物是它自身，而不是别的事物的性质。事物的本质是隐蔽的，是由现象来表现的，不能简单、直观地去认识，必须通过现象掌握本质。本质属性则是指该事物所具有的必不可少的特征，有着与其他各类事物区别开来的属性。因此，要揭示体育的本质，首先要把握体育的本质属性，这对探究体育的本质有着极其重要的意义。

从逻辑学的角度探求体育的本质。"教育性"和"身体活动性"是构成体育的两个不可缺少的本质属性。探讨体育的本质应把视角由功能转向本体，并严格区分"本质属性"的不同，体育的本质是"教育"，而体育的本质属性则是"身体活动性""增强体质""促进健康""培养全面发展的人"等，这些都是体育本质属性的现实反映。

有人对体育的本质提出了不同的观点，认为体育与教育的关系必须具备三个要素：教师、学生和教学手段。而在体育中，只有学校体育满足这三个要素，竞技或健身虽然可以有教练或指导，但并非必需。因此，这两者并不属于教育范畴。据此，体育和教育并不应该是属种（即包含）关系，而是交叉关系，即有的体育是教育而有的体育不是教育。在谈到体育与文化时指出：人的活动又包括物质活动（实践）和精神活动（认识）。体育是人的活动，当然可以归到文化范畴里。但是它又不属于人的精神活动，否则就无法和体育理论分开，体育只能是人的物质或实践活动。此观点认为，体育实践的主体和客体是统一的，即都是人本身，而其他任何实践活动都是主客体分离的。因此，人类以自身身体为改造对象的身体练习，也就成了体育区别其他实践活动的本质属性。最终认为体育是人类通过身体练习来改造自身，挑战极限的实践活动。

还有一种观点认为体育的本质属性是教育性、健身健心性和身体活动性为一体的。体育区别于其他事物的本质属性，应当包括三个方面的含义：(1) 体育是教育的一部分，体育最近的属性是教育，如钓鱼、斗鸡之类的项目就不能称为体育。(2) 都是以增强体质、促进健康、发展身心为目的，那么，不是以健康为目的，甚至不利于健康的项目，如拳击、斗牛以及影响健康的竞技项目就不能称为体育。(3) 都是以身体活动、自身活动、锻炼身体为手段，那么以脑力劳动为主的，如下棋、打扑克等活动就不能称为体育。

以上三种具有代表性的观点都是从不同的角度来阐述对体育本质的认识。体育作为一种社会现象与人类社会的产生和发展相适应，是一个演化的过程。它刚传入我国时，是指对身体的教育，即作为教育的一部分出现的，是一种与维持和发展身体的各种活动有关的教育过程，与国际上理解的体育是一致的。但笔者认为单纯地把体育的本质理解为"教育"或是"强身健体"都有些片面，虽然许多事物都有自己的"本质"，但并不代表着体育的本质就是一成不变的，所以笔者认为应该从两个方面来理解：

(1) 从自然属性来看体育的本质

体育作为人的对象性活动伴随着人的整个发展过程。而在动物界中类似体育运动的行为，如黑猩猩的嬉戏打闹、老虎的打斗、鸵鸟的追逐等这些动物的行为在运动形式上尽管和人类的一些体育运动形式相似，但并不能称之为体育，因为它们的这些行为只是一种本能的表现，而不是有意识的活动。相反，体育运动则是有意识的人体的活动，不仅"健身"而且"健心"。劳动能育体，但它也不能称为体育，劳动有直接的生产目的，虽然能让人有一个强壮的身体，但劳动却不一定完全会带给人健康。而体育需要人类有目的地采取积极的手段来健身和健心。所谓"健身"，就是通过有目的的体育活动促进人的自然个体的生长发育与成熟，提高人的生理功能水平，使人的体能得到全面发展。所谓"健心"，就是通过参加体育活动在情感上获得"快乐的体验"，使人的自然属性获得积极的变化。所以，人只有具备了健康的体魄这个自然的属性，才能真正成为支配各种事物的主体，才能在这个基础上从事其他社会实践。

(2) 从社会属性看体育的本质

体育以人为中心，是一种社会活动。体育和人融为一体的同时，作为一种社会属性需要人们掌握其基本知识与技能，按照自己的意愿不断地积累并传递下去。

体育是促进人全面发展的重要手段，通过促进作为生产关系的人，以及作为生产力的人的全面发展而展开。一方面，现代社会需要的人才不仅仅是纯粹的劳动力，而是需要掌握一定的科学知识和多种技能的人，通过体育促进人的体力和智力的协调统一，正是为社会各种"发达的劳动力"打下体质基础；另一方面，通过对人们进行教育，促进人的道德品质以及人的情感、性格、意志的发展。但体育不是万能的。既不能单纯地把"教育"作为体育的本质，像围棋、象棋等一些智力性较强的项目并不具有与体育相符的特性，它们的绝对支配性无法和体力表现性融为一体；也不能把"强身健体"作为体育的本质，像竞技体育因为超越极限的目标和特质而导致对运动员身体的损害是有目共睹的。二者是相辅相成、相互依存的，不能简单地把它们区分开来，只有将这二者有机结合起来才能揭示体育本质。

2.体育功能学理解说：特殊功能与一般功能

（1）特殊功能

功能是"事物或方法所发挥的有利作用"。事物的功能是人们制定自身行为方式的前提条件。体育的功能是体育本质的外在表现。由于体育是通过身体运动的方式进行的，是由人体直接参与的活动，所以它的独特功能是运动健康身心，这也是它的本质功能。体育的本质功能为人们的健康、愉快和幸福服务，这也是体育能在人类社会中长盛不衰的根本原因。因此，通过体育运动来实现增强自身体质、促进人自由发展的目的，这正是体育的独特之处，也是体育区别于其他事物和社会活动的根本出发点。

人的身体素质是思想道德素质和科学文化素质的基础，也是一个民族和国家强盛的基础。体育的本质功能和最基本的作用是作用于人的身体素质，对人身体素质的提高及民族的强盛有着独特的作用。可见，通过体育锻炼来增强自身体质、寻求乐趣、提高精神面貌已经成为更加广泛的社会需求，同时也成为当今世界各国普遍重视体育运动的最根本原因。

功能一：体育运动能提高身体的各种机能和改善人的思维能力。体育活动可以改善人的大脑，促进血液循环和身体的各种代谢活动，使人的整个机体的工作能力和防病能力得到提高，同时还可以改善人体内物质的代谢过程，减少脂质在血管壁的沉积，对心血管疾病的发生起到积极的预防作用，从而延缓心脏的衰老。经常锻炼还可以增大呼吸肌的力量和增强呼吸肌的活动能力，使肠胃的蠕动力增强，提高消化吸收能力，使人的食欲旺盛，同时还能预防某些消化系统的疾病，进而达到延缓衰老、延年益寿的目的。

功能二：体育运动能调节人的心理，改正不良的心理反应。在现代社会快节奏、高效率的生活状态下，人容易产生焦躁不安、抑郁、自卑等消极心理，人们往往只重视身体的疾病而忽视了心理的健康，时常无名的发火，心烦都找不出什么原因。因而及时排遣不良情绪对身心的健康是十分必要的，从事自己感兴趣的体育活动就具有这样的功能，它不仅可以活跃人的情绪，放松心情，而且还可以开阔视野，充实人的情感。当然，人们在进行体育运动时需要克服许多的困难，因此体育运动对个人的意志品质具有特殊的培养和陶冶的作用。在比赛中既可以激发人的拼搏进取精神，又可以有效地培养人们竞争和协作的精神。在现代社会里这些精神风貌的形成有助于人们在得与失、荣誉与耻辱之间做出选择，人的心理承受能力也因此得到增强。

功能三：体育运动使人们对生活有了新的追求。随着社会的发展，人们对体育从单纯的重视身体锻炼开始向多角度、多层次转变，逐渐形成了多维的体育观。人们参加和欣赏体育运动锻炼的目的也随之发生变化，在追求健身的同时更注重精力的充沛和享受。因为现代体育运动在赋予人肌体美的同时还注重人类美的精神、美的品质、美的情操的培养和熏陶，更注重个人生活质量的提高。

（2）一般功能

功能一：教育功能的体现。体育是学校教育中的一个重要组成部分。早在公元前三百多年，古代希腊哲学家亚里士多德的教育思想中就有关于体育、德育和智育相互联系的内容。他认为智力的健全应依赖于身体的健全，因此体育应先于智育，从而出现了"德智皆寄于体"的至理名言。现在几乎所有的国家都把体育作为教育的内容之一，主要是因为现代教育中的体育不仅仅是促进生长发育、增强体质、提高技能的重要手段，而且体育与德育和智育相结合更能培养人的兴趣和习惯，有效地克服和纠正不良的习气，促进形成健康的优秀品格。

功能二：体育的娱乐功能体现。随着当代社会人们闲暇时间的不断增加，体育娱乐活动越来越被人们重视。如现代都市生活使人与大自然的距离越来越远，但参加户外体育活动可以调节生活，使人们享受回归大自然的乐趣，通过参加刺激的体育活动使人们能够体验到创造人生价值的乐趣，经常观看体育比赛可以从运动员的高超技艺中得到美好的艺术享受。因此，体育可以给人们的闲暇生活增添乐趣、陶冶情操，培养高尚的品德，从而给社会带来进步。

(四) 体育的本质和功能之间的关系

体育本质反映了体育过程内部的特殊矛盾，构成了体育区别于其他事物的特性。体育的功能则是体育整体上表现出来的属性，是和实践活动联系在一起的，有着多种多样的表现形式，在不同的条件下是可以发展的。本质决定了功能，功能是本质的实践体现。如果能够透过功能从纷繁复杂的矛盾中找到潜藏在现象中统一、普遍、稳定的东西，找到体育活动与其他实践活动根本区别的特殊规定性，那么就可以找到体育的本质。

体育这一社会文化现象之所以能够存在和发展，是因为它作为人的对象性活动伴随着人的整个发展过程。正是体育的"教育性"和"健康身心"的有机结合，以至于在现实生活中体育才具有"增强体质、调节精神、减少疾病、促进健康"等功能。所以，随着社会的发展和进步，人们对体育本质和功能的认识也逐渐深刻起来。体育的地位越来越重要，正逐步被人们发掘和利用。

三、体育与健康维护解读

(一) 健康的界定

"健康"是当今使用频率最高的词汇之一，互联网的中文搜索引擎下，"健康"的相关条目数以千万计，可见人们对健康的关注程度之高。

世界卫生组织提出了健康的 10 个标志：(1) 精力充沛，能从容不迫地应付日常生活和工作的压力而不感到过分紧张。(2) 处世乐观，态度积极，乐于承担责任，事无巨细不挑剔。(3) 头发有光泽，无头屑。(4) 应变能力强，能适应环境的各种变化。(5) 能抵抗一般性感冒和传染病。(6) 体重正常，身材均匀，站立时头、肩、臂的位置协调。(7) 眼睛明亮，反应敏锐，眼睑不发炎。(8) 牙齿清洁、无空洞、无痛感，齿龈颜色正常，不出血。(9) 善于休息，睡眠良好。(10) 肌肉、皮肤富有弹性，走路轻松有力。

(二) 影响健康的因素

1. 影响健康的先天因素

影响人体健康的先天因素是遗传。遗传是指自然界的生物通过一定的生殖方式，将遗传物质从上代传给下代的一种生物现象。遗传学告诉人们，生殖细胞中染色体和排列其上的脱氧核糖核酸 (DNA) 携带遗传信息。遗传信息可以把上一代的特征 (如肤色、身高、相貌等) 传给下一代。当携带的遗传信息基因或染色体异常时，就会引起遗传性疾病。现在已发现有五千多种疾病与遗传有关，如色盲、唇裂、血友病、糖尿病等。

2. 影响健康的后天因素

(1) 生活习惯因素

良好的生活方式是人体健康与延年益寿的保证。不良的生活方式会导致各种疾病，严重地损害人体的健康与寿命。如经常暴饮暴食、营养不合理，容易造成营养过剩，从而导致肥胖，使血液中胆固醇含量过高，诱发心脑血管疾病和糖尿病。

(2) 环境影响因素

环境因素包括自然因素和社会因素。

自然环境又称物质环境，是指围绕人类周围的空间客观物质世界，如水、空气、土壤及其他生物等。良好的自然环境与人体保持着一种平衡关系，对人体健康有促进作用。但是近年来随着人们对经济利益的过分追求，导致自然环境的污染和恶化，如乱砍滥伐，森林、植被面积大幅度减少，工厂废气、汽车尾气、噪声等，对人体的健康都有损害作用。

社会环境又称非物质环境，是指人类在生产、生活和社会交往活动中相互间形成的生产关系、阶级关系和社会关系等。在社会环境中有诸多的因素与人类健康有关，如社会制度、经济状况、人口状况、文化教育水平等。安定的社会、良好的教育、发达的科学技术等，无疑能对健康起到良好的促进作用。反之，则可能影响健康。

（3）心理调节能力因素

人的心理活动对人体健康的影响已引起人们的重视。人的心理活动是客观存在的，是人的大脑对社会客观现实的反映。积极的情绪对健康有良好的促进作用，能改善大脑功能，增强机体免疫力，使人感到精力充沛。而消极的情绪则与疾病的发生和发展有密切联系。如果人经常处于闷闷不乐、忧虑、紧张压抑的精神状态，会导致躯体生命系统整体功能的失调而引起各种疾病，损害身心健康。

（4）营养饮食因素

营养与健康有着密切的关系。一方面，合理的营养是正常生长发育的基础，也是增进健康、防治疾病的有效手段之一；另一方面，如果营养摄入不足或不全面，会导致各种营养缺乏病，如缺铁性贫血、维生素 A 或维生素 B 缺乏症等，如果营养摄入量过度或失调又会导致"现代文明病"，如心血管疾病、糖尿病、肥胖症等。因此人们必须科学而合理地摄入营养，使日常饮食尽量符合营养科学、合理的要求，保证身体健康的需要。

（5）科学运动因素

现代科学研究证明，人体通过运动可使形态和机能产生一系列的适应性变化。在联合国教科文组织颁布的《体育运动国际宪章》中也明确提到，体育是提高生活质量的手段，能培养人类的价值观念。适宜的体育活动对人类的健康起着独特的作用：促进生长发育，提高免疫功能，改善神经系统的均衡性和灵活性，使心肺功能得到增强，预防和推迟病变，增进健康，延缓衰老。

（6）健康认识因素

健康意识是指人们在生活、工作、学习等活动的过程中，对健康及其重要性的认识，以及由此产生的思想理念和心理活动的综合体现。

现在大部分人对健康的理解存在误区，对自身的亚健康状态认识不足。多数人只有在身体出现明显的病态表现以后，才会意识到身体出现了问题。因此，帮助人们建立正确的健康观念，提高人们的主观认知，对身体健康会产生积极的、良好的影响。

(三) 体育锻炼和健康维护的关系

1. 体育锻炼决定人体生理基础

(1) 体育锻炼促进神经系统机能的提高

神经系统包括大脑、脊髓、神经和神经细胞。长时间的脑力劳动，会由于大脑供血不足和缺氧而导致头晕脑胀。进行体育锻炼，尤其是在新鲜的空气中开展运动，可以有效改善大脑的供血情况，使大脑消除疲劳，恢复活力。从事体育锻炼还可以延缓脑细胞的衰亡，保持大脑的"年轻态"。

体育锻炼还可以改善神经系统的调节功能，提高其对复杂变化的判断和反应能力，并及时做出协调、准确、迅速地应对。经常参加体育锻炼能够加强神经系统兴奋和抑制的交替转移过程，从而改善大脑皮层神经系统的均衡性和准确性，提高脑细胞工作的灵活性、协调性、反应速度和耐受能力等。如果缺乏必要的体育活动，大脑皮层的兴奋性将会下降，导致平衡失调，甚至引发某些疾病。

(2) 体育锻炼有益于循环系统机能

循环系统由静脉、动脉和毛细血管组成，它在心脏的驱动下，为人体各个部位提供氧气和各种养料。

经常从事体育锻炼能使心肌细胞内的蛋白质合成增加，心肌纤维增粗，心壁增厚，心肌力量增强，每搏输出量加大，使血液的数量增加并提高其质量。研究表明，在安静状态下，健康成人心脏的每搏输出量为70毫升，而经常运动者可达90毫升。体育锻炼可以增加血管壁的弹性，并促使大量毛细血管开放，大大加快能量供应，提高新陈代谢。体育锻炼可以显著降低血脂含量、改变血脂质量，在遏制肥胖、健美形体的同时，能有效地防治冠心病、高血压和动脉粥样硬化等疾病。体育锻炼可以降低血压，舒缓心搏，预防心血管疾病。病理学家通过解剖发现，经常运动的人患动脉硬化的概率要远远低于不常运动的人。

(3) 体育锻炼有利于提高运动系统的机能

运动系统由骨、骨联结和骨骼肌组成，它支撑起身体，并保护各器官的系统运作。体育锻炼能够增强运动系统的准确性和协调性，保持较好的灵活性，使人有条不紊、准确敏捷地完成各种复杂的动作。

体育运动可使骨密质增厚，骨小梁排列更加规则整齐，促使青少年骨的长径生长速度加快，直径增大，极大地提高骨的坚固性和抗弯、抗断、抗压能力。同时，可促进骨骼中钙的储存，预防骨质疏松。

体育运动可使肌肉的效能增强，肌肉更加粗壮、结实、发达而有力。具体表现为肌红蛋白和肌糖原的数量增加，肌纤维增粗，肌肉体积增大，肌肉的收缩力量加强，速度增快，弹性提高，耐力持久。

经常进行体育锻炼还可以增强关节周围肌肉的力量和韧带的柔韧性，从而扩大关节活动的幅度和牢固程度，减少各种外伤和关节损伤。

(4) 体育锻炼有利于改善呼吸系统的机能

呼吸系统由呼吸道 (鼻、喉、气管和支气管) 和肺组成。

体育运动可以增加肺活量 (人体尽全力吸气后再尽力呼出的气体总量) 和肺通气量 (每分钟尽力呼出或吸入肺内的气体总量)。经常参加体育锻炼，特别是做一些伸展扩胸运动，可使呼吸肌力量增强，胸廓扩大，有利于肺组织的生长发育和肺的扩张，使肺活量增加。同时，体育锻炼时需要大量地吸入氧气和排出二氧化碳，这就要求呼吸肌加强收缩，使肺泡充分张开，加深呼吸的深度，从而有效地提高肺的通气效率，使人体承受更大强度的运动量。实验证实，经常参加体育锻炼的人，肺活量可增加一千毫升左右，肺通气量可达一百升 / 分以上，均高于一般人。

(5) 体育锻炼有利于提升免疫系统的机能

体育运动本身是一种运动负荷的刺激，经过反复刺激，身体的各个系统就会产生形态及功能的适应性变化。在这种应激与适应的生理反应过程中，免疫机能也会相应提高。

(6) 体育锻炼有利于增强消化系统的功能

经常进行体育锻炼能促进胃肠蠕动，增加消化液分泌。运动中肌肉的收缩和舒张能对胃肠起到按摩作用，在提高食欲的同时增强吸收能力。

但应注意，不宜在饭后立即进行体育活动，或剧烈运动后马上就餐，运动和吃饭之间要有一定的间隔休息。一般认为，运动后至少休息 30 ~ 40 分钟再进食，或饭后间隔约 1.5 小时再进行运动较为科学。

运动时，在中枢神经系统的调节下，对全身的血液进行重新分配，以保证对肌肉骨骼营养物质和氧气的供应。此时管理消化的神经尚处于抑制状态，消化腺的分泌减少，胃肠蠕动减弱。运动越剧烈、持续时间越长，消化器官就越需要时间恢复。

同样，如果饭后立即参加剧烈运动，就会致使正在参与胃肠消化和吸收的血液又重新分配，流向肌肉和骨骼，从而影响胃肠机能。甚至可能因为胃肠的震动和肠系膜的牵扯而引起腹痛及不适感，影响人体的健康。

2. 体育锻炼构建人体心理健康

心理健康又称精神健康，指的是人能积极调节自己的心理状态，适应环境（包括自身环境、自然环境与社会环境），有效地、富有建设性地发展和完善个人生活。其包括五个方面：① 智力发育正常；② 情绪稳定、乐观进取；③ 意志坚定、行为协调；④ 人格健全、自我悦纳；⑤ 良好的社会适应性。心理健康的人能够随外部环境变化而不断调整自身的心理结构以维持内外的平衡。

（1）体育锻炼有改善心理健康的作用

体育锻炼是改善心理环境、增强心理健康的重要手段之一。研究表明，有氧练习和力量、灵敏性练习均可改善人的心理健康水平。长期进行体育锻炼和渐进性放松练习均可降低人的焦虑水平。体育锻炼作为一种发泄口，可将各种烦恼、焦虑、不安等情绪发泄掉，从而使心理得到平衡，增进心理健康。

体育锻炼能消除人的紧张情绪，发泄内心的冲动、烦闷和单调，提高人的自信心和责任感，满足人与人之间交往的需要，磨炼人的性格和意志。经常参加体育锻炼，能有效地放松紧张的精神状态，改善人的自我感觉，消除沮丧和失望情绪，这是保持和增进心理健康、消除心理疾病的重要方法。

体育锻炼是一种低消费支出、低风险和低副作用的有效改善心理健康的手段，它对人们心理健康的积极影响表现为改善情绪状态。体育锻炼能直接给人们带来愉快和喜悦，并能降低紧张和不安，从而控制人的情绪，改善心理健康状况，培养坚强意志和良好的适应能力。

体育锻炼作为一种具有丰富强烈的情绪体验的活动，是帮助青少年克服困难，培养坚强意志、获得奋发进取精神的有效手段。通过体育竞赛可使学生增强自信，自我激励，争取不断地超越他人、超越自我，获得奋进向上的积极情绪体验。体育竞赛永远伴随着成功与失败，它可以增强学生承受挫折与失败及克服困难的能力，能培养不屈不挠的意志品质，消除可能存在的心理障碍，促进心理健康。体育锻炼能够调节情绪，改善人际关系，有助于摆脱压抑、悲观等消极情绪，降低焦虑、忧郁等心理障碍的程度，从而形成健康的心理，增进身心健康。

（2）体育活动是有利于产生良好心理效应的因素体现

1）主动的心理意识

参与体育锻炼有主动和被动两种方式。若是被动参与，自己并没有锻炼的意识和兴趣，将不能很好地达到锻炼效果，而且抵触心理还会给心理健康带来不良影响。积极主动地参与，有自己锻炼的目的，如获得健康、塑造体形、放松心情等，这样就有了锻炼的目标，也能获得更好的锻炼效果。锻炼的意识越强，目的越明确，产生的心理效果也就越好。

2）科学的运动强度

适度的体育锻炼有利于个人的心理健康，而过度运动和身心的耗竭会对心理健康产生不利影响。当情境对训练者提出过高的要求，而且超出训练者所能达到的标准时，就会出现过度疲劳，从而导致运动者的身心耗竭、身体机能下降，心理上也会出现压抑、疲劳、焦虑、易怒、情绪不稳、精力不集中等症状。所以体育锻炼的强度对于锻炼者来说很重要，要想达到健康的目的就要把握好运动的强度。

3）愉悦的运动过程

喜爱运动并从中获得乐趣，可以产生良好的心理效果。运动愉快感是在运动瞬间体验到的，通常是不可预料地突然出现。调查表明，由于缺乏运动愉快感，多于50%的人在获得理想的健康效果之前就放弃了运动。因此，选择体育运动项目要结合自己的体育兴趣和爱好，使其成为一种稳定的、健康的生活方式，只有这样才能达到锻炼的目的。

4）良好的运动环境

运动环境包括社会环境和自然环境，运动环境影响体育锻炼的心理效应。运动中的社会环境有体育锻炼的指导者、同伴、家长和观众等。在锻炼中有固定的伙伴，得到同伴的支持与认可，可以获得良好的心理效果。体育活动时的自然环境包括阳光、空气和水。清新的空气能令人心旷神怡、神清气爽，会使运动者产生愉快的心情，达到锻炼的目的，促进心理健康。

第二节　体育教学体系中的要素分析

一、教学主体

(一) 体育教师的任职资格

体育教师是体育文化的传播者和体育文明的创造者，是人社会化的促进者，是学生体育学习的指导者和合作者，是学生体质健康的维护者和发展者，也是学生完整人格的重要塑造者。

在课堂教学中，体育教师是课堂的主体，是学校体育工作的具体执行者。体育教师工作的好坏，直接关系到学校体育任务能否顺利地完成。

(二) 体育教师的教学能力

1. 组织教材能力

组织教材的能力是指教师根据教学大纲的教学目的、教材内容、教学条件及学生的实际情况来制订教学计划，决定教学的难点、重点及讲解示范的详略和对教材的增减能力。因此，在教学中，教师应认真学习体育教学大纲和教材，系统地分析了解和掌握各项教材内容的目的、任务和要求，并能根据课程任务、学生实际及教学条件等认真处理好每次课的教学内容。体育教师要从整体上把握教材的编排序列，明确学年、学期的教学内容，明确每一次课在整体教学中所处的地位和作用，进一步深入研究每次课程的教材，正确掌握动作要领、突出重点、突破难点。只有这样，从整体考虑到局部，由局部教学来实现整体目标，才符合教学最优化标准。

2. 选用教法能力

选择和运用好教学方法，是提高教学效果的重要环节，在选择教学方法时，教师考虑的方面越多，教学过程中所取得的效果也越好。现代体育教学方法多种多样，体育教师应对各种方法有全面的了解，通过比较，多中选优。教法的选择要有针对性，必须符合教学原则、教学目标、教材特点、学生的学习可能性、教师本身的可能性、学校的教学条件和所规定的教学时间。选出教学方法，并有效地加以运用。为此，要特别注意教与学的配合，保证师生双方的协调活动；充分考虑学生的外部表现和内部变化，使学生主动活泼地学习；还要根据学生掌握知识技能的不同阶段，使教学方法的运用既能前后联系，又体现出区别对待。

3. 教学组织能力

体育教师的课堂教学组织能力是上好体育课的重要条件。体育课一般在室外进行，外界环境干扰较大，学生人数多，学生兴趣和爱好不一致。因此，体育教师必须具备较好的组织管理能力。体育教师的组织管理能力主要表现为：课堂教学管理、课余训练、课外活动、体育竞赛的组织管理及对学生思想进行疏导、教管等方面。在学校体育工作中，要求体育教师对以上几个方面的工作具有较强的组织管理能力，才能胜任本职工作。

在教学中，要求教师严格地执行课堂常规，注意课程的结构和时间的合理安排，以及组织教法的合理运用，从而保证课堂的教学密度和运动负荷，提高课堂的教学质量。在教法方面，要做到讲解精练、示范正确，抓住重点、难点，因材施教，激发学生的练习兴趣，有效地调节、控制整个教学活动。运用启发式教学，提高学生的思考能力和分析能力，及时发现和纠正学生的错误动作，采用有效的保护措施，防止伤害事故发生，提高教学质量。

4. 语言表达能力

体育教师课堂上的语言表达能力主要表现在讲解流畅，口令准确，吐字清晰，声音抑扬顿挫，以及表情、姿势、手势等方面。体育教师语言的表述程度，将直接影响教学或训练的效果。教师语言描绘的形象性、生动性、准确性与幽默性，能唤起学生有关记忆，调动学生各种分析器官的协调活动。

体育教师的教学语言应力求无声和有声的结合。无声语言主要是表情达意的目光语、充满爱心的微笑语、得体适度的手势语和优美规范的身体语（示范动作）。体育课中的无声语言，对于增强学生的学习信心，积极大胆地参与各种练习活动具有特殊的功效。有声语言指口头语言，它要求体育教师讲好普通话，具有良好的发音、清晰的声调、响亮的口令、准确的吐词，指示应明确，讲解、比较、评价、结论应恰如其分。课堂上应尽量减少乃至消除"嗯""啊""这个"之类的多余话，出现这类的多余话，无疑是教师思路的中断、才华的不济和对黄金时间的浪费。所以，作为一名体育教师应特别注重对自己语言技巧的培养和提高，以便使体育课堂教学顺利进行。

5. 动作示范能力

示范能力是体育教师有别于其他教师的一种特殊能力，是直观性原则在体育课堂教学中的具体表现。在动作技能形成的第一阶段，教师最初的动作示范应当是正确、优美协调、完整和常速的，这有助于学生形成正确的动作表象及动作概念，也有助于激发学生学习动机，培养跃跃欲试的积极主动精神。在动作技能形成的第二阶段，根据实际教学的需要，教师可以改变示范的方式，例如做环节示范、正误对比示范或者慢速示范等。做完整动作示范时，应使学生看清动作的全过程、动作的阶段及各个阶段的衔接。做分解动作或做某一动作的细节时，应使学生看清楚完成动作的方法与要点和四肢、躯干的配合等。教师在示范之前应先讲清动作的全过程和所划分的阶段，以及应注意的要点。对可以停顿或做慢速度的动作，可边讲边示范，也可边示范边启发学生回答完成动作的方法和要点，也可要求学生模仿教师的动作，边听、边看、边想、边做，把注意力集中到学习技术动作上去。示范要选择适宜的时机和位置，并根据需要和场地等具体情况，做正面、侧面和背面的示范动作，同时还要注意不使学生迎着阳光、风向和容易分散注意力的方向站立。

6. 教学保护与帮助能力

保护与帮助是体育课教学中不可忽视的一个重要环节，是体育教学中常采用的一种有效预防创伤的重要措施。要掌握好为他人保护、自我保护、直接帮助、间接帮助、利用器材帮助等动作要领及方法。同时，学会选择适当的位置，把握准确的时机。在教学实践中通过师生的共同努力，尽量避免伤害事故，更好地保证体育教学任务的完成。

在技术练习中由于学生的身体素质和心理状态不尽相同，他们在完成练习时可能会出现某些错误动作，或因恐惧心理不敢参与练习，甚至造成意外伤害事故的发生。课堂上教师正确的保护和帮助，可使学生克服恐惧心理，树立起学习的自信心，避免伤害事故的发生，从而更好地完成课堂教学任务。有些练习尽管学生能够完成，但由于理解动作或身体感觉不准确，完成动作的标准和质量都达不到教学要求。在这种情况下，教师应及时给予学生帮助，使学生把技术动作做到位，正确感受技术动作的要领，这样无疑对学生掌握技术有良好的促进作用。有些学生由于心理素质差，虽具备完成练习的能力，却因怕受伤而不敢参与练习，这时，教师用信任的目光和手势或"大胆做，我来保护你"等鼓励的语言，可以使学生在心理上感到"教师信任我，有教师的保护，我一定能够完成练习"，从而克服恐惧心理，树立学习信心，战胜自我，大胆地投入练习中。可见，体育课中的保护与帮助对顺利实施课堂教学，完成教学任务有着积极的促进作用。

7. 教学评价能力

教学评价能力是体育教师应具备的教学能力之一。它包括课中评价和课后总结两个方面。

课中评价主要是对学生在课堂上的活动做出及时、恰当的言语评价。言语评价的作用在于能让学生及时了解自己的学习结果，从中获得信息反馈，提高学习兴趣和效果。同时学生在教师肯定性的评价中获得心理上的满足，从而保持学习的积极性和主动性。课后总结包括课堂总结和课后小结，课堂总结主要是对学生在课堂上的表现做出合适的评价，总结优点，找出不足，指出努力方向。课后小结主要是对课堂上的组织教法、课的实施状况及教学效果进行全面的分析和总结，并提出改进的意见和方法。

8. 评析教学活动能力

对体育的评析不能只着眼于某一节体育课，而应把体育教学作为一个完整的过程进行分析和评价。体育教学的评析能力包括对教师自身教学效果、学生学习效果的分析和评价两个方面。

体育教师教学效果评析，首先应评析一节课在整个教学过程中的关系，各环节与课的整体关系。然后评析教学目标与教学活动的选择是否一致，在教学活动中是否贯彻因材施教、区别对待的原则；是否采取学生的主观能动性，培养学生学习的兴趣，发展个性的措施；教学方法是否符合人体活动规律，学生生理、心理特点等。最后通过对学生的考核，分析学生的学习结果与教学目标的差距。教师通过以上自我评析，总结教学经验，改进教学方法，提高教学质量。对学习效果的检查、分析、评定，得出的各种数据十分重要，可以从中发现学生的学习程度与教学目标的差距，找出教与学中所存在的问题及产生的原因，从而提出改进措施。对学生学习效果的评析应综合学生整体教学活动中的发展过程和结果，以鼓舞学生学习，坚持锻炼，从而促进教与学的双边活动，使教学目标和学习目标趋于一致。

9.电化教学能力

随着时代的发展和科学技术的进步，越来越多先进的电化教学手段进入体育教学领域，投影、录像、多媒体等已逐步应用于体育课堂教学。这些先进的电化教学手段，形式新颖，内容丰富，知识含量大，对学生有较大的吸引力，容易使他们的注意力集中到课堂教学过程中，接受更多的知识点。体育教师应当熟练地掌握和运用各种电化教学手段，这是教育发展的需要，也是教学改革的具体要求。作为一名体育教师，若要适应新时期的体育教学工作，就必须具备电化教学的能力，这是新世纪体育教学工作对一名合格的体育教师提出的基本要求。尽快提高电化教学能力，全面改进体育教学工作，是摆在广大体育教师面前一项艰巨又重要的任务。

(三) 体育教师教学素养的含义

1.体育教学的界定

(1)体育教师教学的性质

体育教学包括对体育教学过程、内容的安排，对教学方法、步骤、组织形式的选择。由于这些因素的组合方式多种多样，决定了体育教学的复杂多变性。认识体育教学的特征，可以加深对体育教学的把握，更好地开展体育教学活动。

(2)体育教学的类别

1)课堂教学

课堂教学一般由教师控制课堂。如在体育课堂上，由体育教师选定教学内容、教学目标、方法和教材，确定每项活动延续的时间，制定评估标准，并评定每个学生的成果。它可以应用于不同的人际关系与教学氛围之中，但最适用的是教师采取权威式或家长式的姿态，而学生具有较低自由度的情景中。

2)以教师控制任务为中心的教学

从整体看，这种教学比课堂教学开放。尽管在应用这种教学时仍由体育教师指导教学，但是与课堂教学相比，它强调的不是教师做什么，而是学生的活动。这种教学不太适宜于权威型氛围，因为它要求学生对教师制定的应达到技术的目标和确定的考核标准发表自己的意见，即要求学生"管理"自己的学习活动。但是，这种教学的实施要求体育教师在明确最终目标后，做非常细致的准备并进行复杂的设计，在教学实践中检验结果。这种最典型的教学方法是程序教学法。教学的程序是根据学生所要达到的教学目标而设计的，一般包括描述一系列与目标相关的活动、成功的标准以及必要的入门技能。

这种教学采用的教学媒介有三部分：① 教师准备的材料，如对学生技术初始情况的"诊断"和步骤的设计等，另外，注意根据不同的材料采取不同的处理方式以帮助学生获取知识；② 学生自己准备的材料，包括小组讨论结果、学习技术中的实例研究等；③ 其他媒介，如教材、模式流程图、图像、幻灯等。这样的理想教学情境是建立一个教学资源中心，以满足所有学生的认知与情感需要。这种成功有赖于体育教师对学习环境的组织与构建，有赖于体育教师从对全体学生唯一的学习途径的高度控制，转向采用多种方法灵活结合的方式，以满足每个学生的不同需要。

3）以项目为中心的个别或合作教学

这种方式所涉及的是一个更易变化的情境，该情境要求体育教师掌握合作、管理的技能，建立民主的班级气氛，尊重学生的参与。其体育教学活动方式往往是教师与学生为达到预定的目标，一起选取和分析与教学方法、任务及程序有关的教学项目。在体育教学活动中，体育课由教师与学生共同合作完成。先由学生提出需要掌握某种运动技能，产生学习这种能力的愿望，教师再告知他们掌握这种技术的基本原理，让学生自己设计练习步骤。如果学生学习上有偏颇，教师再加以启发引导。

在此强调要运用发现教学法。在发现教学法中，概念与原则都是在体育教学活动中推演出来的。而在传统的教学中，概念、原则通常是由教师作为任务提出来让学生完成的，学生往往因处于非常被动的状态而不愿学习或拒绝学习。在采用发现法时，教学任务是以项目形式呈现的，学生通常由于没有掌握必要的运动技能而处于疑难境地。正是在这样一种真实的问题性教学情境中，学习运动技能的需要成为内在动机，从而推动学生去掌握必需的知识与运动技能。

这种教学的价值在于，使学生在真实的问题性体育活动中，不仅学会了自律，而且学会了怎样进行研究，怎样获得信息。值得注意的是，在应用这种教学时，体育活动时间的长短、活动项目的难易程度要与学生自身水平相适应。

2.体育教师的艺术教学

(1)开展教学艺术

组织教学是贯穿于每一堂课始终的。在课堂上，教师必须有条不紊地把学生组织好，充分利用每一分钟，保证课堂的密度和运动量适合学生的身体素质、生理特征。认真地贯彻基础知识、基本技术、基本技能的教学，使学生在一堂课中逐步达到既定的目标，生动活泼、饶有兴趣地圆满完成教学任务。正确地组织教学，讲究教学艺术，有利于学生系统地、有组织地进行练习，使学生养成遵守课堂纪律和积极参加体育锻炼的好习惯。在课堂的初始阶段，要采取有针对性的教学手段集中学生的注意力，激发学生练习的情绪，并使学生了解本次课堂的教学内容应该怎样练习，以及要达到什么样的目标。为了激发学生对体育课的兴趣，在队列操练、队形变化和练习作业上都要经常变化，而且组织形式也要多样化。同时在课堂上教师还要做到口令清晰，声音洪亮，能熟练地调动和变化队形，合理地安排练习。

(2)分析讲解艺术

体育教学中的讲解是以语言为主要表达形式，向学生传授体育知识，完成体育教学任务的重要环节。在体育教学中，教师要讲究语言的科学性和艺术性，使学生产生良好的心理定式和情感变化，才能激发学生学习的兴趣。在课堂上，教师通过简明扼要、生动形象的语言进行讲解，使学生了解技术动作的概念和练习方法，以及教师的教学目的和意图，从而使学生对所学的技术动作有初步的印象，并形成感性认识，再通过大脑的思维活动上升到理性认识。这样，就可以为顺利地掌握技术动作打下良好的基础。正因为这样，著名的生理学家巴甫洛夫把语言看作最有力的和万能的刺激物。

(3)动作示范的艺术

1)示范要明确目的

在体育教学中，示范是直观教学法的基本手段，教师的每一次示范都应当有明确的目的，什么时候示范、示范什么、怎样示范，示范中要提示学生观察什么、怎样观察等等，这些都应当根据认识规律和教学的目的任务、教学步骤和学生的实际情况而定。一般来讲，为了让学生对即将学习的新教材建立完整的动作概念，可以先做一次完整、准确的示范，在讲解的过程中，根据教学步骤，再进行重点、难点动作的示范。

2) 示范动作要标准有美感

在体育课堂教学中学生掌握技术动作的过程，本质是条件反射地建立和巩固的过程，是条件刺激和无条件刺激物（肌肉感觉）相结合的结果。因此，体育教师在教学过程中的示范动作要力求准确、优美、娴熟、大方，让学生观察教师的示范动作后，能建立起一个完美正确的表象。如果教师的示范不准确，学生在练习中就会出现错误动作，久而久之就会形成错误的动作定型，以后再纠正就不容易了。因此，在体育教学中教师示范动作的准确优美至关重要。

3) 示范要讲究适用性

示范的方向和位置要根据学生的人数和队形，动作的性质、结构和要求，以及学生观察的部位等因素来确定。一般教师示范动作要以让全班学生都能看得清楚为原则，有时还要根据动作的变化适当移动方向和位置，同时，在选择示范的方向和位置时，还得考虑阳光、风向和运动场地周围的情况等外界因素。

4) 示范动作做到有效传达

示范动作应当根据示范的目的，掌握快、慢的速度，有些技术动作结构比较复杂，为了使学生能够比较清晰地看清楚动作的过程，正确理解各个动作环节之间的变化，以及动作的顺序，应当适当放慢示范动作的速度。有的技术动作，如武术中的套路、篮球的跳起投篮等还可以采用分段和单个动作的示范和练习。为了加深学生的记忆，必要时还可采用正误动作对比示范，即教师在做完正确示范之后，将学生在练习时容易出现的错误动作也模仿出来，让学生对正确和错误动作进行比较，这样既活跃了课堂气氛，又可加快教学进度，提高教学质量。但是，教师在模仿学生错误动作时，千万不可丑化学生，否则会伤害学生的自尊心，影响学生的积极性。

(4) 开发学生思维艺术

古人云"授人以鱼不如授人以渔"。体育教学中不仅要教会学生某一技术动作，更重要的是提高他们的思维能力。在体育教学中可以结合教材的特点，多采用"发现教学法""小群体教学法"和"合作教学法"。此外，教师在启发式教学过程中要不断提出问题，有利于提高学生的注意力。在提出问题的时候，要突出重点，要有思维价值，要能激发学生的兴趣。再者，教师提问还可以增强师生之间的交流，使教师掌握学生的真实水平，有利于教师进一步有的放矢，展开教学。

（5）激励艺术

激励，是体育课堂教学中的教学艺术之一。加强教学激励的艺术，可以充分调动学生学习的积极性，把体育课上得生动、活泼、有实效。用激励的口气布置任务，可以充分利用人的自尊心和荣誉感，使其潜在的能力得到最大限度地发挥。相反，用命令的口气布置任务，则会从一开始就剥夺学生的主动性和创造性，降低他们活动的热情，尤其是在遇到有一定难度的任务时。在学习过程中，对于一些暂时遇到困难或动作发生错误的学生，教师要适时地给予他们指导和激励，此时学生最害怕的莫过于受到教师的挖苦和冷遇，如果处理不好，不仅不利于动作的学习，还可能造成学生对教师的逆反心理。遇到上述情况时，应肯定学生正确的部分、刻苦练习的精神，并提出新的期望，鼓励其向更高的目标迈进。对有过失的学生，奖惩要适度，晓之以理，动之以情，激发其改进和提高的动机和行为。总之，运用奖惩激励时，要注意内容、形式、方法的多样化、艺术化，创造适宜的奖惩心理氛围，充分发挥奖惩的激励杠杆作用，注意奖惩的激励艺术，充分调动学生的学习主动性和积极性，引导学生求知、求实、创新。

（6）调动课堂氛围的艺术

创造良好的体育课堂教学气氛，是广大体育教师努力追求的目标之一。体育教学过程是一个多元的、互动的体系，其中的师与生、教与学的意向、动机、兴趣等总是在一定的情境中产生的。运动技能的形成，认识水平的提高，健康心理的培养，都是在良好的课堂教学气氛中潜移默化地进行的。因此，探讨体育教学中如何对各种因素进行调控，使学生对学习产生浓厚的兴趣，拥有饱满的热情，从而创造良好的教学气氛，无疑具有重要的理论和现实意义。

（7）运动场所的艺术

气候、温度、光线、声音、气味和色彩，这些物理因素会直接影响学生的身心活动，使学生产生不同的生理和心理反应。清新的空气、整洁的场地、广阔的空间，能够使学生心情愉快、学习认真、精力集中，较快地掌握动作，提高学习效率。如果让学生在空气污浊、尘土飞扬、卫生情况较差的场地上学习，就会使学生精神涣散，降低教学效果。作为体育教师，首先要充分做好课前的场地准备。通过观察，精心设计、合理布局。如在阳光灿烂的日子，整洁的水泥球场、绿色的草场、红色的跑道，加上绿树成荫的花圃，每一个学生都会以最明朗的心情去拥抱蓝天和阳光。这样良好的教学环境就具有很强的凝聚力，它可以通过自身特有的影响力，将学生聚合在一起，使他们产生归属感和认同感，并产生安逸的愉快感。

巧妙地选择、组合体育活动器材。作为教学环境的重要组成部分，体育教学设施不仅直接影响和制约着体育教学活动的顺利开展，还以自身的外部特征给学生带来不同的刺激影响，如体育器材布置错落有致、整洁有序，则给学生一种愉快、轻松的感觉。教师充分备课、熟悉教材，对场地器材进行科学合理地布置，为学生创造一个良好的练习环境，刺激学生参与教学过程。调动学生多重感官的积极反应，使学生在认知过程中促进对信息的感知、理解，对学习的态度、教学效果、教学质量产生良好的影响，从而达到预期的教学目的。

(8) 评价交流艺术

在体育课中，教师还必须恰如其分地运用评价艺术来辅助教学。所谓的评价艺术，不仅指体育教师对学生掌握教学内容状况的评定，更重要的是指体育教师对学生的认可程度。因为每个班都会有体育基础好的和差的学生，因此以尊重的心态对每个学生做出适当的评价是非常重要的。对于体育基础差的学生如何给予评价，并如何提高他们的学习成绩，应该作为体育教师的教学重点。在对学生的评价中，学生的自我评价也是重要的组成部分。在自我评价中，学生既是评价客体又是评价主体，即学生不仅是评价者，更是自我评价的主人。学生自我评价是指学生依据评价目标和标准对自身所做的评定和价值判断。它有利于学生在学习过程中对自己的行为不断地进行检查和调整，形成良好的自我反思、自我调整的教育机制；有利于培养学生的主动参与意识，使学生在学习中主动设计自我成长的历程，使评价成为学生自己的事，使学生为自己的评价承担责任，真正成为评价的主人、学习的主人。

评价的最终目的在于促进学生的成长与发展。因此，通过采用多种形式的评价，对学生学习过程中表现出的兴趣、态度、参与学习程度，以及他们的语言发展进行判断，对他们的学习给予肯定，有助于提高学生的学习积极性，有助于培养他们的学习兴趣以及认识自我，获得成功的体验，建立自信心。

二、体育教学中的学生观

(一) 学生身心的多变性

学生是处于发展中的人，具有与成人不同的身体特点，有着他们特殊的需要和独立发展的方式，教师对待学生不能以成人的标准去要求，并且学生身心所展现的各种特征都是处在变化之中的，其各个方面的发展都潜藏着极大的变化性。因此，学生最需要教育，也最容易受教育。教师要以发展的眼光辩证地去看待学生，诸如教学目标、教学内容、教学方法等的选择，都要根据学生的身体发展水平来确定。

(二) 学生主体性的表现

1. 对教育影响的选择性

学生对教师的教育影响并非无条件地接受，他们希望教师的教学尽量适应学生的需要、符合学生的身心发展、运动员负荷量适当等。因此，学生有根据主体意识，积极地或消极地进行选择的权利。

2. 学习的独立性

学生的学习起点、学习的目标与追求、制约学习的个性心理特征等是各不相同的。体育教学中教师尤其要注意因材施教。

3. 学习的主动性

学生学习活动的主动性、自觉性是学生学习主体性的本质体现，体育教师的教学活动要建立在学生对体育学习的自觉、主动、自我追求的基础上。

4. 学习的创造性

对于体育教学任务的方式、方法、思路以及对问题的认识等，学生并不一定完全遵循教师所教的内容或方法，可能表现出一定的创新性和创造性。因此，体育教师要特别赞同并鼓励这种创造性。

(三) 学生具有的潜能特征

1. 丰富性

科学家对正常人潜能的估计令人感到惊讶，特别是丰富的人脑潜能。

2. 差异性

每个人都有自己的潜能领域，但潜能的能力、能量、等级因人而异。潜能的显现或与心理发展的关键期有关，或与人的社会性实践有关，或与早晚有别。

3. 隐藏性

潜能的特点就在于它的隐藏性，是沉睡在人体中不为人们所认识的各种特殊能力。

4. 可开发性

人的潜能是可以通过教育教学的训练而得到开发的，体育教育教学是发现和开发学生各方面潜能的重要途径。

(四) 学生具有差异性

体育教师面对的是有血有肉、活泼好动、各具个性的学生。而且，在不同年龄阶段学生的心理发展水平、生理发展水平都有差别，在知识结构、感知能力、思维水平、想象力、创造力以及兴趣、情感的表现力等方面也会有明显的差别。因此，因材施教是教学的基本原则，要求教师必须了解学生，懂得学生身心发展的特点。

三、师与生

(一) 教师与学生的关系

1. 常见的师生关系

(1) 以教师为中心

这种观点认为，在体育教学过程中，体育教师是绝对的权威，学生是服从者；体育教师是教学过程中的主体，学生是客体。这是 20 世纪的教学观念，可以说是以"教师中心、课堂中心、教材中心"为特征的典型代表在体育教学中的具体体现，它导致传统的体育课程过分强调接受式的学习方式，即教师尽力让学生根据自己的讲解和示范去学习和掌握技术动作。这种我教你学、我说你听、我做你练的填鸭式、灌输式的教学观念严重阻碍了学生主体性的发挥和发展，致使学生形成了单一、被动的学习方式，甚至体育教师的一个错误示范动作会导致全班学生形成一模一样的错误运动技术。同时，这种"三中心主义"不仅严重剥夺学生的自主性，伤害学生的自尊心，摧残学生的自信心，而且导致学生对体育教师的怨恨和抵触情绪，使师生关系经常处于冲突和对立之中。

（2）以学生为中心

有一种非常流行的极端观点，该观点认为：学生是教学过程的主宰，学什么、怎样学是他们自己的事情，教师要服从学生的需要，一切围着他们转。在体育教学中的表现之一就是"体育超市"现象的出现，这种观点把学生视为教学过程中的主体，体育教师是客体。

（3）师生都以各自为中心

师生双主体论包括以下几种观点：一是教师和学生同时互为主客体。认为教师是学生的学习对象，学生又是教师的教育对象。两者互为对象，所以两者互为主客体。二是教师和学生轮流互为主客体。认为教师是"教"的主体，学生是"学"的主体，教与学之间的矛盾是主要矛盾。当"学"成为矛盾的主要方面时，学生是学习的主体，教师是客体；相反，当"教"成为矛盾的主要方面时，教师是"教"的主体，学生是客体。三是学生和教师都是主体，但是教师主体又从属于学生主体。认为学生主体是认识意义上的，而教师主体只是社会学意义上的。

（4）学生是特殊客体的说法

该观点认为，体育教师是教学过程的主体，学生是客体，但学生是一种特殊的客体，他们具有自觉能动性。此观点与"教师中心论"相比有所进步，但是，仍然没有脱离"教师中心论"的本质。因为学生尽管具有"自觉能动性"，尽管是"特殊的"，但是当他被置于客体地位时，体育课堂仍然由体育教师主宰，学生的"自觉能动性"就只能表现在怎样做"客体"上。其典型表现就是一直把运动技术教学看作几乎是体育教学的唯一目标，过分关注学生运动技术的细节学习，忽视学生的情感培育和人格完善等。体育教师被简化和抽象为体育知识、运动技术的拥有者和传授者，学生只是知识、技术的接受者，还是客体。

（5）教师主导与学生主体的结合

这是我国体育教学理论和实践中非常流行的一种主流观点，这种观点也可以简称为"主导主体论"。这是在 20 世纪 80 年代，我国教育理论界试图调整平衡教学中的师生关系，提出的"教为主导，学为主体"的观点，即教师为主导，学生为主体。这种观点与"教师中心论"相比有了重大进步，明确承认了学生在教学过程中的主体地位。但是人们可以看出，首先，这是试图调整和平衡师生关系，既强调学生的主体地位，又要求发挥教师的主导作用。但是，"主导"表示功能，"主体"表示角色性质，两者不是依据同一个标准分类，不应该构成对应关系。其次，这种观点也有自相矛盾之嫌。当体育教师在教学中的主导地位得以确立并发挥主导作用的时候，学生这个"主体"是被人（体育教师）主导的，学生的主体地位就无法得到真正体现。反过来，当学生的主体地位真正确立起来的时候，体育教师又如何能够"主导"？因此，这种关系不仅在逻辑上不成立，而且在实际教学中也难以理解和运用。

总之，以上五种观点各有各的道理，但是又都存在许多不足和缺点。在新课程改革的今天，由于社会和教育大背景及学生的认知和个性发生了根本性的改变，师生关系也越来越被人们所重视。因此，许多教育专家提出了新的观点。

2.师生关系的内涵

（1）师生关系的反思

体育教学中的师生关系是体育教师与学生之间最基本的人际关系，其本质应该是体育教师和学生之间以情感、认知和运动行为交往为主要表现形式的心理关系，反映他们之间寻求满足其社会需要的心理状态。在体育教学活动中，师生双方如果都能尊重对方且尽力如对方所愿，相互之间就会产生积极肯定的情感体验，如高兴、愉快、满意等，并保持接近或亲密的心理关系。

（2）师生关系本质

师生关系是教师和学生为实现教育目标，以其独特的身份和地位通过教与学的直接交流而形成的多性质、多层次的关系体系。可见，体育教学中的师生关系不仅是体育教师与学生的关系在体育教学过程中的体现，而且是一个体现了人际交往和教学管理等特征的关系，不仅直接影响运动场上教师向学生传授运动技能，促进学生身心健康的效果和质量，也影响着学生对体育课的兴趣、对学习过程参与的积极性和创造性、对运动项目的情感和认知，可以说，体育教学中的师生关系，直接关系到体育课的教学质量，良好的师生关系是体育教学取得成功的必要保证，是实施素质教育的必备条件。

(3)造成师生关系失衡的因素

体育教学中影响师生关系的主要因素是教师、学生和教学思想，如体育教师的个性特点、人格魅力、运动水平、教学技巧和对职业的认同程度等，学生的体育兴趣、运动基础、年龄、性别特点和对体育教师的评价等。但是最主要的因素是体育教学指导思想，例如在"技能论"教学思想的时代，就过分关注学生运动技能的掌握，忽视学生的情感培育和人格完善，学生被当作反复操练运动技术的工具而非活生生的人，这就是传统师生关系的一个写照。

需要说明的是，不论何种师生关系，一旦决定必将对体育教学效果产生决定性的影响，同时必将影响学生的课外体育锻炼，最终影响学生的身心健康。因此，必须创建平等、和谐的师生关系，重视对学生情感的培养，要将运动技能的教学和培养学生正确的体育态度、积极情感、道德规范、合作精神、健康行为等结合起来，促进体育教学为学生的课外体育锻炼服务，这样的体育教学才更有意义和价值。

(二)体育教学中的师生关系："交互主体性"

1．"交互主体性"师生关系的历史起源

(1)后现代主义思想

后现代主义思想是20世纪60年代兴起的具有世界影响的文化思潮，它提供了一种全新的思维方式，反对传统的形而上学同一性、静止结构、二元对立的立场，它用超二元对立的思维方式代替了二元对立的思维方式，使思维具有了全面性，从而更全面地把握事物的本真状态。同时，它所具有的丰富性、回归性、关联性和严密性等特点正在冲击着人类研究的各个领域。

（2）体育教学观在后现代主义思想下的体现

从后现代主义思想可以得知，后现代主义将教育的本质看成教师和学生以"语言"为中介进行交互的过程。教育活动的本质是人与人之间的交往互动，如果教师和学生离开了交互关系，那么也就不存在教师和学生的角色身份，即孤立的教师角色和孤立的学生角色是不存在的。因此，体育教学在本质上讲应该是生成性的、建构性的，是通过参与者的行动（如运动中的肢体语言展示）和交互作用（如练习过程中的保护与帮助）来形成的。在体育教学过程中，由体育教师和学生共同形成和发展整个过程，并不断地对体育教学方案、场地器材进行调整与部署。因此，后现代主义思想下的体育教学观鼓励教师和学生发展一种对话关系，在教学过程中持续进行思想交流，教师和学生围绕具体的运动情境，在各自不同的立场上表达自己的意见，通过与对方的沟通最终达成和解。可见，体育教学过程应该是一个开放的、自组织的过程，是学生积极主动地参与运动的过程。学生的体育学习也不再完全是被动地接受式学习，而是在活动中不断成长的过程，是主动地运动参与和实践探究的过程。

综上所述，虽然后现代主义体育教学观超越了现代主义体育教学观，但是，后现代主义体育教学观下的师生关系也是相对于现代主义师生关系而言的。认识到这点很重要，可以使人们更好地理解后现代主义师生关系的本质特征。那么，后现代主义体育教学观下的师生关系应该具有什么特征呢？

2.建构"交互主体性"的师生关系

（1）"交互主体性"师生关系的内涵

"交互主体性"这一概念最早是由德国著名哲学家胡塞尔提出的。运用在体育教学中，有两层含义：首先，体育教师和学生皆为教学过程的主体。因为体育教师"闻道在先"，他们的经验更成熟，在运动解剖学、生理学、保健学、运动技术和组织管理能力等各方面的水平远远高于学生，因而，体育教师担负着体育教学过程中的组织者、引导者、咨询者、促进者的职责，体育教师是这方面的主体。学生在人格上与体育教师绝对平等，他们有独特的精神世界和价值观念，他们自由、自主、民主地参与体育课堂教学，在体育活动过程中有选择的权利和创造性地自我表现的权利，所以，学生也是主体。其次，体育教师和学生这两类主体之间在尊重差异的前提下展开持续的交往。如一堂体育课中，体育教师的教学设计、场地器材布置、讲解示范、组织练习和比赛等都体现了体育教师的主体性，而学生的接受、自主、合作或探究学习体现了学生的主体性，当学生练习中出现了理解上的困惑、错误的动作或者难以掌握的技术等，必须由体育教师去指导和帮助的时候，他们之间就一定会持续地发生"交互主体性"的关系。

可见，体育教学中的师生交往不仅要建立在知识、技术、技能的传授上，而且要建立在情感、意志、道德、信念的理解与共识上，在交往中发挥各自的主体性，并相互影响，摆脱原子式单子主体性，走向多极主体的理解与交往，持续地发生交互作用，由此形成"交互主体性"关系的理念，也是有效实现"教学相长"的信念。这种"交互主体性"关系实质就是民主型人格的本质，它既不是双主体的关系，也不是主体与客体的关系，更不是人与物的关系，而是人与人之间民主平等、相互理解和共同发展的交往关系。

(2)"交互主体性"的建构必然性

21世纪是一个知识经济时代，知识的发展日新月异，更加要求人们的体育教学要以培养学生的体育学习能力，尤其是终身体育意识和能力为重。这就需要体育教学通过变革体育教学氛围、教学内容及价值取向来设计、组织，相应地使体育教师和学生形成"交互主体性"的应答性教学环境，因为体育教学不仅是人与人之间的交互作用，也是人与环境之间的交互作用，能力的发展不是孤立的，总是处于一定的情境中，只有这样，才会使主体的人性更加丰富多彩，教学的效益更加事半功倍。

学校体育教学应当是教师和学生这两类主体"交互作用"而形成的"学习共同体""学习共同体"的中心使命就是使学生拥有接受优质教育的权利，形成健全的人格。新体育课程标准体现了促进学生健全人格的形成，关注每一个学生的成长健康，促进评价的发展功能和学生的运动参与、运动技能、身体健康、心理健康和社会适应等目标的整体达成等。因此，"学习共同体"的作用是通过师生共同参与运动、平等对话、真诚沟通、彼此信赖等来激发运动兴趣、增强参与意识、提升运动技能、共享运动经验、促进身心健康、实现自我超越。所以，为了有效地提高体育教学的效果，体育教师在教学中必须树立"学习共同体"的新理念；必须具备"教学即对话"的新思想；必须具备建立良好的交往互动关系的新技巧；必须具备新时期体育教师素质的新需要。

体育教学是体育教师"教"与学生"学"的统一，这种统一的实质是交往，交往的本质属性是互动性和主体性。一方面，对学生而言，交往意味着主体的凸显、心态的开放、潜能的激扬、个性的彰显和情愫的解放等，体现为在体育教师的组织指导下，掌握学习主动权、学会学习、学会锻炼、学会评价，从而全面实现体育学习目标；交往还意味着体育教师角色定位的转换，体育教师由教学中的主角转向"平等中的首席"，从传统的运动技能的传授者转向现代的学生体育素养的提高者和健康素养的促进者；意味着体育教师通过高度的责任感，高超的体育技艺去塑造学习主体，帮助学生展现学习目标和完成目标。另一方面，在体育教育过程中，师生作为活生生的人应该相互敞开、相互倾听、相互包容，学生不再是一种绝对服从式的听命和练习，学生在没有任何强制的条件下充分发挥主动性和独立性，尽情享受体育的乐趣和魅力，体育教学在某种程度上成了一种合作的游戏。可以说，在新体育课程改革中，建构这种交互主体性的师生关系是体育课程改革的必然趋势之一，它不仅符合新课程的理念，而且也是应时代所需，顺时势所趋。

但是，当人们站在新体育课程改革的此岸遥望素质教育的彼岸，在"素质教育喊得震天动地，应试教育抓得扎扎实实"的今天，每一位呼唤体育教学变革快速发展的人都应该清醒地意识到，到达彼岸的航程绝非一帆风顺，艰难的起步是教学观念的彻底转变，而概念的转变是观念转变的前提，所以，在体育教学中非常有必要强调树立新型的师生关系概念——"交互主体性"。

总之，在后现代主义环境下，传统体育教学中各种类型的师生关系已经明显存在不足，已经不能适应新世纪学校体育课程改革与发展的需要，树立新的体育教学观并在此基础上建构"交互主体性"的师生关系，促进新体育课程改革的实施，是新体育课程理论发展的必然趋势。后现代主义体育教学观下的师生关系为人们顺利推进新体育课程变革提供了全新的视角和思路。新体育课程改革必然需要新的理论来为之导航；必然引起学校体育理论的发扬；必然出现体育教学理论的新样；在此，新型师生关系——"交互主体性"的建构就是一种尝试。只有这样，才能真正建设好充满活力的体育课堂；才能真正地把体育课堂变成以培养创新精神和实践能力为重点阵地的主战场；才能真正地使学校体育工作成为全面推进素质教育的重要突破口与切入点。

第二章　现代体育课程教学目标与内容安排

第一节　体育的目标与组织形式

一、高校公共体育的目标

(一) 高校公共体育目标的结构

1.高校公共体育目标的外部特征

(1) 高校公共体育目标的层次

高校公共体育目标是有层次结构的，而且不同的层次结构在功能方面也有一定的差异。此外，高校公共体育目标的层次结构还有横向与纵向之分。

① 高校公共体育目标的横向层次

体育目标的横向层次，从实质上来说，反映了各种具体的体育目标之间的关系。具体到高校公共体育目标，其从横向角度大致可以分为运动参与目标、运动技能目标、身体健康目标、心理健康目标和社会适应目标五个方面。这五个方面的目标是相互独立又有一定联系的，对于总体体育目标的实现发挥着重要的制约作用。

② 高校公共体育目标的纵向层次

体育目标的纵向层次，从实质上来说反映了体育目标的上下层次关系。具体到高校公共体育目标而言，其从纵向角度大致可以分为以下几个层次：

第一，高校公共体育的总体目标，即教育目标。教育目标反映了社会对于合格成员的基本要求，通常会有一定的社会政治倾向性。同时，这一层次的高校公共体育目标经常被写进国家和地方的法规，或其他形式的重要课程文件之中。

第二，高校公共体育总体目标的具体化，即培养目标。通常来说，教育目标一旦确定，各个级别、各个类型的学校都必须予以遵守。但在此基础上，各级各类学校也可以根据自身的性质、任务以及培养对象的特点等制定具体的培养目标。对于高校来说，具体的培养目标便是高等教育目标。高等教育目标是有着高度概括性的目标，也是高校在制定公共体育目标时必须充分考虑的一个方面。

第三，高校公共体育的课程目标。这一层次的高校公共体育目标是培养目标在体育课程领域的表现，它是结合体育学科本身的特点、教育目标、学校的培养目标、学生的特点以及社会的需求而制定的。

第四，高校公共体育课程目标的具体化，即教学目标。这一层次的高校公共体育目标是对课程目标进行具体化的结果，而且有着很强的可操作性。同时，这一层次的高校公共体育目标多是由高校体育教师依据实际情况制定的，因而更具有针对性和可行性。

(2) 高校公共体育目标的功能与特性

高校公共体育目标有着自身独特的功能与特性，而且不同层次的高校公共体育目标在功能与特性方面是有一定差异的。只有明确了高校公共体育目标的功能与特性，才能更准确地把握高校公共体育目标的内容以及其与其他体育教学目标的不同。在此基础上，才能保证高校在制定公共体育目标时的科学性和合理性。

(3) 高校公共体育目标的着眼点

教学目标都是围绕着需要解决的问题来制定的，"需要解决的问题"便是教学目标的着眼点。只有切实明确了教学目标的着眼点，所制定的教学目标才能更有针对性和可操作性。基于此，高校在制定公共体育目标时，首先要明确需要解决的问题。

(4) 高校公共体育目标搭载的文件

在对高校公共体育目标的外部特征进行分析时，其所搭载的文件也是一个不可忽略的重要组成部分。目标搭载文件决定了高校在制定公共体育目标时，必须明确目标要写的概括还是具体，是否可以出现超学段的目标等。

2. 高校公共体育目标的内部要素

第一，条件。条件是决定目标难度的因素，在规定目标难度和学习进度时，可以利用目标中的条件因素来进行变化。以排球垫球来说，目标"自己抛球后将球垫起"和"接垫同伴隔网抛来的球"在难度上是不同的，而导致这种不同的原因则是垫球的条件不一样。

第二，标准。在对目标的难度进行改变时，标准也是一个十分重要的因素。以排球垫球来说，目标"垫出的球要达到2米的高度，并落到本方场地中"和"垫出的球要达到3米的高度，并落到本方场地的前半场"在难度上是不同的，而导致这种不同的原因则是垫球的标准不一样。

第三，课题。在对目标的难度进行改变时，课题也是一个十分有效的因素。一般来说，课题是通过改变动作形式（运动课题）来使目标的难度发生改变。

（二）高校公共体育目标的制定

1. 制定高校公共体育目标的重要性

（1）能够保障高校体育教学目的的实现

将高校公共体育教学目标与高校体育教学目的进行分析发现，两者在方向和性质方面具有一致性。不过，相比高校体育教学目的来说，高校公共体育教学目标要更为具体。此外，在对高校体育教学目的实现情况进行衡量时，一个重要的标志便是高校公共体育教学目标的实现情况。基于此，可以断定，高校公共体育教学目标的制定是否合理，在一定程度上影响着高校体育教学目的能否有效实现。

（2）能够促进高校体育学科教学功能的发挥

高校体育教师在开展公共体育教学时，一项重要工作便是合理地制定公共体育教学目标。这项工作若不能很好地完成，很可能导致公共体育教学目标与体育教学的基本功能相偏离，从而导致公共体育教学的主要功能无法得到充分发挥。从这一角度来说，合理地制定高校公共体育的目标，可以促进高校体育学科教学功能的发挥。

（3）能够促进高校体育教学任务的明确与落实

体育教学任务能否顺利实现，在很大程度上受到体育教学目标的影响。因此，体育教学目标不明确或不恰当，都会导致体育教学任务不明确，继而导致体育教学任务无法顺利完成。从这一角度来说，合理地制定高校公共体育的目标，可以促进高校体育教学任务的明确与落实。

(4) 能够对高校公共体育的教学过程进行有效的规约

高校体育教师在开展体育教学时，必须以体育教学目标为指导。这里所说的体育教学目标对体育教学的指导，主要表现在三个方面：一是体育教学的方向要与体育教学目标保持一致；二是体育教学方法的选择要以体育教学目标为依据；三是体育教学的过程要受到体育教学目标的规约。基于此，体育教学的最终结果、体育教学结果的分步达成情况以及体育教学分步结果之间的逻辑关系，都需要靠恰当的体育教学阶段目标来明确。从这一角度来说，体育教学目标对体育教学的大致进程予以了预先规定，开展体育教学的过程便是实现体育教学目标的过程。

(5) 能够指引、激励教师的教与学生的学

对于一个人来说，只有设定了恰当、明确的目标，才能明确自己的愿望以及接下来努力的方向。而目标一旦与行为相结合，就能促使人产生强烈的动机。虽然说体育教学目标在制定的过程中并非只涉及体育教师和学生两个主体，但不可否认的是，合理的体育教学目标一定会反映体育教师的教学努力方向，以及学生的学习愿望。基于此，体育教师要想明确自己工作的努力方向并切实努力地去工作，学生要想制定合理的学习目标、产生积极的学习动机，必须以科学合理的体育教学目标为指导。从这一角度来说，制定科学合理的高校公共体育目标能够有效地指引、激励教师的教与学生的学。

(6) 能够形成检验教学成果的标准

高校公共体育教学的成果如何，是需要通过一定的标准进行衡量的。其中一个重要的标准便是高校公共体育教学是否有效实现了预期的目标。从这一角度来说，合理地制定高校公共体育的目标，可以形成检验高校公共体育教学成果的重要标准。

2. 制定高校公共体育目标的依据

(1) 现代社会发展的需要

伴随着社会的不断发展与进步，社会的生产方式以及人们的生活方式也发生了重大改变，即生活节奏不断加快，脑力活动相比体力活动来说也大大增加。在此影响下，人们的心理压力呈现出逐渐增大的趋势，从而严重影响了人们的健康状况。因此，自21世纪以来，世界各个国家都极为重视人类的健康问题。由于学校是对青少年学生进行体育与健康教育的最佳场所，

因此学校必须承担起培养学生身心健康的任务，即要积极为社会培养身心健康的合格人才。因此，高校在制定公共体育的目标时，必须考虑现代社会发展的需要。一般来说，高校在对现代社会发展的需要予以考虑时，可具体从以下两个方面着手：

第一，社会的经济、政治、科学文化、生产力的发展水平对体育课程提出的要求，在很大程度上影响着高校需要培养的人才的质量规格。只有确定了需要培养的人才的质量规格，高校在开展公共体育时，才能制定出更有针对性的公共体育目标。

第二，社会文化传承的需要。文化的传承是一个动态的积累、选择、转化与传递的过程，即在传承文化时，要对传统文化的精髓予以选择性地吸收，并将其转化为能够与时代相符合的有用东西。只有这样，传统文化才能伴随着时代的发展而不断得到传承。而体育经过数千年的发展历程，也形成了自己的独特文化。因此，对于学校公共体育来说，不仅要注意增强学生的体质、增进学生的身体健康、提升学生的身体素质，而且要注意对体育文化进行传承。基于此，高校在制定公共体育的目标时，必须考虑社会文化传承的需要。

(2) 大学生的身心发展特点

教育是一种改变人行为方式的过程，从这一角度对体育教育进行理解，就是通过开展体育教学工作来寻求学生发生各种行为变化的活动。此外，体育课程的主体是学生，课程教学要想取得理想的效果，必须切实以学生的身心发展特点为依据来选择和运用课程教学内容、课程教学方法、课程教学组织形式和课程教学模式等。基于此，高校在制定公共体育目标时，要想确保其科学性和可行性，必须充分考虑大学生的身心发展特点。

(3) 高校的发展状况

高校公共体育的开展情况会受到高校自身条件的直接影响。因此，高校在制定公共体育目标时，也要充分考虑自身的实际情况。各个高校所在的区位条件有一定的差异，其所具备的体育场馆、体育设施设备、体育师资队伍等也有一定的不同。因此，各个高校在制定公共体育目标时，切不可一刀切，必须充分考虑自身能够为开展公共体育提供的条件。

(4) 体育课程本身的功能

在当前，体育课程已经形成了多元化的功能，如健身功能、教育功能、文化功能、娱乐功能等。这些功能要求人们对传统的单一生物观的体育课程目标重新进行审视，并认识到形成多维体育课程目标的重要性。基于此，高校在制定公共体育目标时，体育课程本身的功能也是必须考虑的一个方面，即高校公共体育目标应是多元化的，能够促进学生全方位的发展。

二、高校公共体育的组织形式

(一) 体育课教学

1. 高校公共体育理论课

在高校公共体育课中，理论课是十分重要的一个组成部分。高校公共体育理论课主要是向学生传授与体育相关的理论与方法的一类课程，开展这一课型主要是为了实现以下几个目标：

第一，引导大学生形成正确的体育意识，树立科学的体育态度，养成终身体育的兴趣与习惯。

第二，丰富大学生的体育知识体系，提高学生的体育文化修养。

第三，促使大学生形成良好的体育精神与道德。

第四，帮助大学生掌握科学体育锻炼的基本理论与方法。

2. 高校公共体育实践课

体育教学与其他学科教学相比，最大的一个区别便是具有实践课，且实践课是体育课程的主体部分。因此，高校公共体育课的实施效果，不仅会受到理论课的影响，还会受到实践课的影响。所谓高校公共体育实践课，就是以高校公共体育教学进度所规定的教学内容为依据，组织学生在体育场馆进行身体练习的课程。通过开展这一课型，可以在帮助大学生掌握身体锻炼的基本动作、技能与方法的同时，促进大学生的体能发展，增强学生的身心健康。此外，随着社会的发展以及教育改革的不断深入，高校公共体育实践课也需要不断地丰富与完善，以更好地发挥其作用。

(二) 课外体育活动

1. 课外体育活动的重要性

高校在开展公共体育时, 运用课外体育活动这一组织形式有着十分重要的作用, 具体表现在以下几个方面:

第一, 课外体育活动在高校公共体育教学中有效开展, 能够确保学生的体育兴趣和体育需要得到有效的满足。

第二, 课外体育活动在高校公共体育教学中有效开展, 能够使学生在自愿选择体育活动的过程中获得积极的情绪体验, 进一步激发学生参与体育活动的积极性和主动性。

第三, 课外体育活动在高校公共体育教学中有效开展, 能够使学生在长时间的脑力活动之后进行一定的体力活动, 以便学生的大脑能够得到积极而充分的休息。学生在大脑得到充分休息后再次投入脑力活动即学习之中, 必能大大提高学习的效率。

第四, 课外体育活动在高校公共体育教学中有效开展, 能够在一定程度上帮助学生树立终身体育意识、养成终身体育习惯、奠定终身体育基础。

第五, 课外体育活动在高校公共体育教学中有效开展, 能够丰富学生的课外文化活动, 而课外文化活动属于校园文化建设的一项重要内容。据此可以断定, 丰富多彩的课外体育活动有助于校园文化的有效构建。

2. 课外体育活动的形式

就当前而言, 课外体育活动的形式主要有以下几种:

第一, 早晨体育活动。这里所说的早晨体育活动, 指的是清晨或上午第一节课前进行的体育活动。该类课外体育活动有着丰富的内容, 如广播体操、健身操、武术操等。学生通过参与该类课外体育活动, 可以使自己还处于休息状态的神经细胞被唤醒以至兴奋, 从而为接下来的学习奠定重要的基础。

第二, 课间体育活动。这里所说的课间体育活动, 指的是两课之间所安排的体育活动。该类课外体育活动可以使学生在经过较长一段时间的学习后获得暂时的放松, 以便能够精力充沛地投入下面的学习之中。需要注意的是, 课间体育活动不可花费较长的时间, 也不能有太大的运动负荷, 以免影响学生接下来的课程。

第三，课后体育活动。这里所说的课后体育活动，指的是大学生在一天的课堂学习结束后所进行的身体锻炼。该类课外体育活动通常有着一定的目的性、计划性和组织性，而且内容丰富、形式多样，除了个人积极参与课后体育锻炼以外，还有以学生体育社团（各单项运动协会）组织所开展的各类体育活动及竞赛；以俱乐部形式所组织的各类健身活动；以学生自发组织的各类体育兴趣锻炼小组。各种各样的体育活动吸引了大学生的参与，在丰富大学生的体育知识、增强大学生的体质、开阔大学生的视野、陶冶大学生的情操等方面发挥着重要作用。

第四，睡前活动。不少大学生有晚上睡觉之前进行睡前活动的习惯，如花10分钟时间到操场散散步、打打拳等。该类课外体育活动能够使大学生在睡前放松身心，对于提高大学生的睡眠质量具有重要的作用。而大学生睡眠质量提高了，第二天自然能精神饱满地投入学习中，继而取得良好的学习效果。

第五，课余训练。大学生课余训练是一项有着很强目的性和专门性的课外体育活动，能够帮助学生进行系统的身体训练，从而有效提高学生的运动技术水平，提升学生的身体素质。

第六，全校性的运动会和体育竞赛。一年一度的校田径运动会是各高校都要举行的体育运动竞赛。田径运动会参加的人数多，规模较大，组织工作复杂，对校园的精神文明建设产生的影响也较为明显。通过举办田径运动会给全校师生提供一个展示运动技能和精神风貌的舞台，无论是运动会的参与者，还是运动会的观看者都会受到教育启迪。参与者在竞赛中积极进取、顽强拼搏、团结协作、严守规则、文明礼貌、尊重裁判的表现不仅是对自身人格的体现，同时也能感染教育他人。观看者则从运动员的良好表现中获得教育。每一次成功的校运动会，都会给学校带来新的活力。

第七，野外活动。顾名思义，野外活动就是在野外即自然环境中开展的与体育相关的活动。在当前，野外活动在我国学校开展尚少，但随着学校体育改革发展，野外活动必将引进学校体育，尤其是高校体育。在高校体育教学过程中恰当地运用野外活动这种体育教学组织形式，可以有效激发学生的体育学习兴趣和体育学习积极性。

第八，校外体育活动。顾名思义，校外体育活动就是在学校之外开展的体育活动。其能够对校内的课外体育活动进行补充，从而帮助学生形成终身体育意识，养成终身体育习惯。就当前来说，家庭体育、社区体育、体育俱乐部等都是十分常见的课外体育途径。积极支持和倡导学生参与校外体育活动，并创造必要条件，是高校体育应承担的工作。

第二节　当代大学生应具备的体育素养

一、树立正确的体育意识

(一) 体育意识的内涵

所谓体育意识，简单来说就是人们对体育及其重要性的认识，以及由此产生的思想观念、心理活动的总和。体育意识是一种十分复杂的社会现象，人们在不同的年龄阶段，所树立的体育意识是有一定差异的。具体到大学生来说，其需要树立的体育意识主要包括理解体育运动的重要意义和作用、产生参与体育活动的欲望、形成对于体育运动的要求等。

大学生在形成体育意识的过程中，会受到生理、生活、环境、学习、家庭及社会等诸多因素的影响。此外，大学生能否树立正确的体育意识，与高校体育教育的开展情况有着直接关系。也就是说，高校体育教育是帮助大学生树立体育意识的一个重要途径。具体来说，高校在开展体育教育的过程中，要对大学生的身心发展特点进行准确而全面的认知，在加强学生体育锻炼的同时，加强学生体育意识方面的教育，培养学生终身体育意识，为终身体育锻炼奠定坚实的基础。

(二) 大学生树立体育意识的重要性

对于大学生来说，树立正确的体育意识有着十分重要的意义，具体表现在以下几个方面：

第一，大学生只有树立正确的体育意识，才能形成良好的体育态度，学会正确地对待体育运动。

第二，大学生只有树立正确的体育意识，才能克服体育学习和练习过程中的阻力与困难，积极参与到体育运动之中。

第三，大学生只有树立正确的体育意识，才能深刻理解并准确把握体育的功能及其重要性，从而积极自觉地、长期地参与体育锻炼。

二、形成体育兴趣

(一) 体育兴趣的内涵

兴趣是最好的教师，人们只有对体育具有一定的兴趣，才能积极、主动地参与到体育活动之中。所谓体育兴趣，简单来说就是人们参加体育活动具有积极情绪的一种心理倾向。

一般来说，体育兴趣与人们的情感紧密相连的。比如，对体育有着浓厚兴趣的人，在观赏体育竞赛与表演时，总会全神贯注，甚至废寝忘食。在参与体育运动时，不论多苦多累，也会始终保持高度的热情。

此外，体育兴趣并不是天生的，它是以人们的需要为基础而产生的。也就是说，人们产生了体育需求，才能进一步激发自己的体育兴趣。体育兴趣可以通过认识活动和实践活动逐步形成并发展，而提高体育认识水平、获得愉快成功的体育体验是激发体育兴趣的两大因素。

(二) 大学生形成体育兴趣的重要性

对于大学生来说，形成体育兴趣有着十分重要的意义，具体表现在以下几个方面：

第一，大学生只有形成了体育兴趣，才能愿意并主动参与到体育锻炼之中，使体育锻炼取得良好的效果。

第二，大学生只有形成了体育兴趣，才能在参与体育活动时始终保持积极的态度和高度的热情。

第三，大学生只有形成了体育兴趣，才能真正树立起终身体育意识，坚持终身进行体育锻炼。

三、养成体育锻炼的习惯

(一) 体育习惯的内涵

所谓体育习惯，简单来说就是人们通过长时间体育练习而形成的、不易改变的、不需要意志努力的自动化行为模式。

体育习惯的养成，有赖于体育意识建立、体育兴趣培养以及持之以恒的意志。同时，人们在形成体育习惯的过程中，会经历一个从不自觉到自觉、从不习惯到习惯的过程。人们一旦形成了体育习惯，便会将体育运动作为自己日常生活中不可或缺的一个重要组成部分，将体育运动贯穿自己的一生。

(二) 大学生养成体育习惯的重要性

对于大学生来说，养成体育习惯有着十分重要的意义，具体表现在以下两个方面：

第一，大学生只有养成了体育习惯，才能科学、自觉地坚持体育锻炼。而大学生从运动中获得的成功喜悦又将内化为动力，帮助其进一步强化自己的体育意识和体育兴趣。

第二，大学生只有养成了体育习惯，才能在毕业走上社会后继续参与体育。

四、具备基本的体育能力

(一) 体育认识能力

对体育的认识水平、认识程度、认识能力是制约大学生体育意识形成的关键要求。大学生能深刻认识体育的功能作用，即能认识体育与国家、体育与时代精神、体育与个人事业、体育与家庭幸福、体育与人的生活质量等方面的密切关系，就能克服各种困难，积极投入体育活动中去。大学生知识较全面、扎实，智力优势明显，具备了提高体育认识能力的条件与可能。所以，要想使大学生的体育意识得到增强，一个有效的途径是提高大学生的体育认识能力。对于这一点，大学生也要有充分的认识，并积极学习与体育相关的知识，丰富自己的体育知识储备，从而为体育认识能力的提高奠定重要的基础。

(二) 体育运动能力

在大学生应具备的体育能力中，处于核心地位的是体育运动能力。一个具有良好体育运动能力的人，才能在参与体育运动时掌握正确的运动方法与技巧，获得积极的情感体验，形成相对稳定的体育习惯，这对终身体育是十分有益的。从这一角度来说，培养学生体育方面的一技之长，发展体育能力是终身体育的需要。

(三) 制订体育锻炼计划能力

科学地进行体育锻炼需要有计划，计划是对锻炼内容、时间、方法、运动负荷诸方面的安排。制订体育锻炼计划的能力体现在对锻炼计划中各项具体内容的合理安排。从事终身体育锻炼，以求体育锻炼实效，需要大学生具备制定锻炼计划的能力。

(四) 体育组织指导能力

对于从高校毕业的大学生而言，未来的工作不仅需要自己参与体育，而且有责任参与社区体育，并积极参与社区体育辅导，为社区体育发展做贡献。因此，大学生应具备基本的体育组织指导能力。

(五) 自我检查、自我评价能力

在引导大学生进行体育锻炼时，一项重要的工作便是引导大学生进行独立的体育锻炼。在这一过程中，大学生要想确保自己的体育锻炼取得良好的成果，必须及时对自身的锻炼行为和锻炼成果进行检查和评价。通过检查和评价，大学生能了解锻炼的效果，掌握存在的不足，继而有针对性地进行修正，激发自己锻炼的自觉性和积极性，更为合理地安排运动内容和运动负荷量、选择体育锻炼的方法等。因此，对于当代的大学生来说，自我检查、自我评价能力也是必须具备的。

(六) 体育观赏能力

体育观赏作为一种文明高尚的精神行为，已为越来越多的人所热爱。据统计，全世界每年参与体育欣赏活动的人数几乎达到世界人口的半数。如何进行体育欣赏，需要掌握较为丰富的体育知识、运动技术和战术，熟悉和懂得体育竞赛的规则和裁判法，保持良好心态，才达到观赏目的，取得良好的观赏效果。只有不断提高自己的欣赏水平、欣赏能力，才能充分发挥体育欣赏在改善人类生活品质，提高生活质量中的积极作用。

第三节　体育课程教学的内容安排探究

一、体育课程资源与高校体育课程资源的优化配置

(一) 体育课程资源的内涵

1. 体育课程资源的含义

所谓体育课程资源，简单来说就是能够满足体育课程活动的需要，有助于体育课程目标实现的一切素材和条件的总和。这里所说的素材和条件，既包括校内方面的 (如学校的体育场)，也包括校外方面的 (如社会公共体育馆)；既包括物力方面的 (如篮球、足球等体育器材)，也包括人力方面的 (如体育教师)；既包括传统的体育资料 (如体育教材)，也包括网络中的体育资料，以及最新的体育发展与科研成果等。

对体育课程资源的这一含义进行深入分析，会发现其至少蕴含着以下几层意思：

第一，体育课程资源是有可能直接进入体育课程活动而成为一项重要内容，或是能够为体育课程活动的开展提供支持的一切因素。在这些因素中，既包括有形的因素也包括无形的因素，并且都隶属于学校教育资源。

第二，体育课程资源是有助于实现体育课程目标、保证体育课程顺利实施的基础条件之一。

第三，体育课程资源是否丰富以及体育课程资源的开发、利用情况，会

对体育课程的实施范围、实施效率和实施水平等产生重要的影响。

第四，体育课程资源的存在，是体育课程得以生成的重要根基。

2. 体育课程资源的特点

(1) 体育课程资源的一般特点

体育课程资源与其他的课程资源一样，具有以下几个共同的特点：

1) 多样性

体育课程资源是为开展体育课程、实现广泛的体育课程目标服务的，而体育课程是丰富多样的，体育课程目标也是多种多样的，因此体育课程资源也必须具有多样性的特点。具体来看，体育课程资源既有来源于自然界的，也有来源于社会的；既有来源于学校内部的，也有来源于学校外部的；既有显性的，也有隐性的；既有人力的，也有物力的；既有文字和实物的，也有活动和信息化的等等。

2) 差异性

除了多样性，差异性也是体育课程资源的一个重要特点。具体来看，体育课程资源的差异性特点主要是通过以下几个方面表现出来的：

第一，在不同的历史时期和不同的文化背景下，人们的思想观念、价值观念等是有一定差异的。这就导致在不同的历史时期和不同的文化背景下，体育课程资源的内涵、外延及内容等也各具特色。同时，在不同的历史时期和文化背景下，可用于开发与利用的体育课程资源也是有所差异的。

第二，在不同的地域，由于受到区位条件、自然环境、社会条件、经济水平等的限制，可供开发、利用的体育课程资源在形式和表现形态等方面是有一定差异的。

第三，学校的实际发展水平、教师队伍的综合素质、学生的身心发展水平等的不同，在很大程度上决定了对体育课程资源的开发与利用情况也会存在较大的差异。

3) 潜在性

体育课程资源的潜在性特点主要是针对其价值而言的，即体育课程资源要含有课程潜能力。在现实社会中，有相当一部分体育课程资源在体育课程设计之前就已经存在，具有转化为体育课程或支持体育课程实施的可能性，但还不是体育课程实施的现实条件。它们往往体现出一种潜在的价值，只有经过一定形式的开发、利用和转化，并以一定的方式呈现出来，才能成为有利于体育课程实施的基本条件。也就是说，只有将体育课程资源的潜在价值挖掘出来，并使其转化为现实的课程成分和相关条件，才有可能成为现实的体育课程资源，继而推动学校体育的不断发展。

（2）体育课程资源的特殊特点

1）运动性

相较于其他的课程内容来说，体育课程内容最为鲜明的一个特点是其主要由体育运动的身体练习构成，与身体实践活动有着十分密切的关系。体育课程内容的这一特点，决定了体育课程资源必须具有运动性特点，能够帮助学生在运动学习与身体练习中，形成良好的肌肉本体感觉和身体运动能力。

2）健身性

学校开展体育课程的一个重要目的，就是帮助学生增强体能、增进健康。基于此，作为体育课程重要根基的体育课程资源必须具有健身性特点，能够使学生在学习和练习过程中形成良好的身体素质。

3）非阶梯性

体育课程资源的非阶梯性特点指的是体育课程资源在转化为体育课程后，相比其他课程来说不存在由易到难、由简到繁的阶梯形结构，以及明显的从基础到提高的逻辑结构体系。这是因为，体育课程是由众多相互平等的竞技运动项目和身体练习组成的，而且涉及众多的理论知识素材。这就使得体育课程内容有着十分广泛和灵活的选择范围，可以随时根据体育教学的需要来选择合适的体育课程内容，而不必拘泥于所选择的体育课程内容是否相比之前的课程内容在难度上有所增加，或是能够教授更为复杂的体育技能，等等。

4）娱乐性

体育课程资源所涉及的范围比较大，所包含的内容也十分丰富。其中，体育运动项目是体育课程资源的一个重要来源，而且体育运动项目多是从具有竞技性、运动性、娱乐性和趣味性的游戏发展而来的。基于此，体育课程资源便具有了娱乐性特点。

5）多元性

体育课程资源的多元性特点主要针对其功能而言，即同一种体育课程资源具有多种功能，有助于多个体育教学目标的实现。举例来说，学校附近的山峦，既可用作学生进行体育锻炼的场地，也可以用于对学生进行野外生存教育等。因此，体育教师在面对某一体育课程资源时，要注意从多个角度挖掘其功能，以便其能够发挥出最大的价值。

3. 体育课程资源的类型

（1）以体育课程资源的性质为标准进行分类

1）自然课程资源

所谓自然课程资源，简单来说就是来源于自然界的体育课程资源。我国辽阔的国土、丰富的物产和秀美的山川等，决定了我国可以开发与利用的自然课程资源极为丰富。比如，可以利用山地、森林等来开展野外生存教育；可以利用沙滩开展沙滩排球教学与训练等。

2）社会课程资源

所谓社会课程资源，简单来说就是来源于社会中的体育课程资源。社会课程资源具有鲜明的人工性特点，而且社会课程资源有着多样化的类型，如体育博物馆、体育运动中心、社区健身器材等等。

（2）以体育课程资源的空间分布为标准进行分类

1）校内体育课程资源

所谓校内体育课程资源，简单来说就是分布于学校范围内的体育课程资源。在开展体育课程时，这一类课程资源最为基本、最为直接和最为便利。体育教师、学校体育场地和体育器材设施、体育教材、校容校貌等，都属于校内体育课程资源。

2）校外体育课程资源

所谓校外体育课程资源，简单来说就是分布于学校范围以外的体育课程资源。在校内体育课程资源不足时，校外体育课程资源可以起到一定的补充作用。公共体育场馆、校外体育专家、体育社会指导员、国内外体育活动和比赛信息、山川河流、其他学校和单位的体育设施等，都属于校外体育课程资源。

3) 网络化体育课程资源

以空间分布为依据，体育课程资源除了包含校内体育课程资源和校外体育课程资源以外，网络化体育课程资源也是不可忽视的一部分。伴随着互联网的普及以及信息化发展的不断深入，以网络技术为载体开发的校内外体育资源也不断增多，如网络体育赛事、网络体育课程等。

（3）以体育课程资源的存在方式为标准进行分类

1) 有形体育课程资源

所谓有形体育课程资源，简单来说就是看得见、摸得着的体育课程资源。也就是说，有形体育课程资源是实实在在的物质存在。体育教材、体育场地、体育器材设备等都属于有形体育课程资源，而且这类体育课程资源可以直接运用于体育教学活动，直接成为教育教学的便捷手段或内容，因而其开发和利用较为容易。

2) 无形体育课程资源

所谓无形体育课程资源，简单来说就是看不见、摸不着的体育课程资源。学校的体育传统、家庭的体育习惯、学生的体育运动水平、家长对待体育的态度等，都属于无形体育课程资源。这类体育课程资源不构成对体育课程教学的直接影响，而是以潜在的方式影响体育教学活动，因而开发和利用的难度要大一些。

（4）以体育课程资源的功能特点为标准进行分类

1) 素材性体育课程资源

所谓素材性体育课程资源，简单来说就是可以作用于课程，并能成为课程素材或来源的体育课程资源。这类体育课程资源包括体育课程标准、体育教材、体育知识、体育管理人员的思想和体育活动方式等等。

2) 条件性体育课程资源

所谓条件性体育课程资源，简单来说就是可以作用于课程，但不能成为课程本身直接来源的体育课程资源。这类体育课程资源包括体育教学人力资源、体育场地、体育设施设备、学校体育教学的经费投入等等。此外，条件性体育课程资源的状况，会对体育课程实施的范围和水平产生直接性影响。

(二) 高校体育课程资源的优化配置

1. 高校当前在体育课程资源优化配置方面存在的问题

(1) 高校对体育课程资源的利用范围和利用深度还远远不够

高校在对体育课程资源进行利用时，还存在明显的利用范围不够宽广、利用深度远远不够的情况。其中，最为突出的表现便是将体育教材作为唯一的课程资源。有一些高校体育教师在开展体育教学时仅仅关注体育教材，即完全依据体育教材来开展体育教学活动，或是仅仅在学校体育场地内开展体育活动，对于身边的其他体育课程资源则不予重视，不去开发和利用。长此以往，高校体育教学是无法取得理想效果的。因此，高校必须形成开阔的视野，重视对多样化的体育课程资源的开发，不断加深对体育课程资源的利用深度。

(2) 高校体育教师对体育教材的利用缺乏针对性和灵活性

不少高校体育教师认为，体育课程便是教授体育教材。在这种观点的影响下，体育教材的权威性得到了极大增强。典型的表现便是高校要求体育教师严格按照体育教材的要求来开展体育教学活动，完全忽视了学校的实际情况、体育教师的实际教学水平和所具有的创造性、学生的体育基础等等。可想而知，在体育教材严格管控下的高校体育教学是无法取得理想效果的。要改变这种情况，高校体育教师必须充分发挥自己的创造性，针对学校、学生以及自身的实际情况，灵活地对体育教材进行运用。与此同时，高校体育教师要重视对其他体育教学资源的研究与挖掘，并将其与体育教材进行有机融合，从而确保体育教学不断取得良好的成效。

(3) 高校体育教师开发、利用体育课程资源的能力较差

有不少高校体育教师在开展体育教学时，习惯了严格执行教学计划，教学内容唯教材是从，对其他的体育课程资源则几乎忽略，或是虽然意识到了其他体育课程资源的重要性，但不知如何对其进行有效的运用。这就表明，高校体育教师开发、利用体育课程资源的能力是比较差的。要改变这种情况，高校体育教师首先要意识到开发体育课程资源的重要性，以及自身在体育课程资源开发与利用中的重要性，然后以自身的能力优势为依据，积极开发与利用可被自己有效掌控的体育课程资源。与此同时，高校体育教师也

要不断提高自己的专业知识和专业技能，为更好地利用体育课程资源奠定良好的基础。

2. 高校未来进行体育课程资源优化配置的举措

(1) 树立科学且正确的体育课程资源优化配置观

在当前，我国对体育课程资源优化配置的研究还处于初始阶段，因而很多教师还未形成正确的课程资源观。此外，很多体育教师长期以来对体育课程的理解存在偏差，即认为体育课程的内容是固定的、封闭的，且只能在固定的场所和时间实施。在这样的体育课程理解偏差下，体育教师自然无法树立完全正确的课程资源观。基于此，高校在未来进行体育课程资源优化配置时，首先要引导体育教师树立科学且正确的体育课程资源观，以及体育课程资源优化配置观，具体可从以下几个方面着手：

第一，高校体育教师要重视课程内容与学生健康、生活及适应社会的联系，切实以全体学生的体育素质及其多元化的体育需求为依据，积极探索多元化的体育课程资源。

第二，高校体育教师要不断扩大自己的视野，绝不能仅仅将体育课程资源限制在校内、局限在体育教材，还需要积极开发与运用校外的体育课程资源，以实现体育课程结构的均衡性和综合性。

第三，高校体育教师要切实在明确体育课程目标、体育课程内容、学生运用水平和自身教育教学能力等的基础上，对体育课程资源进行选择、开发与运用。

第四，高校体育教师要不断优化自己的知识结构，不断提高自己的体育专业技能和体育教学水平，从而为体育课程资源的挖掘与优化配置奠定重要的基础。

(2) 突出体育课程资源优化配置的地域特色

我国有着广阔的地域和复杂多样的地貌，而且学校的地域分布有着较大的差异，因而高校在对体育课程资源进行优化配置时必须突出地域特色。具体来看，高校在配置体育课程资源时，必须以学校所在的地域、学校的实际情况、教师的教学水平以及学生的体育水平、体育需求等为依据，选择具有地域特色且优势明显的体育课程资源进行开发与利用。比如，高校所在的地区有较多的山地丘陵，则可以开展登山运动；高校所在的地区有较大的草原，则可以开展骑马运动；高校所在的地区属于蒙古族聚集地区，则可以开展摔跤运动；等等。只有这样，高校才能开发出具有鲜明地域特色的体育课程资源和体育课程，确保自己的体育教学不断取得良好的成效。

（3）以"健康第一"为指导思想来选择体育课程资源

对于高校来说，可利用的体育课程资源极为丰富。但是，高校不可能将所有的体育课程资源都予以有效利用。此时，高校就面临着如何选择和优化配置体育课程资源的问题。

通常来说，高校在选择和优化配置体育课程资源时，必须坚持"健康第一"的指导思想，确保所选择和利用的体育课程资源能够切实增强学生的体质、增进学生的健康、提高学生的体育素养。

除了坚持"健康第一"的指导思想，高校在选择和优化配置体育课程资源时还应特别注意以下几个方面：

第一，兴趣是学生学习体育与健康课程的动力，只有学生对教学的内容、方法、环境产生兴趣，才能主动、积极地参与学习。因此，高校在选择和优化配置体育课程资源时，要确保其增进学生健康的同时，能够引起学生的学习兴趣。

第二，学生在不同的发展阶段，其身体发展水平、体育需求等是有一定差异的。因此，高校在选择和优化配置体育课程资源时，要确保其与学生的发展实际相符合，继而有效增进学生健康。

第三，高校在选择和优化配置体育课程资源时，要确保其在增进学生健康的同时，让学生学到一些体育文化知识。

二、高校公共体育课程资源的开发与利用

（一）高校公共体育课程资源开发与利用的意义

1.有助于高校公共体育课程内容体系的重新构建

由于受到学科中心课程论的影响，我国高校公共体育课程在很长一段时间内都强调学科自身的逻辑与形成规律的学科结构。在此观念影响下，我国高校公共体育课程在内容方面，始终偏重于运动技术的教学，对学生的身心发展的特点以及体育需求等未予以高度重视；在教学方法方面，过于强调

教师的主体地位，以及进行整齐划一的竞技运动训练，对学生的兴趣和个体差异等未予以高度重视；在学习评价方面，不仅评价的主体和方法较为单一，而且偏重于对运动技术和体能的评价，无法全面掌握学生的实际发展情况，等等。

要改变上述情况，一个重要的举措便是拓宽视野，积极丰富和发展高校公共体育课程的教学内容，构建重视学生全面发展的现代高校公共体育课程内容体系。而要丰富高校公共体育课程的教学内容，最为重要的是不断开发和利用新的公共体育课程资源。从这一角度来说，高校公共体育课程资源的开发与利用有助于高校公共体育课程内容体系的重新构建。

事实上，积极地开发与利用公共体育课程资源，除了能帮助高校重新构建公共体育课程内容体系，还能推动高校体育教学内容改革的不断深入，从而为高校体育教学的整体建设发挥重要作用。

2. 有助于高校公共体育课程的顺利实施

高校公共体育课程在实施的过程中需要实现一些既定的目标，为此，高校需要以这些目标以及教师、学生等的实际情况为依据，对公共体育课程资源进行选择与合理组合。从这一角度来说，高校公共体育课程资源的开发与利用是高校公共体育课程得以顺利实施的重要前提。一旦高校公共体育课程资源缺失，将导致高校公共体育课程难以实施。

3. 有助于高校学生的全面发展

在学习中，学生始终处于主体地位。因此，高校在对公共体育课程资源进行开发与利用时，必须始终以学生为中心。

高校公共体育课程资源的数量是极为丰富的，且具有鲜明的开放性特点，将其开发为高校公共体育课程内容并供学生学习，必然能够开阔学生的视野。同时，高校公共体育课程资源的开发与利用，是在学校内外、社会的大背景中进行的，因而必然超越体育学科的界限，将学校内其他学科的资源以及校园文化资源纳入自己的视野和范围。如此一来，高校公共体育教学将最大限度地促进体育教学与健康教育、生活教育、生存教育、环境教育、国防教育以及与校园文化的相互融合与借鉴，使体育教学与各学科的交叉渗透、融会贯通自然而然地发生于课程实施的过程中，继而对学生的身心发展产生更为全面的影响。

此外，学生既是公共体育课程资源开发与利用的主体，也是重要的公共体育课程资源之一。这就决定了高校在开发与利用公共体育课程资源时，既要引导学生积极参与其中，又要注意激发学生的学习兴趣，提高其对知识进行探求的能力。如此一来，学生便会从被动的知识接受者转变为知识的共建者，学会主动地、有创造性地利用一切可用的资源，有效促进自身的全面发展。

4. 有助于高校体育教师的专业化发展

高校公共体育课程资源的开发主体，在很长一段时间内被认为是体育领域的专家。事实上，高校体育教师也是高校公共体育课程资源开发与利用的重要主体之一。

高校体育教师作为一线的体育教学工作者，只有产生科学的、主动积极的开发和利用公共体育课程资源的思想动力，充分认识公共体育课程资源开发的价值，并积极参与公共体育课程资源的开发与利用，才能不断更新自己的教育教学观念、提高自己的教育教学水平，并全面带动高校体育教学手段、方法、组织形式等方面的改革。与此同时，高校体育教师要有效地开发与利用公共体育课程资源，还必须重视完善自己的知识体系、提高自己的体育专业技能、培养自己进行课程开发与利用的专业素养与能力等。长此以往，高校体育教师的专业化发展水平必将不断提升。

5. 有助于高校体育与社会体育、竞技体育之间的沟通与联系

在很长的一段时间内，高校体育都被认为是高校内部的体育活动，只能在高校内部开展。随着全民健身理念以及终身体育思想的不断发展与深入，人们逐渐意识到，高校体育要想获得有效的发展，必须走出校园，逐渐与社会体育和竞技体育加强联系，并在联系中相互借鉴与发展。那么，如何实现高校体育与社会体育、竞技体育之间的有效沟通与联系呢？事实上，高校公共体育课程资源的开发与运用，为解决这个难题提供了新的思路和契机。

首先，高校在开发与运用公共体育课程资源时，能够打破学校的空间界限，并通过对社会体育、竞技体育的手段和内容等进行提炼、加工，使其成为高校公共体育课程教学的重要内容。而学生在学习了这些内容后，既可以对社会体育、竞技体育的最新发展动态有所了解，也可以为日后自己参加

社会体育和竞技体育奠定重要的基础。

其次，高校在开发与运用公共体育课程资源时，可以引导人们消除对高校体育与社会体育、竞技体育之间存在隔阂的看法，真正树立起"大教育""大体育"的观念。

最后，高校在开发与运用公共体育课程资源时，需要借助于社会体育、竞技体育领域的一些有利条件，包括社会体育领域的研究专家、竞技体育的教练员以及社会体育、竞技体育所拥有的体育信息和体育设施等等。在这一过程中，高校体育与社会体育、竞技体育之间的联系必然进一步加强。

（二）高校公共体育课程资源开发与利用的原则

1. 目标性原则

目标性原则指的是高校在对公共体育课程资源进行开发与利用时，需要明确所要实现的课程目标。只有围绕着需要实现的课程目标来开发与利用公共体育课程资源，才能确保最终进入高校公共体育课程的资源具有针对性和有效性，继而保证高校体育教学取得预期的效果。

通常来说，不同的目标指向应该对应开发、利用相应的公共体育课程资源。但是，由于公共体育课程资源本身具有多功能的特点，使得同一公共体育课程资源可以为多个目标服务。这就要求在明确目标的前提下，认真分析与此目标相应的公共体育课程资源，认识与掌握它们各自的性质和特点，寻求最有助于实现该目标的公共体育课程资源开发途径。

2. 健身性原则

高校公共体育课程教学的一个重要目的就是增进学生的身体健康，因而高校在对公共体育课程资源进行开发与利用时，必须遵循健身性原则。基于此，高校所选择的公共体育课程资源要具有健康价值，或者说具有健身性，有利于学生进行身体练习，继而达到增强学生体质、增进学生身体健康和提高学生体育素养的目的，为学生将来的生活和工作奠定良好的身体基础。

3. 科学性原则

高校在对公共体育课程资源进行开发与利用时，必须遵循科学性原则，具体表现在以下几个方面：

第一，高校所开发与利用的公共体育课程资源要有助于学生体育能力的培养，并能有效地为学生的健康服务。

第二，高校所开发与利用的公共体育课程资源中应蕴含一定的体育文化，使学生在提高体育技能、增强身体健康的同时，丰富自己的文化知识体系。

第三，高校在开发与利用公共体育课程资源时，必须充分尊重公共体育课程资源本身的属性。若是违背公共体育课程资源本身的属性进行开发与利用，是无法取得理想效果的，甚至可能适得其反。

4.可行性原则

高校在对公共体育课程资源进行开发与利用时，可行性也是必须遵循的一个重要原则，具体表现在以下几个方面：

第一，高校在开发与利用公共体育课程资源时，必须充分考虑学校所在地区、学校自身、学校体育教师队伍以及学生的实际情况，确保在时间、空间、人力、物力等方面具有现实可行性。否则，公共体育课程资源即使再好、再科学，也无法应用于高校公共体育课程教学之中。

第二，高校在开发与利用公共体育课程资源时，要尽可能利用当地条件和优势，就地取材，避免现有体育器材设施的闲置和浪费。这样做一方面可以确保开发与利用的公共体育课程资源具有鲜明的地域特色；另一方面可以减少高校在公共体育课程资源开发与利用之中的资金投入，毕竟高校的教育科研人员短缺，教育经费也是比较短缺的。

第三，高校在开发与利用公共体育课程资源时，要确保其是安全的。也就是说，高校公共体育课程资源在成为体育课程的一部分后，应尽可能不隐含不安全因素。若是不安全因素是不可避免的，如攀岩、游泳、滑冰、武术等体育课程资源，则要提前做好安全教育，增强学生的安全意识，尽可能将危害降到最低。

5.主体性原则

高校在对公共体育课程资源进行开发与利用时，必须遵循主体性原则，具体表现在以下几个方面：

第一，高校在开发与利用公共体育课程资源时，要注意充分发挥学校教师、学生等资源开发主体的自身优势。比如，所选择的公共体育课程资源有助于体育教师充分发挥自己的教学技能和教学经验等。

第二，高校在开发与利用公共体育课程资源时，要确保其在转化为公共体育课程内容后，能够引发学生的学习兴趣。只有这样，学生才能积极、主动地参与到体育课程教学之中。

第三，高校在开发与利用公共体育课程资源时，要注意引导学生认识、体验和比较不同地区、不同民族文化差异所形成的独特项目，如蒙古族的摔跤、东北的溜冰等。

(三) 高校公共体育课程资源开发与利用的途径

1. 高校公共体育课程内容资源开发与利用的途径

(1) 对原有的体育课程内容进行整合，以形成新的体育课程内容

高校在对公共体育课程内容资源进行开发与利用时，一个重要的途径便是对原有的体育课程内容进行整合，以形成新的体育课程内容。比如，可以用排球的场地和规则来开展乒乓球运动。当前，对两种体育运动进行整合而形成新的体育课程内容还处于探索和初步实践阶段，但可以肯定的是其确实可行。

(2) 积极引进新兴的体育运动项目

在当前，伴随着社会发展水平的不断提高，以及人们的休闲时间不断增多、对健康的需求不断增强，越来越多的人参与到体育健身之中，并发明创造了攀岩、野营、保龄球、极限运动、轮滑、沙狐球等大量的新兴运动项目。这些新兴的运动项目不仅有较强的娱乐性，而且场地器材简单，动作学起来也比较简单。因此，完全可以对其进行选择与适当加工后将其纳入高校公共体育课程内容之中，推动高校公共体育的顺利进行。

(3) 对现有的竞技运动项目进行适时改造

篮球、足球、健美操等竞技运动项目不仅有着鲜明的竞赛性和技术性特点，而且有着很强的娱乐性，因而受到很多学生的喜爱。虽然说学生很喜欢竞技运动项目，但其并不是针对学生的身心发展特点而设计的，因而不能直接将其引入高校公共体育课程内容之中。不过，在对竞技运动项目进行适当改造后，其便能够成为可以利用的高校公共体育课程内容资源之一。具体来说，在对竞技运动项目进行改造时，应特别注意以下几个方面：

第一，高校在对竞技运动项目进行改造时，应注意突出其教育性。

第二，高校在对竞技运动项目进行改造时，应注意对比赛规则进行简化，只保留一些能够激发学生的运动兴趣，使学生能够较为容易地学会该竞技运动项目的规则即可。

第三，高校在对竞技运动项目进行改造时，应注意对其技战术要求进行简化，只要提炼出与学生的身心发展特点相符合的基本技术和战术即可。

第四，高校在对竞技运动项目进行改造时，要以学生的身心发展水平为依据，将运动项目的动作难度、练习难度等适当降低即可。

第五，高校在对竞技运动项目进行改造时，不可过分强调内容的系统性和完整性，凡是与学生身心发展不相符的、过于难的、不易引起学生兴趣的内容，删掉即可。

第六，高校在对竞技运动项目进行改造时，要注意对场地和器材进行适当的改造，以确保其更好地与学生身心发展特点相符合。

（4）对具有鲜明民族和民间特色的体育项目进行开发

我国是一个多民族的国家，而且在几千年的发展历史中形成了源远流长的民族体育文化。与此同时，各个地区、各个民族在发展的过程中，逐渐形成了具有鲜明民族和民间特色的体育项目，如武术、龙舟、舞狮等等。对于这些体育项目，完全可以对其进行一定的改造后纳入高校公共体育课程内容之中。事实上，在高校公共体育课程内容中融入具有鲜明民族和民间特色的体育项目也有着十分重要的意义，具体表现在以下几个方面：

第一，高校在公共体育课程内容中融入具有鲜明民族和民间特色的体育项目，有助于形成更具自身特色的体育与健康课程。

第二，高校在公共体育课程内容中融入具有鲜明民族和民间特色的体育项目，有助于弘扬民族传统体育，从而为民族传统文化的传承做出一定的贡献。

第三，高校在公共体育课程内容中融入具有鲜明民族和民间特色的体育项目，可以很好地将学生的生活经验与课程的学习紧密地结合在一起。

2.高校公共体育课程条件资源开发与利用的途径

（1）高校公共体育课程人力资源开发与利用的途径

在高校公共体育课程条件资源中，人力资源是十分重要的组成部分。通常来说，高校体育教师、高校中具有一定体育特长的教职工、校医、高校学生及其家长、校外体育专家、运动员、教练员等，都属于高校公共体育课程的人力资源。而他们的体育知识、体育技能、体育教学经验等，都可以成为高校公共体育课程的内容。具体来说，高校在对公共体育课程人力资源进行开发与利用时，应特别注意以下几个方面：

第一，高校要引导并帮助体育教师充分发挥自己的作用。在高校公共体育课程资源中，体育教师是极为重要的。体育教师的综合素养，在很大程度上决定着公共体育课程资源能够被识别的范围及被开发与利用的程度等。因此，必须重视开发体育教师的潜能。具体来说，可从以下几个方面着手：一是引导并督促体育教师不断进行学习，从而不断完善知识结构；二是引导体育教师重视培养自己的专业素质和能力，不断提高专业化发展水平；三是帮助体育教师掌握对公共体育课程内容资源进行有效整合的方式，以便能不断创造出更有针对性和创新性的公共体育课程内容资源。

第二，高校要切实尊重学生的主体地位，并确保学生真正成为公共体育课程内容资源开发与利用的主体。与此同时，高校体育教师在教学的过程中，应积极鼓励学生以自己的生活经验为基础，创造新的、安全、健康、有趣的体育游戏或体育项目，或是自制体育器材和教具。只有这样，学生作为高校公共体育课程人力资源的作用才能得到充分发挥。

第三，高校要积极挖掘其他的人力资源，并引导其充分发挥自己的作用。比如，高校可以邀请著名的教练员或运动员来校进行体育表演，以激发学生参与体育活动的兴趣；可以邀请医生来校进行关于体育活动重要性的演讲，以便更多的学生积极主动地参与到体育活动之中。

(2) 高校公共体育课程物力资源开发与利用的途径

除了人力资源，物力资源即体育场地、体育器材等也是高校公共体育课程条件资源的构成部分之一。在当前，由于受到教育经费的影响，很多高校的物力资源是比较缺乏的，而且这一现象在短期内是无法得到有效解决的。基于此，高校必须重视对各种公共体育课程的物力资源进行积极开发与有效利用。具体来说，高校开发与利用公共体育课程物力资源的途径主要有以下几个：

第一，高校要积极探索现有体育器材的多样功能，即尽可能将同一体育器材用于不同的体育教学之中。比如，跨栏架可以用来跨栏，也可以用作钻爬的障碍等。

第二，高校要以自身的实际条件为基础，对一些简易的体育器材进行制作。比如，在废弃的乒乓球上穿线绳，做推挡、攻球练习。

第三，高校要注意对体育场地进行合理的改造，以便其能够发挥出多样化的功能。比如，篮球场除了可以上篮球课程，也可以经过改造后开展排球、羽毛球等体育活动。要指出的是，高校在对体育场地进行改造时，必须保证其安全性。

第四，高校要在条件允许的情况下，对学校周围的公共体育场地和器材设施进行有效的运用。

(3) 高校公共体育课程自然地理环境资源开发与利用的途径

一般来说，学校周围的自然地理环境中存在很多可以开发与利用的公共体育课程资源，如山川、湖泊、森林、草原、海滩等等。比如，利用沙滩开展沙滩足球、沙滩排球等体育活动。对这些自然地理环境资源进行有效的开发与利用，既可以丰富高校公共体育课程的内容、增强高校公共体育课程的特色，也可以在一定程度上缓解高校体育场地、体育器材不足的矛盾。

3. 高校公共体育课程课外资源开发与利用的途径

高校在对公共体育课程资源进行开发与利用时，课外资源也是不可忽视的一个方面。这是因为，高校学生的体育课程时间十分有限，但他们的课外时间则有很多。因此，高校要想不断提高公共体育课程教学的效果，必须重视对课外资源的有效开发与利用。在这一过程中，高校应注意鼓励学生通过参与学生锻炼小组、课外体育俱乐部等进行课外体育活动，也可以鼓励学生单独进行自我锻炼。同时，高校体育教师应注意对学生的课外体育活动进行适时指导，以便学生的课外体育活动能够取得更好的成效。

4. 高校公共体育课程校外资源开发与利用的途径

高校在对公共体育课程资源进行开发与利用时，除了要重视对课外资源的开发与利用，还要重视对校外资源的开发与利用。这是因为，高校学生每年都有较长时间的假期，而且高校学生在校期间也是可以自由外出的，因而高校完全可以利用校外的体育资源来开展公共体育教学活动。比如，高校可鼓励和指导学生利用节假日参加区县镇的体育活动，这对于学生的身心健康发展是有一定帮助的。

5. 高校公共体育课程体育信息资源开发与利用的途径

对于高校来说，体育信息资源也是公共体育课程内容的一个重要组成部分。在当前的信息时代，体育信息的更新和传播速度都是极快的，而且体育信息特别是网络上体育信息的获取较为容易。高校可以对这些网络体育信息进行搜集与整理，将合适的内容纳入公共体育课程之中。如此一来，不仅能够充实高校公共体育课程的内容，还能够使学生掌握最为前沿的体育与健康知识，不断完善自己的知识体系。此外，高校可以利用校园网、体育远程教育资源来开展公共体育教学活动，这对于改善高校公共体育课程教学条件，提高高校公共体育课程教学的效果具有重要的作用。

三、高校公共体育课的教材建设

(一) 高校公共体育课教材建设的意义

1. 能够使高校公共体育课程的内容更有针对性和目的性

高校在进行公共体育课的教材建设时，最为主要的任务便是在庞杂的内容中选出与体育教学目标和学生发展需要最相符合的那一部分，并将其纳入体育教学内容之中。如此一来，高校在运用公共体育课教材开展体育教学活动时，便能使教学内容更有针对性和目的性，从而确保体育教学取得良好的成效。

此外，高校公共体育课教材划定了学生需要学习的主要内容，不仅方便学生更有针对性和目的性地学习体育知识和体育技能，而且能够引导学生的认知发展和人格构建。因此，高校必须重视公共体育课的教材建设。

2. 能够促进高校公共体育课程教学的顺利开展

高校进行公共体育课的教材建设，对于公共体育课程教学的顺利开展也有重要的作用，具体表现在以下几个方面：

第一，高校进行公共体育课的教材建设，可以借助于内容编写、内容排列等方式，使体育教学内容更具有整体性和系统性。如此一来，高校公共体育课程教学便具有了较为全面的内容载体，能够有效促进学生的全面发展。

第二，高校进行公共体育课的教材建设，可以确保体育素材更好地符合体育教学的需要，继而促进体育教学目标的有效实现。

第三，高校进行公共体育课的教材建设，可以使原本抽象、繁杂的体育教学内容变得具体和生动，从而走近教学情境和学生，使学生更容易学习和接受这些教学内容。

3.能够促进体育文化的传承与发展

高校公共体育课程虽然重在通过开展身体实践活动来提高学生的身体素质、增强学生的身体健康，但也有许多的体育原理、体育知识需要教授给学生。这些体育原理、体育知识通常难以在课堂上传递给学生，需要寻找一个合适的载体来对其进行承载。而体育教材，就是这样一个合适的载体。

高校公共体育课的教材可以向学生展示一些有助于其理解体育学科领域的关键知识、方法、过程以及体育学科与其他学科之间的关系、与社会和生活关系的重要案例。这些案例中既包含着从古至今流传下来的体育原理和体育知识，也包含着最新的体育科研成果，能够引导学生以已有的知识与经验为基础，对人类体育文化遗产和体育科研成果进行正确的认识与理解，从而进一步完善自己的体育知识体系，形成健康体育态度和正确的体育价值观。

4.能够促进终身体育思想的发展与传播

高校公共体育课的教材，不仅对高校体育教学有着积极的促进作用，而且对终身体育思想的发展与传播也有着重要的推动作用。通常来说，高校公共体育课的教材中会涉及体育运动的方法、个人练习的注意事项等内容，而学生在学习和理解了这些内容后，就可以为日后自己坚持终身体育奠定重要的理论和方法基础。从这一角度来说，高校公共体育课的教材建设，也能够在一定程度上促进终身体育思想的发展与传播。

(二) 高校公共体育课教材建设的工作内容

对于高校来说，在进行公共体育课的教材建设时，需要包含以下几个方面的工作内容：

1.选择恰当的体育教学内容

高校在进行公共体育课的教材建设时，一项重要的工作便是选择恰当的体育教学内容。只有保证所选择的体育教学内容具有科学性、实用性和正确性，高校公共体育课的教材建设才能形成有效的内容基础。通常来说，高校在选择公共体育课教材的内容时，应特别注意以下几个方面：

（1）要对待选择的体育素材的价值进行积极评估

高校在选择公共体育课教材的内容时，必须注意对选择的体育素材的价值进行积极评估。在开展这项工作时，体育教师应以社会的生产生活、科技教育等发展的实际为出发点，充分考虑社会的发展对人的影响与要求，并以此为基点对所选体育教学内容进行分析与评价，具体包括以下几个方面的内容：

第一，所选体育教学内容是否对学生的身体健康有促进作用。

第二，所选体育教学内容是否能引发学生进行体育锻炼的积极性和主动性。

第三，所选体育教学内容是否能够促进学生思想品质的不断提高。

第四，所选体育教学内容是否能够促进学生形成良好的个性品质。

也就是说，只有对社会的发展有积极影响，并且能够促进学生的身体健康，督促学生主动进行体育锻炼，提高学生思想品质，培养学生良好个性品质的内容，才可以选入高校公共体育课的教材之中。

（2）要对体育运动项目与身体练习进行有效整合

高校体育教学所涉及的体育运动项目多种多样，而且不同的体育运动项目所要求的身体锻炼形式是有一定差异的，由此对学生产生的身心影响也有较大不同。基于此，高校在选择公共体育课教材的内容时，要仔细分析各个体育运动项目对学生身体功能的具体影响，并以实际的体育教学目标为依据，选出合适的体育运动项目。同时，要注意将这些体育运动项目与身体练习进行整理、合并与加工，继而形成合适的体育教学内容。

（3）要选择合适的体育运动项目

高校在选择体育运动项目作为体育教学的内容时，有着很强的可选择性。但是，由于受到体育教学时间、学生的身心发展特点等影响，高校体育教学在很多情况下是无法完成所有的体育运动项目和身体练习教学的。这时，高校体育教师需要依据客观实际选择较为典型的体育运动项目和身体练习来作为体育教学的内容。

（4）要对体育教学内容的可行性进行分析

在选择好高校公共体育教材的教学内容后，还需要对体育教学内容的可行性进行细致分析。这是因为，学校所在地的区位和气候条件、学校的体育场地和体育设施设备、体育教师的体育素养等，会对体育教学内容的可行性产生直接的影响。基于此，在选择高校公共体育教材的教学内容时，要注意对可能涉及的特殊环境进行充分考虑，并要保证各个高校执行的弹性。

2. 编制体育教学内容

(1) 合理地创编体育教学内容

1) 利用动作教育模式创编体育教学内容

动作教育是一种体育教育思想和体育教材方法论，其最早是在欧美出现的。所谓动作教育，简单来说就是按照人体的运动原理将一些竞技体育运动加以归类，并以学生的身心发展特点为依据来设计教材，帮助学生形成基本的活动能力。

动作教育不仅重视帮助学生养成良好的身体机能，而且能帮助学生实现身心的协调与健康发展。因此，完全可以利用动作教育模式对体育教学内容进行创编。在这一过程中，最重要的是按照动作教育的规则来编制体育游戏，让学生通过扮演多种角色，在增强身体机能的同时，学会对不同的人际关系进行有效处理。

2) 借助体育文化创编体育教学内容

在对高校公共体育课教材的教学内容进行创编时，融入体育文化也是一种十分有效的方式。具体来说，就是提取并强化竞技运动中的文化要素，让学生在参与竞技运动的过程中能够感受和体验运动文化的情调和氛围。比如，以中国传统体育文化为主题让学生了解传统体育文化中的修身养性基本理论，为自我养身、健身、强身服务，同时加深对中国传统体育文化中舞龙、舞狮、气功、武术等内容的理解，指导学生阅读中英文体育文学作品、欣赏竞技运动比赛，结合学生的兴趣爱好为其提供获取体育文化知识的渠道，提高其体育素养和审美能力。

3) 通过游戏化的方式来创编体育教学内容

在对高校公共体育课的教学内容进行创编时，将体育教学内容游戏化也是一种经常会用到的方式。这种方式实际上是通过一定的"情节"，将跑、跳、投、体操、游泳等各种比较枯燥、单一的运动进行丰富和拓展，使其附有一定的游戏化成分，并强化协同和竞争的要素，从而使学生提高学习教学内容的兴趣，并能够在轻松愉悦的氛围中接受教学内容。由此可知，通过游戏化的方式来创编体育教学内容，可以改变教学内容单一、枯燥的特点，这对于提高学生的学习积极性和学习效果是极有帮助的。

4）通过理性化的方式来创编体育教学内容

在对高校公共体育课的教学内容进行创编时，将体育教学内容理性化也是一种经常会用到的方式。这种方式实际上是充分挖掘各种运动项目"背后"的运动原理和知识，并将其有机地融入体育教学过程，帮助学生更好地对各种体育原理和知识进行理解与掌握，并能够获得举一反三的教学效果。

5）通过改造运动项目来创编体育教学内容

在对高校公共体育课的教学内容进行创编时，也可以通过对运动项目的改造来实现。通常来说，这种方式又可以细分为以下两种情况：

第一，简化原运动项目的规则、技术、器材和场地等，使其能够与学校的体育教学活动相适应，并能够与学校的实际条件、体育教师的教学水平、学生的身心发展特点和体育需求等相符合。如此一来，体育教学内容便更具可行性和可操作性。

第二，改造原运动项目的基本结构，使其成为一种新的运动方式。这种体育教学内容的创编方式，主要是为了降低运动项目的难度，调整体育场地和体育器械的规格等，以便运动项目与教学的需要和学生的特点相适应，从而真正实现高校公共体育课的教学目标。

6）采用生活化、实用化等形式来创编体育教学内容

在对高校公共体育课的教学内容进行创编时，将体育教学内容生活化、实用化也是一种经常会用到的方式。所谓实用化，就是使教学内容与实用技能相结合；所谓生活化，就是使教学内容与日常生活相结合。这种体育教学内容的创编方式可以使体育教学内容更贴近学生的现实生活和实际需要，从而增加体育教学内容的趣味性，有效地调动起学生的学习动机和学习积极性。

这里需要特别指出的是，在采用这种方式来创编体育教学内容时，必须充分考虑学校的实际条件、体育教师的教学能力以及学生的体育需求等，切不可盲目地对运动项目进行生活化或实用化的改编，以免改编后的运动项目无法实现预期的体育教学目标。

7) 以运动处方形式来创编体育教学内容

这是一种以锻炼的原理为主要依据，对运动的强度、重复次数、速率等因素进行组合排列，根据学生不同的锻炼需要进行锻炼和教学的创编形式。这种方式能够教会学生如何运用运动处方来锻炼身体。

(2) 恰当地编排体育教学内容

在编制高校公共体育课的教学内容时，要重视对体育教学内容进行合理创编，还必须做好体育教学内容的编排工作。就当前来说，对高校公共体育课的教学内容进行编排，可以运用的方式主要有以下两种：

第一，直线式排列，即某一体育运动项目和身体练习的内容在前面出现了，后面尽可能不再出现。

第二，螺旋式排列，即某一体育运动项目和身体练习的内容在不同的年级重复出现，同时对于教学的要求应逐步提高。

3. 编写公共体育课教材

(1) 教育性原则

在编写高校公共体育课的教材时，首先要遵循的一个原则便是教育性原则。也就是说，所编写的高校公共体育课教材要贯彻国家的教育方针，体现素质教育的精神，有利于全面提高学生的综合素质，有利于对学生进行爱国主义、集体主义和社会主义教育，能够在培养全面发展的人才方面发挥重要的作用。

(2) 健康性原则

高校公共体育课的一个重要目的就是通过体育活动来提高学生的身体素质，促进学生的身心健康发展。因此，在编写高校公共体育课的教材时，也必须遵循健康性原则，具体可从以下几个方面着手：

第一，在编写高校公共体育课的教材时，要真正落实"健康第一"的指导思想。

第二，在编写高校公共体育课的教材时，要根据不同年龄阶段学生身心发展的规律，注意不同水平阶段教科书内容之间的联系。

第三，在编写高校公共体育课的教材时，要确保所选取的内容有利于学生了解和掌握与体育健康有关的知识和方法，并使学生懂得如何通过科学的体育锻炼来增进自己的身体、心理和社会适应方面的健康。

（3）发展性原则

在编写高校公共体育课教材时，发展性原则也是必须遵循的一个重要原则，具体可从以下几个方面着手：

第一，在编写高校公共体育课教材时，要把体育知识与技能看作促进学生身体、心理、社会适应能力全面健康发展的载体，改变过分强调知识技能系统性和完整性的做法，强调培养学生终身学习的能力。

第二，在编写高校公共体育课教材时，要使学生明确学习目标，引导学生积极思考，让学生自己体验和判断教材内容的价值。只有这样，才能有效地促进学生的发展。

第三，在编写高校公共体育课教材时，必须注意精选那些确实是学生终身学习必备的体育与健康基础知识和基本技能，以促进学生的不断发展与提高。

第四，在编写高校公共体育课教材时，要注意渗透应用意识，培养学生学以致用的能力。学生只有能够做到学以致用、举一反三，才能把学到的知识和技能应用到实践中，继而有效促进自身的不断发展。

（4）兴趣性原则

兴趣是学生力求认识、探究某种事物的心理倾向，它是由获得知识技能并在情感体验上得到满足而产生的。同时，兴趣是学生最好的老师，学生对体育的兴趣是他们积极主动参与体育活动的内驱力。因此，高校公共体育课的教材编写必须遵循兴趣性原则，即在编写高校公共体育课的教材时要从学生的兴趣和爱好出发，在充分考虑学生已有运动知识和技能水平的基础上，无论是内容还是形式都充分关注学生的兴趣，吸引学生主动阅读和学习体育与健康教科书，使其成为他们的良师益友。

四、创新教育背景下高校公共体育教学内容的选择与开发

（一）体育教学内容的内涵

1.体育教学内容的概念

体育教学内容是那些以体育教育为目的，以身体练习、运动技能学习和教学比赛等为形式，经过组织加工后的，可以在教学环境下进行的体育知

识和技能的体系。

为了更好地理解体育教学内容的概念，这里对体育教学内容与竞技运动的内容进行一下对比，两者是有一定区别的。以田径运动来说，其作为奥林匹克运动会中的运动项目，是以夺取竞技胜利为目的，因而其内容体系要按照公正比赛的原则进行组织与加工，对于其教育目的则不必予以过多考虑；其作为体育教育的一项内容时，需要根据体育教育的目标、学校的实际情况、学生的身心发展特点、体育教学的计划与课时安排等，对田径运动的规则、技术要求等进行一定的改造，并要突出其教育性特点。因此，竞技场上进行的田径运动并不能直接作为体育教学的内容。

2.体育教学内容的特性

(1) 教育性

教育性是体育教学内容的一个重要特性。通常来说，体育教学内容的教育性是通过以下几个方面表现出来的：

第一，体育教学内容要有助于学生身体素质的提高。

第二，体育教学内容要有助于学生丰富和完善自己的知识体系，提升整体的文化素养水平。

第三，体育教学内容要有助于学生形成积极的个性心理品质。

第四，体育教学内容要有助于学生社会交往能力和社会适应能力的提高。

第五，体育教学内容要有助于学生爱国主义精神、集体主义意识和团结合作意识的培养。

(2) 非逻辑性

体育教学内容的非逻辑性主要是通过以下几个方面表现出来的：

第一，体育教学内容的逻辑结构，并不遵循由易到难、由简到繁、由基础到高级的原则。

第二，体育教学内容的排列方式是复合螺旋式，而非直线递进式。

第三，体育教学内容中所涉及的运动项目、身体练习等，相互之间具有一定的可替代性。这使得体育教师在选择体育教学内容时，有着很大的灵活性。

（3）科学性

体育教学内容与其他教育内容一样，也有着很强的科学性，具体表现在以下几个方面：

第一，体育教学内容是对体育的相关知识、原理和实践经验等进行科学分析与合理组织的结果。

第二，体育教学内容的选择、开发和组织等，都必须以体育教学的科学规律为前提。

第三，体育教学内容中，通常会融入体育科研领域的最新研究成果。

（4）健身性

体育教学的一个重要目的便是增强学生的体能，增进学生的身体健康。基于此，作为体育教学重要载体的体育教学内容必须有健身性。也就是说，体育教学内容在引导学生学习体育知识和体育技能的同时，通过合理地安排身体练习的运动负荷量和强度，使学生的身体素质得到不断增强。

（5）空间约定性

体育教学内容的这一特性指的是有些体育教学内容只能在特定的空间和场地、依赖特定的体育设施设备来开展，如沙滩排球需要在沙滩上开展等。缺少了这些特定的空间、场地和体育设施设备，体育教学内容可能就无法开展了。因此，在开展某一项教学内容时，要充分考虑其是否具有实施的条件。

（6）系统性

对于体育教学内容来说，系统性也是其不可忽视的一个重要特性，具体表现在以下两个方面：

第一，体育教学内容是有一定内在结构的，而围绕这一内在结构所选择和编制的各个体育教学内容会形成一定的有机联系，继而构成一个统一的整体。

第二，体育教学内容的选择和编制要充分考虑不同年龄阶段学生的身心发展特点及其体育需求等，确保不同年龄阶段的学生通过体育教学都能获得一定的发展，而且随着年龄的增长，所获得的体育知识和体育技能呈逐渐增多和提升的趋势。

（7）运动实践性

体育教学内容从实质上来说，是身体运动的一种实践，也是其与其他教学内容的最大差异。体育教学内容主要由体育运动项目和身体练习构成，与身体运动的实践紧密相关。同时，体育教学内容的学习既需要学生充分运用自己的大脑思维，也需要学生在实际的运动和练习中进行。这就表明，运动实践性是体育教学内容的一个重要特性。

3.体育教学内容的类型

体育课程内容的来源多种多样，所涉及的范围也极为广泛，因而对其进行分类并不是一件容易的事情。具体而言，在对体育教学内容进行分类时，常用的分类标准有以下几个：

（1）以体育教学目标为标准进行分类

以体育教学目标为标准，可以将体育教学内容细分为以下几类：

第一，重在帮助学生掌握体育运动技能的教学内容。

第二，重在帮助学生掌握科学锻炼方法的教学内容。

第三，重在帮助学生发展自身体能的教学内容。

第四，重在帮助学生提高心理素质的教学内容。

第五，重在帮助学生增强安全意识与能力的教学内容。

第六，重在帮助学生提高社会交往能力的教学内容。

这种体育教学内容的分类标准有一定目的性，能够使学生学到尽可能多的内容，继而实现自身的全面发展。

（2）以学生的身体素质为标准进行分类

以学生的身体素质为标准，可以将体育教学内容细分为以下几类：

第一，重在提高学生力量素质的教学内容。

第二，重在提高学生速度素质的教学内容。

第三，重在提高学生柔韧素质的教学内容。

第四，重在提高学生灵敏素质的教学内容。

第五，重在提高学生耐力素质的教学内容。

这种体育教学内容的分类标准能帮助学生有目的、有针对性地对自己的体能进行发展。不过，这种体育教学内容的分类标准并不是特别严谨，因为有时候一项体育运动可以使学生的多种身体素质得到提高。

（3）以运动项目为标准进行分类

以运动项目为标准，可以将体育教学内容细分为球类运动、体操运动、田径运动、武术等。这种体育教学内容的分类方式在体育教学中最为常见，有助于学生掌握多样化的体育运动项目和体育运动文化。不过，学校由于受到体育场地、体育设施设备、体育教学时间、体育教师的专业水平等的限制，在很多情况下并不能开展过多种类的体育运动项目，或是不具备开展某一体育运动项目的条件，因而教学效果受到一定的影响。此外，很多体育运动项目有着较为严格的运动规则和较高的运动技能要求，这与学校体育教育是不相符合的。因此，体育运动项目要想成为教学内容，还需要进行一定程度的改造。

（4）以人体的基本活动能力为标准进行分类

这种分类标准实际上就是按照人的走、跑、跳、攀登、负重等进行分类，进而对各种各样的运动项目和身体练习的方法进行重新分类组合。这种体育教学内容的分类方式可以打破正规体育运动项目条框的限制，从而更有效地对教学内容进行组合，以便学生的身体机能都能得到有效的发展。不过，以这种标准分类的教学内容具有明显的单一性特点，因而不容易充分调动学生的学习兴趣和学习积极性。

(二) 创新教育背景下我国高校公共体育教学内容的选择

1. 创新教育背景下我国高校公共体育教学内容选择的依据

（1）要依据高校公共体育课程目标来选择教学内容

高校公共体育课程目标不仅对学生的体育学习提出了总体的要求和期望，还大致划定了高校公共体育教学内容的选择范围。因此，公共体育课程目标是高校在对公共体育教学内容进行选择时必须考虑的一个方面。此外，就当前来说，高校公共体育课程目标具有多元性的特点，这就决定了高校公共体育教学内容必须是丰富而多样的，以确保每一个课程目标都有相应的教学内容来实现。

（2）要依据社会的发展需求来选择教学内容

学生的发展通常来说涉及两个方面：一方面是学生的自我发展；另一方面是学生的社会性发展。学生的自我发展会受到其社会性发展的制约。学生的社会性发展深受社会发展需求的制约。由于高校公共体育在促进学生的社会性发展方面发挥着一定的积极作用，即帮助学生打好健康基础，使其能够更好地在社会中生存和发展。基于此，社会的发展需求也是高校选择公共体育教学内容的一个重要依据。

（3）要依据学生的身心发展规律和体育需求来选择教学内容

学生的身心发展规律在很大程度上决定着其对教学内容接受的程度，因而在选择高校公共体育教学内容时，要充分考虑学生的身心发展特点。除此之外，学生的体育需求也是要考虑的一个方面。也就是说，高校公共体育教学内容只有与学生的体育需求相符合，才能有效激发学生参与体育教学的积极性和主动性，继而确保体育教学取得理想的效果。

（4）要依据体育教学素材的特性选择教学内容

高校在选择公共体育教学内容时，体育教学素材的特性也是必须考虑的一个方面。具体来看，体育教学素材主要有以下几个特性：

第一，体育教学素材之间不具备很强的内在逻辑关系。体育教学素材最主要的一个特性，便是不具备很强的内在逻辑关系。因此，在选择和安排高校公共体育教学内容时，不必过于拘泥教学内容的顺序。

第二，体育教学素材的数量是十分庞大的，而且内容繁杂，难以进行有效的归类。此外，让高校体育教师掌握、精通全部的体育运动项目是根本不可能的。基于此，高校在选择公共体育教学内容时，必须尽可能融合多个体育教师的经验，确保最终所安排的公共体育教学内容符合学校实际和体育教师的教学技能。

第三，体育教学素材存在"一项多能"（即一个体育项目能够同时实现多个体育目的）和"多项一能"（即多个运动项目可以达到一个共同的体育目的）的情况。基于此，高校在选择公共体育教学内容时，不必拘泥于某一个体育项目，依据体育目的及自身的实际条件选择最具有可行性和可操作性的体育项目即可。

第四，不同体育教学素材在兴趣关注点方面有一定差异。每一项体育运动都有其独特的乐趣，因而高校在选择公共体育教学内容时，也要尽可能使其具有一定的乐趣。

2.创新教育背景下我国高校公共体育教学内容选择的原则

（1）教育性原则

高校在选择公共体育教学内容时，必须遵循教育性原则，具体可从以下几个方面着手：

第一，教学内容的选择必须从教育的基本观点出发，确保其既要符合高校体育教育的目标，也要符合高校对大学生提出的体育学习要求。

第二，教学内容的选择必须将"健康第一"的指导思想作为基本的出发点，并要有利于学生心理的健康发展。

第三，教学内容的选择必须确保其具有一定的体育文化含量，能够促进学生体育文化修养的提高。

第四，教学内容的选择必须充分考虑不同学段学生的发展特点和规律，以便所有的学生都能从中受益。

（2）实效性原则

高校所选择的公共体育教学内容要有助于学生形成终身体育思想和掌握有效的体育锻炼方法，从而为终身体育奠定良好的基础。这便是高校公共体育教学内容选择的实效性原则。

高校公共体育教学内容选择的实效性原则，要求高校在选择公共体育教学内容时充分考虑自己的实际情况，包括学校所在的区位条件、学校所拥有的体育场所和体育设施设备、学校体育教师的专业发展水平等。只有充分考虑这些情况，所选择的公共体育教学内容才能得以实施，继而充分发挥自身的作用。

（3）趣味性原则

学生参与体育活动的效果深受其体育兴趣的影响。学生若是对体育活动感兴趣，则会积极、主动地参与体育活动，继而使体育活动取得良好的成效。因此，高校在选择公共体育教学内容时，应尽可能具有一定的趣味性，能够引起学生的学习兴趣，并使学生在学习的过程中体验运动的乐趣。

(三) 创新教育背景下我国高校公共体育教学内容的开发

1. 创新教育背景下我国高校公共体育教学内容开发的目标

(1) 促进高校公共体育教学内容体系的不断丰富

在创新教育背景下，我国高校公共体育教学内容的开发的一个重要的目标便是促进高校公共体育教学内容体系的不断丰富。

高校公共体育教学内容所涉及的范围十分广泛，但由于受到传统教育思想的制约，高校在选择公共体育教学内容时往往局限于体育教学大纲和体育教材，新兴的体育运动项目、一线体育教师的教学经验等都不会被纳入教学内容。这一现象导致高校公共体育教学的成效有限。要改变这一现象，就需要高校在对公共体育教学内容进行开发时，必须以新课程标准为依据，重视丰富其内容体系。具体来说，要努力通过引导更多的体育教学内容开发主体参与到具体的开发过程之中，对公共体育教学内容进行全方位、多层次的开发，使公共体育教学内容更为丰富多样、新颖有趣，与现实的体育教学需要和学生的体育需求等相符合，从而为学生的体育学习和个性发展提供有力的支持。

(2) 提高高校体育教师对公共体育教学内容进行开发的认知和能力

高校体育教师对待公共体育教学内容开发的态度以及高校体育教师开发公共体育教学内容的能力，不仅直接影响着其是否能积极、主动地参与开发过程，而且会对最终的开发成果产生直接的影响。因此，创新教育背景下我国高校公共体育教学内容的开发，对高校体育教师的教学内容开发认知和开发能力进行培养与提高也是一个需要实现的目标。

(3) 促进高校学生的全面发展

大学生的年龄、性别、家庭状况、来自的地区、教育背景等的不同，导致其身心发展水平也会有较大的差异。基于此，高校在对公共体育教学内容进行开发时，必须充分考虑学生身心发展的实际水平，确保所有的学生都能接受体育教学内容，同时确保所有学生的体育需求都能得到有效的满足。与此同时，高校在对公共体育教学内容进行开发时，还必须认识到学生的体育需求具有多样化的特点，而且学生需要学习的体育知识与技能等十分丰富，但要将所有能够满足学生体育学习需要的东西都纳入体育教学内容之中是根本不可能的。一方面是由于体育教学内容开发成本的制约，另一方面是由于体育教学时间、体育教学条件等的制约。因此，高校在对公共体育教学内容进行开发时，要尽可能在自身条件允许的范围内，精心选择对学生的全面发展具有决定意义的体育教学内容。只有这样，创新教育背景下高校公共体育教学内容的开发，才能实现促进学生全面发展的目标。

（4）促进高校切实形成公共体育教学特色

创新教育背景下我国高校公共体育教学内容的开发，还要重视促进高校切实形成公共体育教学特色。每所高校由于学校性质、办学条件和教育理念、学生的身心发展水平、体育教师队伍的整体素质等方面存在一定的差异，其所拥有的公共体育教学内容资源，以及对公共体育教学内容资源进行利用的方式、程度等也会有较大的不同。这就决定了高校在对公共体育教学内容进行开发时，切不可盲目地追求一致性和统一性，应切实以自身的发展现实为依据，形成丰富的、与时俱进的、具有鲜明特色的公共体育教学内容资源。只有这样，高校公共体育教学才能取得良好的成效。

2.创新教育背景下我国高校公共体育教学内容开发的主体

创新教育背景下我国高校公共体育教学内容的开发要想取得理想的效果，一项重要的举措是切实明确高校公共体育教学内容开发的主体，具体来说有以下几个：

第一，体育专家与学者。这一类开发主体有着较为完善的体育专业知识、较深刻的体育教学问题认知、较强的体育创新意识和创新能力，以及十分丰富的体育教学经验，能够为高校公共体育教学内容开发决策的制定等提供重要的支持。

第二，高校体育教师。这一类开发主体负责具体实施和操作高校公共体育教学内容，能够充分且深刻地认识高校公共体育教学内容存在的问题和不足，从而为接下来开发高校公共体育教学内容提供重要的依据。

第三，学生。这一类开发主体的身心发展水平、体育需求、学习方式等深刻影响着高校公共体育教学内容的开发范围、开发程度等，因此也必须引导其积极参与开发。

第三章 现代体育课程教学模式与方法选用

第一节 体育课程教学模式探索的方向

一、体育教学模式的研究

(一) 现代体育教学模式的研究

1. 体育教学的立体性

体育教学的组织形式是对一节体育课进行有机的划分和安排，从而指导学生进行体育活动。将活动中的人员、时间和空间进行合理地安排和组织，可以形成多元的教学模式。其中分组教学注重技巧性方面的活动，而集体教学则是在课堂上较多采用的体育活动形式。时间上的限制或者是地点的不同，都可以构建不同的体育教学模式。不同的体育教学模式可以有效地促进体育教学的开展。

2. 体育教学的丰富性

根据学生自身特点和活动内容，体育教学形式产生了多种多样的变化，有简单的、复杂的，单一的、多项的，个体教学或集体教学等。不同的体育教学形式逐渐出现在体育课中，这是一种顺应时代发展的表现，也是体育教学改革的丰富成果。这些多元的体育教学形式与当今的教育方向和改革目标有众多的联系，并与教学目的共同发展。

3. 基本组织形式以班级为单位的教学

以上探讨了很多组织形式的产生意义和特点，而其中最基本的教学形式还是以班级为单位进行的教学。这种教学形式是以教学空间的组织性为基础的，对体育教学实践有非常大的影响。其中以班级为单位的教学形式本身所具有的特点，是其他组织形式所没有的。这种教学形式从改革开放之初一直延续至今，且仍然活跃在体育课的教学里。虽然这种模式有其自身的优点，但是也有很多的限制因素。这些限制因素阻碍了这种基本形式的发展。只有摒弃以往的教学陋习，才可以与其他的教学形式相辅相成，共同进步，促进体育教学形式的进一步发展。

(二) 教学模式的进程

教学模式本是与教材相辅相成的。在师生之间、学生之间都是一种基础的学习状态。

在教学中，教材和学习任务组成了学习课堂的基础，将这三者相互结合则可促进学生的学习。在安排具体的学习过程中，要注重组织的形式。有效的课堂组织形式可以提高学生的学习效率，使学生在整个学习过程更加高效、快速地完成课堂所布置的教学任务。

在以前，我国注重以集体教学为主的教学形式，现在随着时代的发展，学生的自身需求产生了差异。新兴的翻转课堂形式悄然产生。这种课堂模式主要注重的是建立学习小组，把成绩较为优异的学生和中等以及偏下的学生分在一个学习兴趣小组中，互相促进，监督学习，也可发展乐于助人的精神品质。随后这种课堂模式便广泛应用于现代教学之中。

教学形式是将教师和学生联系起来的桥梁，具有一定的教学目的、教学内容和客观条件，能促进课堂教学。这种教学过程的结构以及功能决定了学生在认知活动中所具有的积极程度和受益程度，会对整个教学系统产生非常大的影响。所以教学模式是教学改革的重要环节，在我国的教育发展体系中，仍然是值得重视的问题。将信息化、网络化、全球化应用于课堂具有不可忽略的现实意义。

随着现代经济全球化的发展，互联网与数字化媒体逐渐走入课堂。一些网络课程也取得了较好的教学效果，其中由美国研发的翻转课堂教学模式，逐渐进入中国，这是美国的化学教师将网络与教学相融合而产生的一种新的教学模式。这种模式本是在美国盛行，后来由于其高效的学习成果，逐渐被引入其他国家，是一种在现代教育技术影响下所产生的教学革命，也是一种新兴的教学成果。我国也逐渐步入翻转课堂的行列中。

在传统的以班级为单位的授课形式里，加入了数字媒体的应用，使其注入新的血液。随着时代的发展和课程的改革，人们开始意识到班级授课的局限性。所以很多教师和教育学家进行各种改革，将新的理论和经验注入，从而完善授课制度。将原本一个班有六七十人的课堂缩小到三四十人，使每一个学生尽可能受到教师的关注，以小班教学的模式克服了许多困难。现在也更加注重分组教学，这种教学模式是以因材施教为目的的教学方式，充分发挥了学生的学习潜力和个性。这种分组教学模式，从内外两部分进行教学，按照学生的能力或成绩进行编组。在分组教学内部，是以班级授课为基础的。由于学生能力或成绩的不同而产生的小组，意在通过小组成员之间的合作，提高整体的学习成绩。正是教学的丰富形式造就了当今成功的教学成果。

(三) 影响教学模式的负面要素

教学模式对于整体教学过程有着非常重要的影响。其中对教学模式的制约因素也阻碍着它的进步和发展。教学模式的制约因素主要分为主观和客观两大类。客观因素包含学校的设备、师生的特点及体育课的内容和实质。主观因素则是人们对体育知识的认知、体育教学的有效策略、拓宽体育教师的视野和加强其改革意识。分析影响教学模式的负面要素，有利于形成平等的教学形式，体现教育的功能，并在社会上起到分化培养的作用，也有利于学校采取有助人才成长的教学模式。

1.客观因素的影响

(1) 教师与学生的数量差异

在教学中所采取的教学模式会被教师和学生的数量差异所影响。如果学校的学生较少，而教师较为充裕，则可以采取个别教学的形式，这样会高效地促进学生学习。但是如果情况相反，教师的数量少于学生且数量悬殊，则要采取集体教学形式。这是根据学校的现有情况而决定的，不能一概而论，要根据自身特点采取不同的教学形式。

(2) 学校具备的教学设施

影响教学模式的重要因素还有学校所提供的教学设施。学校教学设备或是网络媒体等对所采取的形式有重要影响。如果这些设施在数量和质量上都比较可观，则对于教学会有更大的帮助，也有利于学校采取不同的教学形式，学生的成绩也会有所不同。所以学校的体育场地以及体育设施会对学校体育课有重要的影响。

（3）体育课的内容和实质

体育课所注重的是体育项目，而教学任务和内容则是体育教师必须完成的，只有这样，教学性质才能体现教学内容，从而促进体育课的进步。

2. 主观因素的影响

（1）对体育教学的认知

所有的理论知识都是进行一项学科的必要基础，体育教学理论也是决定体育教学模式的重要因素。从传统理论上来讲，传统的授课班制对于现代教学有很大的选择作用。一开始强调教师的主体地位，学生只能被指导；随着教学改革的深入，转变为以学生为主体，教师要配合学生进行计划教学、针对性教学等，只有这样体育教学才会产生高效的学习模式。

（2）体育教学的有效策略

能否采取有效的体育教学策略也是对体育教师的一个重要考验。能否达到体育课的目标，完全取决于所采用的策略。体育教师只有积极地制定策略、实施策略，才能让体育课的内容得以实现。

（3）拓宽体育教师的视野和加强其改革意识

随着时代的进步，体育这门学科也要相应的改革，这就要求体育教师拥有更加开阔的视野和改革意识，教师之间要善于交流和借鉴，互相促进，反思自我，要拥有教学改革意识，将保守的观念向灵活转变，要开放体育思想和教学方式，将教学进行改革，使体育这门学科得到进一步的发展。

（四）体育教学模式的策略方针

1. 自然班授课模式

自然班授课模式也称为随机分组，就是在开学初系统地将学生随机分班进行学习。这种授课模式有很大的局限性，不具有针对性和教学性，授课效果非常不理想。所以这种自然班授课模式现在很少采用。

2. 分性别授课模式

由于现在更加重视男生与女生之间的心理差异，男生更加刚健，女生相对柔弱一些，所以会针对性地根据性别进行分组。这种比自然班授课模式更加有优势的授课模式，称为分性别授课模式，可以根据学校的教学情况做出改革，灵活应用于高校授课模式之中。

3. 根据健康情况分组的授课模式

由于学生之间的身体素质不同，健康情况也有所不同，对于一些患有先天疾病的学生可以采取少量运动的方式，对于那些身体素质较好的学生则可以给予更多的活动项目。这种授课模式针对性较强，不受教材、设备的限制。但是对于健康的标准，教师要有准确的把握，这样才能真正做到根据健康情况分组。

4. 根据体能情况分组的授课模式

根据体能情况授课，是根据学生之间的身体素质差异，以及运动能力的大小，判断出学生的体能性质，从而进行分组。这是更加有针对性的授课模式，能使体能好的学生学习更多的体育项目，对体能较差的学生，可以针对性地减少活动，且可以根据学校情况随时进行分组，不受地域和教材因素的影响。

5. 根据技术情况分组的授课模式

学生之间会产生成绩的差异，学生完成动作的标准程度也会有所差异，因此产生了技术分组。可以分为临时分组和固定分组以及晋升分组等。临时分组是由动作优美且较为标准的学生组成的。固定分组是在临时分组的基础上建立的。这种固定分组在成员完成更多标准动作之后可以列入晋升分组，从而对学生动作的提升有相对的促进和影响。

6. 根据教学目的分组的授课模式

教师会根据不同的教学目的采取不同的分组方式，有的以健康为目的而采取的健康分组，其他则可以根据性别或体能，以及技术进行分组，这样有利于调动学生学习和锻炼的积极性，也能提升学生对于体育课的兴趣。

7. 根据兴趣分组的授课模式

这种兴趣分组主要是根据学生的兴趣爱好和发展方向进行的分组，针对性更强，有利于培养学生擅长的项目以及活动方向等。

8. 根据性格情况分组的授课模式

由于学生之间的性格不同，也可以根据性格采取不同的分组。可以分为内向组和外向组，采取的教学模式也可进行有针对性地调整。但是这种分组方式局限性较强，且分组时选择也较为困难，主要原因是无法正确把握每一个学生的具体情况。

9. 根据同学友谊分组的授课模式

根据同学友谊分组的授课模式则是小组交流合作的教学形式，可以调动学生的参与性，保持学生之间的交流性，促进学生之间的良好关系，使学生在小组之间进行积极互动，合作发挥各个学生的才能，挖掘内在潜力，从而促进共同进步。这种分组主要适用于游泳、球类等项目中。

二、体育教学模式的未来发展方向

体育教学模式逐渐多元化，需根据体育指导思想作出相应的变革。在当今教学中，体育这门学科逐渐被人们重视起来，家长和教师以及学校领导也都将提升学生的身体素质列为首位，这也给体育教师带来了一定的压力。无论是从学生的体育运动层面，还是心理精神层面都要得到一定的锻炼提升。体育教师要积极从学生的自身发展、心理活动等方面进行相应的教学策略归纳，从提升体育技巧的出发点延伸到促进学习成绩的途径上，积极制订教学计划，根据学生的自身特点开展相关的体育活动，使学生乐于活动，喜于活动，爱上体育活动。

第一，以教材为基础。有了体育理论，才有了体育活动。体育活动都是在教材上才有所建树的，所以体育教学思维是体育教学方式的生命力。体育教学要以教材为基础，把握教学方向，正确引导学生，使他们从事各种体育活动，完成体育任务，从而达到强身健体的目的。在这个过程中，教师所扮演的是辅导性的角色，要根据学生的自身特点，采取相应的教学方案。

第二，以单元教学为目的。根据不同的教材，教师要制定相应的教学内容。教师根据不同的教学单元区分不同的教学部分，并对学生进行整体性教学。对于比较精细的教学内容，教师要制定各个项目的学时，并保证每一个运动项目可以在一定时间内被学生高效而快捷地掌握，学习运动技能。因而这种教学单元便是区分教学任务的重要依据，学生可从不同的任务安排里学习到不同的动作技能等。这种教学单元在整个素材中起到分类、总结、归纳的作用，能加快运动的教学进程。

第三，以外部教学为条件。体育教学主要以体育活动为基础，在进行运动时，会有其他器材的辅助，比如足球、排球或是单杠、双杠等，都需要一定的体育器材。不同项目的设备场所也有不同的规定和需求，比如幻灯片、录像等需要用到现代多媒体技术。所以教学所涉及的设备就是外部教学条件。针对这些体育场地及器材进行合理的选择和应用，可以辅助教学进程，提高学习效率，完成学习任务，促进学习成果转化。

第四，以授课对象为目的。传统的教学方式是教师在台上讲，学生在台下听课。改革开放以来，经济以及教育都发生了重大变化。以现在的教学模式来说，学生是教学的主体，教师应该围绕学生制订有针对性的教学方案，从学生自身特点出发，选择相宜的教材，首先考虑师生的具体情况，再实施具体的解决方案。

三、高校体育合作教学

(一) 体育"合作教学"的含义

合作教学是 20 世纪初创立，20 世纪中叶在美国发展起来的一种教学理念。合作教学的研究者从社会学、哲学、教育学和心理学等各个角度研究学生学习活动中各种因素的作用，从而提出在教学活动中要进行合作教学的理论。在此基础上归纳总结出合作教学的定义：以合作教学小组为基本形式，系统利用教学动态因素之间的互动，促进学生的学习，以团体成绩为评价标准，共同达成教学目标的教学活动。

具体来讲，合作教学具备三个方面的基本特征：第一，要以合作教学小组为基本形式，只有通过小组的方式才能形成紧密结合的一种学习方式；第二，要利用小组间的互动。在互动交流中发展学生的推理能力、合作意识以及解决问题、人际沟通的各种能力；第三，要以整个小组即团队的成绩为评价标准，能够有效促进团队成员间的相互合作，改变个人独立学习的学习态度。

(二) 高校体育教学中合作教学的意义

1. 合作教学能充分体现学生的主体性

传统教学模式下，职业学校的体育教学主要是以教师的"教"为中心，而学生只是一味地"听"，而合作教学的教学模式改变了这种单一方向的教学形式，将其转变为互动式的教学形式，充分体现出了学生的学习主体性特征。合作教学能够给予学生学习的自由空间，更能够在合理分组的基础上促进学生间的沟通与交流。在体育合作教学的模式中，学生利用团队的合作精神能够很好地建立起相互间的信任，充分表达自我的观点，锻炼思维能力，真正实践以学生为主体的教学思想。

2. 合作教学能促进学生身心的全面发展

体育本身就有促进学生身心健康发展的作用，但是要想真正发挥出体育的这种作用，还要求学生能够进行合作学习。合作教学的教学模式通过小组的合作，加强了相互间的人际交往，能够促进学生在情感上、认知上以及身体上的全面发展，将学生的个体差异融入一个小的集体中，在共同探索和学习讨论中改变每个人的社会认知。同时，良好的身体素质以及融洽的人际沟通能够使学生减轻体育学习的压力，产生更大的学习兴趣，保持心理健康。

3. 合作教学能够培养学生的团队精神，调动学习主动性

高校体育合作教学模式有助于培养学生的团队精神，充分调动学生学习的主动性。由于合作教学的成绩评估是以小组团队的整体成绩为标准，很容易使学生形成小组内的合作意识，淡化个人的竞争性。但是，同时也会加强小组间的竞争性，学生通过整体的合作与其他小组形成竞争，个人不愿意因为自己的原因而拖整个小组的后腿，这就调动了学生学习的主动性，同时也培养了学生的团队精神，体育赛事中往往最需要团队中每位成员的相互合作。

(三) 合作教学模式在高校体育选修课中的应用

1. 合作教学的基本原则

(1) 以问解答

在高校体育教学中，不断提出问题作为提高教学效果的有效手段之一，不仅加强了与学生的交流与沟通，而且能够时刻掌握学生对教学方法、手段、内容的意见，以及学习效率等情况，有利于对存在的问题及时进行适当调整和改进。因此，在体育教学中要以提出问题为中心，千方百计为学生设计问题情景，让学生在解答问题的过程中寻求合作教学所带来的效果。此

外，坚持以问解答原则，突出了体育知识技能学习的普遍性。有些动作技术比较复杂，在讲解示范层面不易掌握，必须深入研究、反复练习，才能掌握技术动作的细节。提出问题不仅能激发高校学生深入探究、认真学习的激情，而且可以培养学生的创造性思维，对于继续学习相关的体育技术动作具有"迁移"作用。

（2）以灵带活

高校体育选修课教学的主要目的，就是改善学生的体质，增进健康，培养终身体育意识，应对未来的挑战。在这一总体思路下采用合作学习教学模式，要注重教学内容、方法的灵活性，要不拘一格，把所采用的教学策略、教学方法与教学手段放在一个比较轻松的教学环境背景中，发散学生的思维，使学生敢于交流、勇于沟通。这种沟通不是简单的集体小组讨论，而是建立在提出问题的基础上，深入研究体育技术动作的结构、要领，方式灵活，集思广益，共同思考，以达到共同进步的学习目标。因此，建立合作教学模式要坚持以灵带活的原则，充分发挥合作教学在高校体育选修课教学中的作用。

（3）体验实践

练习是高校体育课普遍采用的基本学习方法，而且练习在一节课中所占的比重通常比较大。但教学中常常发现，学生对动作技术的掌握参差不齐。原因在于练习过程中多数学生只注重个体思维的发挥，只强调个体对动作技术的理解，不善于发挥学习小组的力量，抑制了互助合作意识。虽然在此过程中有教师指导或者纠正，以及同伴的提醒，但促进作用不大，自身的思维已确立。合作教学模式注重实践性，这种实践性不是简单的练习方式的运用，而是在井然有序的教学秩序下强调"小组"的作用。由于思维方式被无限扩大，理解空间也被无限放大了，可以创设多个学习环节和情景，因此掌握技术动作的效率明显提高。

（4）主动配合

构建合作教学模式要强调师生、生生之间的主动合作，这是学习态度和意识的体现。把学习观点和思维方式全盘托出，互相信任，只有这样才能在深层次上理解动作结构。教学方法、学习方法、教学内容、教学组织等方面都可列入讨论的内容，但同样要求主动配合。有时候也存在各种问题，如班级内部的各种矛盾、师生之间的矛盾等。为了不影响合作教学模式的构建，这些问题必须妥善加以解决，以强化主动合作意识，营造一个健康和谐的学习氛围，提高教学效果。

2.合作教学模式在选修课中的基本功效

(1)关注个体差异，开拓思维

针对学生的性格特点，在体育教学中不断关注个体差异，使体育教学面向全体，在进行分小组合作学习时注意各种不平衡现象，使各种差距不断缩小。在研究讨论时尽可能地发展他们的创造性思维，培养其积极主动参与的意识和分析、解决问题的能力，培养成功性思维。

(2)进行案例分析，培养兴趣

为了尽可能地培养班级课堂学习骨干，很多体育教师会在每个小组中安排各方面素质都很强的学生担任小组长，在他的领导下进行各种案例分析，特别是那些比较复杂、难以理解或者易犯错误的动作技术。对每个学生的典型示范进行案例分析，提高了学生对技术动作的掌握程度，培养了学生的体育兴趣和参与运动的持久性。

(3)人性化管理，获取自信

合作教学模式体现了"人性化"的管理理念。在学习过程中，整个小组既要面向全体，又要关注个体差异，使每个学生都有参与的机会。机会均等有利于培养全体学生的自信心，这有别于传统的体育教学，在传统体育教学中，这样的"关注度"比较少。小组教学中对个体讨论意见的尊重以及练习时彼此借鉴，有利于学习效率的提高。

(四)高校体育合作教学模式的构建路径

1.转变传统体育教学思想，培养学生合作学习意识

新时期高校体育的发展现实要求各高校必须转变传统的体育教学思想，更加重视对学生全面素质的培养，充分认识提升学生合作学习意识的重要性。教学思想是指导教学实施的前提和基础，合作教学的思想是根据小组学习中的团体压力和相互间的沟通交流来提升学生的学习主动性，体现学生学习的主体性。通过小组的合作学习改变传统以教师为主的教学模式，真正让学生成为教学的中心，形成师生间、学生间的动态互动模式，从而相互借

鉴、共同学习。

2.创新设计学生合作学习的过程，进行合理分组

高校体育教学模式在真正实施中，要创新性地设计学生合作学习的过程，即学生按照怎样的方式进行具体的合作学习。首先，要根据教材的内容制定方案，目的是达到教材中某一时期的教学目标，只有拥有正确的目标才能进行追求；其次，根据每位学生的不同兴趣爱好以及身体状况、体育特长等进行分组，并制定小组的目标，这个目标的制定要符合小组的实际并能使每位同学都起到重要的作用。

3.完善体育教学的评价标准，激发合作学习的主动性

高校体育合作教学模式的实施是否收到成效，是否符合教学目的，都需要拥有一个具体的评价标准，合理的教学评价标准有助于激发学生的学习主动性，也能够为教师提供一个明确的教学方向。合作教学的评价主要包括教师的评价、小组的自我评价以及其他小组的评价等，当然最重要的是要将小组视为一个整体进行评价，这样才能构成一个完整的评价体系。此外，教学评价要科学、全面，不能全部否定也不能完全认同，要本着对每位学生有激励作用的原则进行平等的评价，在强调个人对小组的重要作用的基础上，肯定每位成员的进步，并根据学生的不同基础水平进行不同程度的评价。

四、高校体育俱乐部教学

(一) 体育俱乐部教学模式的概念与特点

1.体育俱乐部教学模式的概念

体育俱乐部教学是由学生自主选择教师，同时根据教学条件开设相应的项目，系统学习该项目的原理与方法、组织与欣赏等方面的知识与能力培养的方法，从而达到真正掌握一至两项终身从事体育锻炼运动项目的一种教学模式。体育俱乐部教学注重培养学生的体育兴趣，提高学生的体育能力，以教学俱乐部形式进行教学。这种方式的教学注重知识性和趣味性、理论和实践相结合，发挥学生的主观能动性和创造性，让学生积极参与，使学生在体育锻炼中体验到快乐感、成就感，达到培养学生参加体育锻炼的意识、提高学生运动能力的目的。学校体育俱乐部教学模式是以培养学生终身体育意

识、习惯和能力为主的教学方式，它能够实现学校体育与社会体育有效地衔接，并最终使高校体育向终身化方向发展。

2.体育俱乐部教学的特点

(1)课外体育俱乐部教学模式

课外体育俱乐部是高校体育俱乐部教学的最早形式，它作为高校体育课的延伸和补充，以拓展学校体育功能，培养学生拥有良好的体育习惯和行为为主要目标。课内体育俱乐部模式是近几年我国高校体育教学改革的一个热门课题，它以现代的教育思想和教育理论为依托，充分体现人本主义的教育理念，以构建现代大学体育新的学习方式为目标。课内外结合的体育俱乐部是伴随着高校素质教育的兴起，以培养学生的整体教育观为出发点，提出课内与课外一体化的体育管理模式，它以终身教育思想为指导，以培养适应学习型社会的能力为目标。

(2)课内体育俱乐部教学模式

课内体育教学俱乐部是建立在体育教学模式基础上的体育教学形式，其将现代高校体育教学理论融入高校体育课堂，从思想、组织、形式、方法、评价等五个方面进行全面、系统的更新，改变高校体育教学传统的班级授课制，在课堂内提倡开放性、自主性、自由性和随机性，学生的课堂学习完全是一种主动积极的行为，体育教师只需承担设计、辅导、检查、指导四个方面的教学任务，此种模式彻底改变了传统的体育教学模式，学生与教师的角色发生了根本性的变化。

(3)课内外一体化体育俱乐部教学模式

高校课内外一体化体育俱乐部教学模式是高校体育教学中的一种体育文化现象，是具有相同体育兴趣爱好的大学生，基于自我发展与完善的需要，自由选择体育活动项目，并且结成具有社团性质的体育团体。通过体育教师的指导，学生根据自身特点自主选择体育课程内容，自主选择体育教师，自主选择上课时间，再结合成有组织的课外体育活动团体，营造生动、活泼、主动的校园体育文化氛围，使高校体育教学与课余体育活动保持连续性和统一性。课内外一体化体育俱乐部教学模式的特点是学生拥有"三自主"，即自主选择学习项目、自主选择任课教师和自主选择上课时间。学生自己确立目标，自己评价，使自己由被动学生变为主动参与者，形成良好的体育素养和健身意识，建立终身体育的理念。

课内外一体化体育俱乐部教学模式是以学校体育场馆为依托，在"健康第一"和"终身体育"思想的指导下，为达到学生生理、心理和社会三个不同层面的目标而设计的体育教学模式。其也是以学生自主选择俱乐部为基础，综合运用各种教学策略与方法，将课内体育教学与课外体育活动融会贯通的一种体育教学模式，它既承担课内体育课堂教学任务，又兼顾课外余暇体育锻炼、群体竞赛和业余训练功能。

（二）高校体育俱乐部的管理原则

1. 以生为本

第一，高校体育俱乐部的运作目标就是为学生提供职业化的服务，因此在组织各种体育锻炼和各种竞赛活动时，要倾听学生的心声，把握学生的心理，明确学生的体育运动需求，唤起他们的体育运动热情，这样学生才会积极地参与到体育俱乐部的各项活动中去，才能让高校体育俱乐部的发展有扎实的学生基础。

第二，高校体育俱乐部的发展和管理要以学生的健康运动为设计原则，在组织各项体育锻炼和活动时要充分考虑其是否有利于学生身心健康的全面发展，要考查学生的身体素质，并针对不同身体素质的学生设定科学合理的运动量，避免损害学生的身体健康。

第三，高校体育俱乐部管理中要充分保证学生的人身安全，对部分有安全隐患的体育项目要进行严格审查，要检查体育器材，让教练指导学生的动作要领。同时，还应采取一定的保护措施，避免对学生的人身造成伤害。

2. 一体化原则

无论是课内体育俱乐部、课外体育俱乐部还是课内外一体化体育俱乐部，或是竞技体育俱乐部，都必须遵循统一规划的原则，建立健全逐级监督制度。

由主管体育工作的学校领导负责各种体育俱乐部总体规划的制定，同时负责督促检查体育俱乐部的工作安排。体育俱乐部主任主要负责俱乐部工作计划进度的安排，检查每位教师工作的执行情况。各位教师要完成本人的工作计划，建立每一个同学的详细档案，以备查询。俱乐部里的学生体育骨干则主要负责召集体育俱乐部成员参加体育活动，完成具体的管理工作，例如，组织各种教学比赛、裁判员工作以及监督学生的体育活动完成情况等，从而在俱乐部里起到模范带头作用。

3. 层次化原则

因为受先天条件的制约，学生个体的身体素质存在较大差异。教师应该针对不同学生的身体状况，采用科学的、定量化的体育锻炼方法，这就是运动式教学法。无论是课内体育俱乐部、课外体育俱乐部或者课内外结合体育俱乐部，其在具体课程的设置上必须遵循循序渐进的原则。通过采用分层教学，帮助学生由浅入深、循序渐进地掌握该体育项目的知识和技能。每一级的教学层次都应有与之相对应的教学大纲、教学要求和切实可行的教学模式，从而根据不同层次学生的运动水平，指导学生达到该体育运动项目的等级，目的是引导学生在学习中有一种"爬楼梯"的感觉，激励学生"更上一层楼"，完成预定的体育教学目标。

(三) 俱乐部式的体育活动运作方式与管理

1. 体育俱乐部运作方式的理论定位

长期以来，人们习惯把体育俱乐部活动看成课堂体育课的延伸和补充，其从属于体育课，为体育课教学服务。在这种思想观念的影响下，安排课外体育活动只需考虑它的延伸性，体育课练习什么，课外体育活动就练习什么，以致忽视学生对体育运动的兴趣和现实需要，忽视学生的个性发展。传统体育课程教学的运作方式过于注重统一时间、统一内容、统一要求，过分强调集体化、统一化、规范化，很少考虑学生个性的差异。而体育俱乐部教学模式将使学生个性得到充分发展，学生在自选活动中充分发挥自己的兴趣爱好及运动的潜力。

2. 高校体育俱乐部管理理论依据及方案

为了帮助学生选择终身受益的几项发展效果好、乐意接受的体育锻炼项目，达到长期锻炼身体，增强体质的目的，使学生将来走上工作岗位后不至于丢失参加体育锻炼的习惯。有条件的学校在实施体育俱乐部教学时，促进课外体育俱乐部的发展也是十分关键的一步，条件欠完善的学校也应逐步走到课外体育俱乐部的方向上来，这样学生才能真正根据自己的兴趣爱好、身体状况、体育与专项特长等因素自由选择各项体育俱乐部。根据体育课堂内外的实际需要及学校自身的人力、物力、财力等的情况来开设体育俱乐部实体，同时，对所属体育俱乐部所开设的体育课程进行调节管理。

(四) 高校体育俱乐部的具体教学模式分析

1.高校体育俱乐部课内外一体化教学模式

(1) 高校体育俱乐部课内外一体化教学模式的作用

1) 有利于体育俱乐部教学课程的改革

高校选择的体育课程应具有实用性并便于教学，还应尽可能地开设时尚体育项目，有利于学生毕业后进行自我锻炼以及学生的职业发展。在教学目标的定位上，应明确定位运动参与目标、运动技能目标、身体健康目标、心理健康目标以及社会适应目标等五个方面的目标体系。在教学用书的选择上，在重视传统体育项目的同时，适当选择新兴、热门的体育运动项目。同时，还需注重学生自主学习、自我监测以及自我锻炼等方面的能力，着重培养学生的终身体育意识和体育运动参与习惯。针对体育基础好、运动能力较强、学习求知欲较强的学生，可以开设课外体育辅导课和运动训练课，开展校内外体育文化交流，培养学生对于体育运动的兴趣，提高学生自主学习能力，促进专项技能得到质的提高，满足学生个性化的体育运动需求。对于高年级学生，可以开设健身类、健康类和休闲类体育运动课程，使学生认识到增强自身体质的长期效应，树立正确的体育生活方式，养成健康的体育行为习惯，保证体育教学的长期不间断。

2) 可以激发学生参加体育健身的兴趣

体育俱乐部制教学改革的重要环节就是打破传统的"三段式"体育教学模式，促使体育教学模式更加灵活。根据学生体育锻炼的兴趣、爱好和实际需要，并结合本校的体育基础设施，以及体育教师的教学水平等主客观条件，停止向学生讲授枯燥乏味且学生选课较少的课程，增设符合大学生实际需求的体育运动项目，例如足球、跆拳道、街舞、钢管舞、篮球等体育项目。学生可以根据自身的实际情况和喜好选择相应的体育课进行学习，使学生从内心深处自发地对体育课、体育锻炼产生浓厚的兴趣，而不是被动地接受教师的灌输。学生只有有了浓厚的学习兴趣，体育课堂的气氛才会变得更加轻松、愉快与和谐。学校各体育俱乐部每学期还应定期举行各种形式的课内外比赛活动,以期达到既丰富学生的业余文化生活,也提高学生体育锻炼兴趣的目的。

3) 有利于教师对课外体育活动的合理指导

体育俱乐部课内外一体化教学模式的积极作用主要在于其能够将体育课堂内的体育知识延伸至体育课堂以外,实现高校体育教学影响范围的最大化。教师通过这种模式可以间接影响体育课堂外的活动,甚至可以直接指导学生进行体育课外活动。体育教师参与课外体育活动指导的频率意味着学校对课外体育活动的关注度和支持度,教师参与学生课外体育活动的主要形式是指导学生的体育俱乐部或者是体育社团,还有的是指导为参加体育竞赛而组成的学生体育训练队,而多数学生则希望教师参与课外体育活动的指导。体育教学俱乐部中的学生认为教师参与活动的时间足够,能给予学生全方位、科学的辅导。体育教学俱乐部中的学生对于教师的课外活动指导普遍认为足够用,从而提升了学生对于课外体育活动的兴趣。此外,如果体育教师总是及时到场合理解决学生的相关问题,也可以激发学生参与课外体育活动的兴趣。

4) 充分贯彻终身体育的教育思想

在高校体育教学过程中,引入课内外一体化体育俱乐部教学模式符合终身体育的要求,有利于现代高校体育的持续、协调发展,课内外一体化体育俱乐部模式的教学是通过教师集中指导、学生分散练习的方式实现的,其作为高校体育课堂教学的外延和补充,能够极大增强学生的积极性和主动性,调动学生参与体育学习和课外体育运动的兴趣和能力。在具体教学内容的选择上,其也能体现学生的需求和兴趣,激发学生的运动热情。体育运动健身不可能"毕其功于一役",需要在长期的生活、学习过程中持久坚持,课内外一体化的体育俱乐部教学模式以学生为中心,实现学习内容和训练任务与体育课堂教学的融合,极大地推动了学生在掌握体育知识、运动技能的过程中,逐渐养成终身体育的意识,并培养起终身坚持体育健身的习惯。

(2) 高校体育俱乐部课内外一体化教学模式的构建

1) 体育教学指导思想

高校体育教学指导思想是指对体育教学的意义、内容以及方法的认识和理解，其对体育教学起统领引导的作用。体育俱乐部课内外一体化教学模式的指导思想在于注重学生个体的差异，注重培养学生的体育兴趣与爱好、养成体育锻炼的习惯、增强体质以及提高体育技能。

2）体育教学目标

体育教学目标是指在一定时间和空间内，体育教师和学生经过努力后所要达到的教学结果的层次、规格或状态，是高校体育教学的出发点和归宿，决定着体育教学的发展变革方向。体育教学目标制定得是否合理清晰，会对整个高校体育教学过程产生直接、深远的影响，也对整个体育教学的发展方向起着决定性的作用。体育俱乐部课内外一体化教学模式主要包括课内和课外两大部分，但这两部分的总体教学目标是统一的，具体而言，此两部分的目标如下：

第一，帮助学生形成正确的体育价值观，树立终身体育理念，养成长期的体育锻炼习惯。

第二，帮助学生掌握一定的体育专项理论知识和运动技能，增强学生的身体素质。

第三，帮助发展学生的个性，提高学生的创新能力和体育实践能力，全面提高学生的整体素质。

3）体育教学的组织与管理

科学合理的管理机制是体育俱乐部课内外一体化教学模式保持规范运作的重要保障，学校各部门应加强分工协作，以保证体育俱乐部课内外一体化教学模式的顺利、规范实施。学校教务处负责组建多个单项体育俱乐部，各单项协会负责俱乐部的日常管理，学生处则主要担负课外体育俱乐部的监管、教学管理、技术指导以及体育基础设施的管理等工作。

4）体育教学的组织方法

高校体育的教学组织方法是指学校组织体育教师进行体育教学以及学生进行体育学习与锻炼的具体方法，该教学模式的教学组织方法如下：学生在第一学期上体育普修课，第二学期以后再实行体育俱乐部课内外一体化教学。其中，学生在第二学期至第四学期需要至少选择1个体育教学俱乐部（要求至少有1个体能项目）。第五学期以后学生可自由选择，学生选择后通过注册成为该体育俱乐部的会员。各体育俱乐部必须根据学生的体质健康水平、运动技能高低，把学生分为初级、中级和高级三个层次，并进行分班教学，对于三个层次学生的教学内容可大体相同，但教学进度和要求应根据各个层次学生的水平而有所差异。体育指导教师按计划每周组织一个轮回的体育教学，并将其视为课内体育教学俱乐部，其余时间由大学体育管理部门、学生会组织以及学生组建的协会共同管理，由学生自主组织健身锻炼和体育比赛，并将其视为课外体育俱乐部。一、二年级的会员每周必须参加2个学时以上的体育课，方能获得相应的必修学分；三、四年级会员可自由选择是否参加，如能按时参加每周的体育课，也可获得相应的选修学分。

5）体育教学内容

在体育教师师资、体育基础设施以及周边环境条件许可的情况下，学校可以建立多个单项体育俱乐部，从而为学生提供较大的选择空间。教学内容的设置还要考虑课内外相互衔接的问题，使课内外实现高度的一体化。为防止部分项目价值较高，但较枯燥的体育运动项目（如田径）出现没有学生选择的情况，学校可以把体育运动项目分成两大类，如必修类和选修类等。学生必须选择一项以上必修类的运动项目（如中长跑）进行体育锻炼。同时，教师采用多种方式向学生讲授运动损伤防护、营养、健康生活方式等方面的理论知识也十分重要。

6）体育教学方法

体育俱乐部的指导教师要根据学生的现实身体条件，确立科学合理的体育教学方法。初级班和中级班学生技术水平相对较低，应以传授为主；高级班则以辅导为主。在教学过程中要充分体现与发挥学生的主体作用，倡导师生之间和学生之间的团结互助，努力提高学生参与教学活动的积极性，最大限度地发挥学生的创造性，以便学生终身体育意识的培养和长期体育锻炼习惯的养成。

7）体育教学评价

教学评价体系在高校体育教学中的作用十分突出，其对实现体育教学目标具有较为重要的意义。评价学生的体育学习效果，需要从学习效果和学习过程两个方面分别进行，主要的评价方式包括学生自评、学生间互评、教师点评等。体育教师要将学生的进步和潜能纳入教学评价体系中，还需注重建立完善的"课内外一体化"体育教学评价体系。此外，学校及体育教师要全面落实相关的政策规定，要对学生的体育能力进行全面评价，并将学生的学习过程与最终效果评价紧密衔接起来。唯有这样，才能既考评学生的实际体育技能，又考评学生身体锻炼的实际效果，对促进学生的全面发展起到良好的效果。

2. 高校体育俱乐部"三位一体"教学模式的构建

(1) 构建高校体育俱乐部"三位一体"教学模式的必要性

1) 构建体育俱乐部"三位一体"教学模式是体育教学人本关怀的体现

当今世界科学技术迅猛发展，全球知识经济一体化的趋势日趋明显，国力竞争日趋激烈。我们能否在21世纪实现中华民族伟大复兴的宏伟目标，关键在于是否能够培养适应现代化需要的高素质劳动者和复合型的专业人才。高校是培养人才的主要场所，其培养的人才素质如何，直接关系到民族复兴大业的成败。构建体育俱乐部"三位一体"教学模式，是针对沿袭已久的应试教育体制而形成的片面重视体育技能的单一教育，而忽视学生的体质、心理健康、卫生习惯培养的弊端，重新构建体质、心理、卫生三者并举，实现三者有机结合的体育教学新模式。

2) 构建体育俱乐部"三位一体"教学模式，是适应时代发展的必要措施

由于科学技术和全球经济一体化的快速发展，当今社会人们的生活节奏越来越快，生存竞争日渐激烈。高校培养的复合型专业人才走进社会，不是单凭传统意义上的德、智、体全面发展就能够适应。以前认为身体结实，《体育达标》合格，生理机能正常，没有缺陷和疾病，就是身体健康，就能够完成体育教学任务的观念已经出现了较大的问题。今天这种"身体健康"的大学生走进社会，投入加速器般飞速旋转的工作与生活中，如果仅有粗壮结实的四肢和外表，缺乏良好的心理素质、坚强的意志、顽强的拼搏精神和紧迫的竞争意识，他们仍然成不了国家的栋梁之才，难为振兴中华做出应有的贡献。这些来自心理、环境和人际竞争等诸多方面的压力，远比身体体力消耗的压力要大得多，这也正是改革现有体育教学模式，构建"三位一体"教学模式的根本出发点。

(2) 体育俱乐部"三位一体"教学模式的构建措施

1) 理念先行

理念决定行动，理念塑造品质。《辞海》对"理念"一词的解释为"既有

看法，也有思想"。思维活动成果的意思，也指从知性产生而超越经验可能性之概念。还有理念就是理性化的想法。就体育教学模式而言，理念主要是体育教师对自身的使命、责任和荣誉的认识和理解，是立足于长远的宏观规划和思想指南。在体育教学理念上，体育教师需要真正尊重学生思想存在和发展的客观规律，体育教师必须从学生的心理、身体特点和发展规律出发，强化健康体育意识，提高体育教学工作的实效性和说服力，增强体育教学工作的有效性。

2）实践检验

实践是人类自觉、自我的一切行为。内在意识本体与生命本体的矛盾是推动人类自我解放的根本矛盾，其外在化为人类个体及组织、阶级通过生产关系联系的整体，对于自然及个体间或者集体关系、阶级关系形成的解放活动。体育教学是一门实践性很强的课程，是广大学生养成良好的体育锻炼习惯和具备相应的体育锻炼能力的重要手段。在体育教学过程中，体育教师需要增加必要的实践环节，例如观看体育比赛、参加体育运动赛事和体育课堂运动交流等，增强体育教学工作的针对性和效果。

3）体育课堂教学

体育课堂教学是向学生传授体育运动知识的重要途径，同时也是体育教师给学生传授运动知识和技能的全过程，它主要包括体育教师讲解，学生问答，体育教学活动以及体育教学过程中使用的所有体育器材。在具体实施办法上，体育教师把学生编成固定人数的运动团体，按照各类体育运动项目教学大纲规定的内容，组织教学内容和选择适当的教学方法，并根据教学时间的安排，向学生传授体育运动技能的教学组织形式。

在具体教学过程中，教师应努力创设一种"以人为本"的教学氛围，以学生为中心的体育课堂环境，营造一种尊重学生观点，鼓励学生提问、概括、假设和陈述的体育课堂教学氛围，积极鼓励和评价学生的参与行为。此外，体育教师要努力实现体育教学从观念到行为的转变，改变以往单纯传授体育运动技能的做法，对学生对待体育运动的兴趣、态度和价值观给予足够的关注，提高体育课堂教学的效果。

总之，体育俱乐部"三位一体"教学模式的基本出发点是促进全体学生全面、协调、持续地发展，而终身体育学习的愿望是学生长期坚持体育锻炼习惯的前提和基础。成功的体育教学，应该是唤起学生体育的欲望。只有唤起学生运动兴趣、运动激情的体育教学才能激发学生参与体育课堂的积极性。体育教师要放开手脚，以"合作者"的身份参与学生的体育课堂学习。具体而言，体育教师要善于创设各种机会，帮助学生去发现、探索体育运动的奥秘。用心去营造一种体育学习与运动氛围，充分培植学生长期坚持体育锻炼的意志力，从而让学生以活跃、旺盛和高昂的精神状态积极参与体育运动。使学生在体育教学活动中培养自主学习、自主发展的能力，让体育教学不再局限于传统的体育教学形式，而是充满现实、有意义、富有挑战性的体育教学与学习。体育教学给学生带来的不是体育技能的灌输，而是自主进行体育锻炼的魅力、成功的体验，这也是提高体育教学效果的重要措施。

4) 体育教学"三位一体"教学模式的评价标准

高校体育俱乐部"三位一体"教学模式在构建完成并得到切实落实后，还需要有相应的专用评价体系进行考核，以便能够及时、有效地评估这种全新的体育教学模式是否切实可行，是否满足高校体育的教学实际需要。针对体育俱乐部"三位一体"的教学模式，其教学评价重点在于评估运用此方法后，学生的体能素质、理论理解、心理状态等方面是否达到了预期的标准及要求。也就是说，体育俱乐部"三位一体"教学模式相对应的教学评价体系，应当围绕学生的体育教学和身心培育两大方面目标进行有效评价，而不应单独以体能测验作为唯一的评估指标。换言之，学校及体育教师在评价学生的体育学习效果时，不仅需要关注学生的体能水平是否有所提高，还要关注他们的体育运动态度和体育运动行为是否有所改进。此外，该评估体系还应满足科学合理、操作高效、准确客观等相关的具体要求，既要关注最终结果又要兼顾学生的学习过程。

(五) 高校体育俱乐部教学模式的构建

1. 健全体育俱乐部的管理体系，明确发展方向

第一，学校要健全大学生体育俱乐部的管理机构，完善机构设置；第二，学校要明确各部门的岗位职责、制定各项管理制度以及中长期发展规划。新时期高校不同领域与社会相关领域之间的交流与合作日益频繁，但是高校体育与社会体育之间的交流却越来越少，二者在运作过程中基本处于孤

立的状态，这种局面不仅不利于二者的发展，对我国整个体育事业的发展也有一定的阻碍作用。如今，高校体育社会化已是社会体育和高校体育发展的必然趋势，所以，大学生体育俱乐部作为高校体育中的重要组织，更要充分发挥作用，真正将高校体育与社会体育结合在一起，努力做到资源共享，共同促进二者的协调发展。

2. 加强高校体育俱乐部与社会组织的交流

当前，我国高校校际的体育交流较少，交流方式仅局限于体育比赛，此种情况十分不利于各高校实现优势体育资源的互补，也不利用交流体育教学经验。因此，学校应加强大学生体育俱乐部与社会体育组织的交流与合作，二者都有各自的资源需求，社会组织走入高校，大学生体育俱乐部进入社会，只有这样才能使两者的体育场地、人力、资金等资源得到合理的配置和高效率利用。大学生体育俱乐部与社会组织共同参加体育活动，两者可以相互促进，也可以根据各自的实际需求，由企事业单位与高校共同组建双方都需要的体育俱乐部，实现原有模式上的创新，做到与时俱进、共同发展。

3. 体育俱乐部教学模式要努力与现代高校教育的发展趋势相适应

(1) 以学生的发展为中心，重视学生的主体地位

如果学校和体育教师在教材和教法上处理不当，将直接导致学生丧失对体育运动的兴趣，也就不能转化为学习体育的积极性和主动性，甚至会出现"体育课上无精打采，课外活动兴高采烈"的现象。因此，从体育课程的设计到评价，各个环节都应始终将学生主动、全面的发展放在中心地位。在教学活动中，在注意发挥教师主导作用的同时，需要着重强调学生学习的主体地位，充分发挥学生学习的积极性和潜能，提高学生的体育学习能力。

(2) 积极利用和开发课程资源

我国高校体育课程资源主要包括以下几项：项目内容的拓展、自然资源的开发、师资队伍的培养、场地器材的创新等。其利用和开发是顺利实施学校体育的重要组成部分，有利于充分发挥各地课程资源的教育潜力，体现课程的弹性和地方特色。《普通高校体育课程教学指导纲要》赋予高校更多的自主权，深入挖掘体育课程资源，必将深化体育课程改革，提高教学质量，形成具有特色的、健康活泼的校园体育文化氛围。

（3）加强体育课程的个性化和多样化

我国高校体育课长期受到标准化、规范化课程体系的影响和制约，过分要求所有学生达到同等标准，导致过高的统一要求，以致忽视了学生的个体差异，而现代体育俱乐部教学模式则比较注重体育课程的个性化和多样化，使学生有很大的自主选择权，可根据自身的能力和爱好，灵活地选择所学内容和发展方向，强调尊重学生发展的多样性。

高校体育课必须具有鲜明的时代性与社会性，务必拓宽体育教育的空间和视野。拓展现代教育信息交流的渠道，打破狭隘的教学课本限制，全方位、多角度地进行体育教育信息交流，促进学生知识与能力的扩展和深化，以学生为中心，最终实现多样化的体育教学课程。

（4）课程与现代化信息技术相结合

现代高校教育应综合运用多媒体技术与信息技术，从社会的发展必然趋势看，现代教育技术的发展总趋势是信息化。学校和体育教师应重视把现代多媒体技术与信息技术引入体育教学领域，赋予体育教学课程以新的内涵和时代特征。体育教师要着重培养学生的学习兴趣、学习能力和创造精神，为此，教师需要充分利用现代教育技术与手段，建立开放式的体育教育网络。让学生全方位领略最新的科技成果和现代化手段给体育教学带来的形象性、直观性、趣味性和欣赏性，促进高校校园体育文化的发展。

4.体育俱乐部教学模式要与现代高校体育的发展趋势相适应

（1）现代高校体育要与社会群众体育相协调

学校应将学校体育与体育教学同社会体育有机衔接起来，投身社会体育的热潮。高校在培养学生的过程中，应努力使学生在校学习与未来发展同社会需要实现接轨。针对时下全民健身运动蓬勃发展的大好形势，学校应为学生提供机会，鼓励学生参与社会体育活动。坚持"请进来"和"走出去"的路径，将社会体育各项目优秀人员请进校园。同时，帮助具有一定基础的大学生参与社会体育工作实践活动和竞赛，这样既能激发学生参与体育健身的积极性，又能取得一定的经济效益。

（2）现代高校体育要适应社会发展的需要

现代高校体育要实现跨越式发展，而且要实现协调发展，因为协调发展是体育事业发展壮大的重要条件。没有发展，高校体育就会失去前进的动力。不进行体育教学改革，协调发展就是一句空话。应在改革中实现高校体育内部机构的协调配合，以及体育与外部经济、社会的协调运转。随着我国改革开放进程的逐步加快和社会经济文化的迅速发展，我国民众对于体育的需求和对高校体育的要求也发生了深刻的变化。体育的终身化、休闲化、生活化、娱乐化和产业化，都要求学校体育进行必要的改革。

（3）现代高校体育要符合"健康第一"的教育思想

"健康第一"主要是基于对学校体育本质功能的深刻认识。"健康第一"的思想是马克思主义人权思想在教育领域的鲜明体现，也是人权思想、人道主义精神和未成年人保护原则的具体体现。在具体操作层面上，它也是学校体育对"素质教育"最重要的应对措施。当学生的学业、社会工作与他们的健康发生冲突时，就需要服从健康；当学校体育内部各种关系发生矛盾时，也要以健康为第一原则。

高校新体育教学大纲也可称作"体育与健康"。在中共中央、国务院颁发的《关于深化教育改革全面推进素质教育的决定》中明确提出："学校教育要贯彻健康第一的指导思想，全面加强学生的体育工作。"这一思想为高校体育教学改革指明了方向，因此高校体育教学改革不能将体育与有关健康的知识互相割裂开来，要以体育为手段、以健康为目标，同时将健康的观念、健康的理论渗透到高校体育教学之中。

5. 充分发挥体育教师的潜能，提高教师的专业水平和能力，完善师资结构

长期以来，我国体育专业人才教育多是以竞技体育项目为主，以致我国高校在职体育教师的专长多集中在田径、足球、篮球、排球、体操、武术等项目上，而乒乓球、羽毛球、网球、健美操、体育舞蹈项目的特长教师则比较少，体育师资队伍不能完全满足高校体育俱乐部发展的现实需要。为此，高校和体育教师需采取以下措施予以解决：第一，大胆引进体育专业人才，在选聘教师时，应优先考虑具备紧缺专长的候选教师，充实、改善教师的年龄、知识、专业和职称结构，以适应新时期我国高等教育和体育教学的发展需要。第二，对现有体育教师进行在职培训，具体而言，学校可以通过进修学习和培训提高业务水平，解决专长教师紧缺的问题。第三，鼓励体育教师考取硕士或博士研究生，并给予一定的物质和经济奖励。

6.注意体育俱乐部教学内容设置的合理性

体育俱乐部的教学内容首先要与学校的体育课程保持一致性，俱乐部可以根据单项的体育运动来进行设置，比如足球俱乐部、篮球俱乐部等，还可以将俱乐部分级，以区分身体素质和运动能力不同的学生。而在设置教学课程内容的时候，需要保证学生也能学习到其他的体育知识。例如，教师可以讲解足球的技能技巧，欣赏经典比赛，对学生进行运动生理学和心理学的教育，努力扩大学生的视野，同时保证学生能够学到足够多的体育运动知识，在设置一定的课程之后，还应对学生的成绩进行考核，以达到素质教育的目的。但是，教师应该切记，对学生的成绩考核不能片面从分数进行考评，还应该综合学生的各方面表现，如从运动积极性、领悟能力、提升的速度等方面来综合考量，既能让学生体会到体育带来的激情与快乐，同时也在一定程度上监督学生进行持久地锻炼。

7.构筑"五种关系"发展俱乐部教学

"五种关系"指的是师生之间相互信任、合作的关系，体育教师要认真履行职责，学生积极配合，实现共同的教学目标。平等民主的关系，师生之间保持一种平衡关系，教师负责"传道、授业、解惑"，学生要主动学习、探索。在体育教学活动体系中，要注意保持师生关系的平等，实现教学相长。师生之间相互尊重，相互尊重是维持高校体育教学效率以及和谐师生关系的重点。学生要尊重教师的劳动成果，教师要热爱学生，尊重学生的自尊和人格。健康交往，师生之间良好的关系是促进教学质量提升的重要纽带，也是顺利开展高校体育教学的基础；亲师信道，俱乐部模式要"以人为本"。教师要有良好的专业知识，通过科学的方法教授给学生，同时注重对学生的能力和价值观的培养。亲师信道是形成学生良好品格和优秀体育道德的基石。

8.学校及体育教师要转变体育教学观念

首先，高校要转变教学观念与思想，尽可能地完善体育教学的制度。合理购置体育器材，培养学生积极主动参加体育锻炼的观念，最大限度地为学生进行体育锻炼创造良好的环境。现代高校体育教学更加注重体育自由和体育精神，所以，要想让俱乐部模式在高校中得到推广，必须领会现代体育精神，接受更为先进的体育教学理念，将俱乐部的优势充分发挥出来。学校在引进俱乐部教学模式时，要始终坚持多样性和自主性的原则，发展课堂教学与课外教学相互协调的关系。坚持正确的体育教学方针，才能保证高效体育教学的有效性。另外，高校的体育教学部门要对俱乐部进行科学的管理和监督，在实际操作的过程中，要根据学生的具体情况对俱乐部进行合理的规划和调整。同时，还要做好体育教师的奖惩、任免工作，增加同校外体育组织的学术交流活动。总之，高校体育教师要详细了解体育俱乐部的实际情况，对体育俱乐部进行有效管理，避免出现其他问题，导致体育教学工作无法正常展开。

第二节　体育课程教学方法的改革路径

一、体育教学方法的选择与运用

(一) 体育教学方法的结构和要素

对于体育教育中体育学法的界定释义，有学者指出，学法是学生完成学习任务的手段或途径。从认识论讲，是指在教师指导下，学生获得经验方法的总和。从方法论讲，学法是指导学生学会学习，或者说是教育者指导学生，是对学习方法进行的一种反馈与监控。因此，释义出体育学法即学生完成体育学习任务的手段或途径，是一种有意识地领导学生主动学习状态发生的认知策略，是指导学生由学会知识走向学会学习的方法。

1.体育教学方法的结构

根据学习内部条件与外部条件进行分类，体育学法的结构可由学习价值观的表述、学习方法的指导两个部分构成。内部条件可由知识认知和学习意义建构等组成，如"为学习而设计""为理解而教""学习自由度"等。外部条件可分为定向引导阶段、理解应用阶段和领会创新阶段。沿着这一理解，体育学法的要素一般包含下列方面：预习发现、寻疑问难、边练边思、自我检验、自我校正、理解应用意义建构等。正如现代教学理论认为，学法是一个在教师引导下，学生主动参与独立思考、自主发现和不断创新的过程，而不是简单、被动地接受教师和教材提供的现成观点与结论。诚如古罗马教育家所言，儿童的心灵不是一个需要填满的罐子，而是一颗需要点燃的火种。因此，在课堂教学中，体育学法是推动"学会学习"的依托，是实现"学会学习""学会认知""学会做事"的根本方法。它能够促使学生实现：一是主动接受；二是自主发现；三是通过意义建构的途径和方向指引，帮助学生实现由学习的必然王国走向自由王国的生成与转换。

2. 体育教学方法的基本要素

在我国体育教育理论的划分中，体育学法的分类集合了新课程几乎所有经验，并得出学法分类的构建应从两个基本要素着力的理论：一是从学生的心理品质寻找；二是从学生原有的文化水平、学习行为习惯寻找。

首先，从学生的心理品质寻找。从诸如学生的兴趣、动机等情感因素去寻找学法的分类。

其次，从学生原有的文化水平、学习行为习惯寻找。从诸如已有的认知结构、思维能力等认知方面的因素去寻找学法的分类。因为，这些因素往往积淀为一种心理定式，影响着学生对学法的唤醒。

教学经验证明，这两点在意义建构体育学习方法中尤其重要。诚如"学习唤醒，可使主体的人在灵魂震颤的瞬间，感受一种从未体味过的内在敞亮"，因主体性的充分张扬而获得一次心灵的解放，自我意识也会随之空前地增加。处于唤醒状态的学生，其智慧和心灵都闪烁着不寻常的光亮，只要能找到帮助每个学生学习的方法，那么从理论上说，所有的学生都能学会掌握。据此认为，上述对学法的研究与论述，可敦促学校体育教师从不同角度进一步认识学法的现象与规律，正确处理好教与学的关系。因此，对其探索和研究是必要的。

(二) 教学方法的选择与运用

第一，根据体育教学的目的与任务来选择学法。体育教学的目的和任务是体育教师从事教育和教学活动的出发点和归宿。它总是以一定的课程内容为媒介，通过一定的教学方法和手段落实到教学活动中去。在体育课中，不同的教学目的与教学任务需要不同的体育教学方法。比如新授课，由于要向学生传授一个新的技术动作，为了使学生理解并掌握其动作要领，就得更多地运用语言、示范和演示的方法。如果是练习课，为了使学生增强身体素质，巩固已经习得的技术技能，就要更多地使用练习法、比赛法等教法。另外，如果是课程的前段，教师为了引导学生进入学习氛围，导入本节课的内容，就可以多用一些发现法和游戏法。如果是课程的后段，为让学生更多地实践已学内容，达到熟练掌握的程度，可能小群体教学法和比赛法就多一些。总之，体育教学方法的选用要依照当时课程的目的和任务灵活制定，这样才能达到较好的教学效果。

第二，根据教材内容选择教学法。教材内容对教学过程有着直接的制约作用，教学方法的选择在很大程度上取决于课程内容的性质和特点。一般来说，传授不同性质的教材内容要采用不同的教学方法，肢体参与多、路线比较复杂的项目，如体操、体育舞蹈、武术等项目基本使用分解教学法，即把上肢动作、下肢动作和运动路线分开来教，学生逐一掌握后，再把动作组合起来形成完整的动作；技术含量高，并有一定危险的项目，如游泳和轮滑等必须使用分解教学法，逐步提高运动技术、技能，最终达到熟练掌握的程度；技术相对简单或使用分解教学法容易破坏教学完整性的项目应该使用完整教学法，如田径中的跑、跳和投掷项目；技战术比较复杂的球类项目则更多使用领会教学法。另外，还有一些枯燥的项目，比如田径中的跑，为激发和调动学生的学习锻炼积极性，活跃课堂气氛，很适合用游戏教学法和比赛教学法；一些锻炼性项目，比如提高学生身体各项素质的练习课，很适合用循环教学法加大运动量；一些含有科学原理的运动项目很适合用发现教学法。总之，体育教师应在仔细分析教材的基础上，根据教材的性质和具体内容的特点灵活而有创造性地选择适当的体育教学方法。

第三，根据学生的实际情况选择教学法。学生是教学的对象和学习的主体，他们在不同的年龄阶段呈现出不同的认知结构、认知能力和学习准备水平。教师选择的教学方法只有符合学生的身心发展特征，才能对学生的学习起到促进作用。

因此，教师在选择体育教学方法时，首先要考虑学生使用某种方法时在年龄、智力、能力、学习方法习惯、学习态度及班级学习风气方面的准备情况。比如，对于生理和心理发育相对成熟、认知能力较好的中学生，不适宜使用情境教学法；对初学一个项目的学生，由于学生对该项目的技术技能和竞赛规则知识准备不足，若运用正规的比赛教学法难以达到较好的教学效果；对于体能较差的学生，不适宜使用运动量较大、对身体素质要求较高的循环练习法，否则可能会造成学生过度疲劳或伤害事故的发生。所以，教师应当注意从学生的具体实际出发，选择最适配学生条件并能促进和发展学生技能的教学方法。

第四，根据教师自身的特点选择教学法。任何一种体育教学方法只有和教师自身的条件、特点密切结合时才能取得最佳效果。有的教学方法虽好，但实施的教师缺乏必要的素养条件，仍然不能产生较好的教学效果。因此，体育教师的条件和特长都会成为选择教学方法的重要依据。比如有的体育教师形象思维水平和语言表达能力强，可以多用生动形象的语言描绘现象和问题；自身形象和运动技能强的教师，可以多用示范和帮助的方法使学生产生学习的兴趣和信任感；对于很幽默的体育教师，可以多用一些有意义的笑话来阐述道理或巧妙地处理一些突发事件；有的体育教师给人以严肃的印象，不宜说一些不伦不类的玩笑，应多进行正面教育。总之，教师选择教学方法，应根据自己的实际优势扬长避短，采取与自己条件相适应的教学方法。当然，作为一个有责任心的体育教师，应通过努力学习克服缺点，不断提高运用各种体育教学方法的能力。

第五，根据体育教学方法的功能和使用条件选用教学法。任何体育教学方法都不可能是万能的，都受各自的独特功能和使用条件的限制，有各自的优缺点。体育教学方法受教学过程中各种因素的影响，可能有时产生非常好的教学效果，有时事与愿违。比如，发现式教学法适合那些典型的有深度的教材，游戏教学法适用于那些锻炼性较强而且比较枯燥的教材，但它们的使用频率不能太高，否则将适得其反。另外，有时多讲是循循善诱，有时多讲是繁缛啰唆；有时做游戏是生动活泼，有时则是无聊幼稚；有时用许多教学步骤是循序渐进，有时则是画蛇添足等。这些变化取决于教师对这些教学法运用的时机是否合适，取决于这些教学法使用的条件是否已经具备等。因此，选择体育教学方法时，必须认真分析教学法的功能和使用条件。

第六，根据教学时间和效率的要求选用教学法。不同的教学方法所需要的时间和工作效率是不一样的。比如发现法要比讲解法费时间，分解法要比完整法费时间等。所以在实际教学中，选择某个教学方法时，也应考虑其所需教学时间的长短和教学效率的高低。好的教学方法应该是高效低耗的，能保证在规定的时间内完成教学任务。总之，体育教师应尽可能选用省时又有效的方法，以达到教学效果最优化。

二、体育教学方法类型

体育教学方法是为了实现体育与健康教学的目标，根据教学内容、教学对象、教学环境、教学条件等因素，激发、组织、指导学生进行体育与健康学习活动所采取的有计划的教与学相互作用的活动方式的总称。当前，随着体育新课程的全面实施，各种新兴的体育教学方法随之出现并发挥着积极作用。

(一) 体育教学方法的具体特点

根据体育教学的不同任务或者目标、体育教学的时空条件以及体育教学以身体练习活动为主的特点，体育教学方法一般具有以下三个特点：

第一，体育教学方法能动员多感觉器官协同工作。在体育教学过程中，师生双方不仅需要通过视觉、听觉感受器官接收信息，还要运用动觉、位觉、触觉等来感知自己身体的动作，尤其是通过本体感觉来感知自己身体运动时用力的大小、方向和动作的幅度。因此，体育教学比室内文化课更需要动员和运用多种感觉器官参与工作。

第二，体育教学方法能使运动和休息合理交替。在体育教学过程中，学生要接受生理和心理的双重刺激，承受一定的运动负荷。如果刺激时间过长，刺激负荷过大，则可能引起学生身体和心理的双重疲劳。如果疲劳积累过深，则可能导致学习效率下降。所以，体育课需要减轻和消除所产生的疲劳。在这个过程中，体育教师可以运用转换练习、改变练习的难度、组合条件和环境和改变休息方式、时间等因素的方法，保证学生的学习效果。

第三，体育教学方法能使感知、思维和练习活动密切联系。在体育教学中，学生需要运用视觉、听觉等感觉器官，接收教师发出的各种信息，这些信息传到大脑皮层，经过大脑的分析和综合，再以指令的形式传出，指挥身体进行相应运动，这是感知、思维和练习三个环节的紧密结合。这种紧密结合反映了体育教学过程具有认知和实践、心理活动和身体活动紧密结合的特点，即体育教学活动既是身体活动，也是认知和实践、心理活动和身体活动紧密结合的活动。

(二) 体育教学方法的具体分类

1. 以教师"教"为主的"教法"

(1) 讲解法

讲解法是指教师运用语言向学生说明教学目标、动作名称、动作要领、动作方法和要求，以指导学生学习和掌握体育基本知识、技术和技能的一种方法。

在体育教学中运用讲解法时，应当注意以下五个方面：

1) 讲解的目的要明确，要具有教育性

教师应针对教学任务开展教学，及时处理教学过程中出现的问题，充分考虑学生的接受能力，确保整个讲解有计划、有目的地进行，促进学生对动作要领及重难点的掌握。

2) 讲解的语言要生动、形象、简明、准确

教师讲解时要口齿清晰，语速流畅，用词应准确无误，讲解尽量言简意赅，必要情况下还可借助生动的比喻或口诀加以叙述。

3) 讲解要富于启发性

教师在讲解的过程中可以就当前所述的问题进行发问，以提高学生的学习积极性。不过，在问题的选取上应注意把握难度。一般来说，同时具备兴趣性与启发性的问题往往能取得较好的效果。

4) 讲解应注意时机和效果

在实际教学活动中，讲解时机对于整个教学效果具有至关重要的作用。比如，对于任何一节课，教师都应先简明扼要地阐明本节课的教学任务和教学内容。通常情况下，面对一本全新的教材，需要讲解之后再正式投入训练。其中，对于重、难点动作可以辅以手势和语调，以加深学生对动作的理解。在学生练习期间，尤其在做危险性较大的动作时，通常不需要讲解，只做简短提示。

5) 讲解应与示范相结合

教师在讲解的过程中加入动作示范，可以让学生在接受语言教育的同时体会直观的动作形象，帮助学生形成运动表象。

（2）示范法

示范法是指教师（或指定学生）通过具体的动作示范，帮助学生掌握动作结构、过程、要领的一种教学方法。示范法包含多种类型，通常依据逻辑进行划分，如：从示范的速度来看，示范法包括常速示范、慢速示范两种。其中，常速示范通常应用于教材教学的初期，以帮助学生形成完整的动作表象，而慢速示范的作用主要是表现动作的结构和时空特征。从教师示范的方向来看，示范法包括正面示范、侧面示范、背面示范和镜面示范四种。正面示范即教师做身体练习时正面向着学生，通过正面示范可以让学生直观地感受人体的左右移动；侧面示范即教师做身体练习时侧面向着学生，借助于侧面示范可以让学生深入了解人体的前后移动；背面示范即教师做身体练习时背面向着学生，一般运用于讲解略繁琐的身体练习技术；镜面示范，是一种教师与学生用同一个节拍做同一个身体练习，教师所出的左或右肢体与学生相反，且正面向着学生的示范，往往用于技术结构简单、模仿性强的身体练习，如徒手体操、广播体操等。

除了上述的示范种类，完整示范和重点示范、正确示范和错误示范、高位示范和低位示范等也属于示范法的具体分类。

运用示范法的四点注意事项：

第一，示范要正确。良好的示范应该准确、熟练、放松、优美，对学生建立正确的动作表象，提高学生练习兴趣和主动积极性具有重要的作用。课前，体育教师应当认真地准备示范动作，以确保教学中的示范质量。

第二，示范要有明确的目的。教师示范要有明确的目的，每次示范前，应根据教学任务的目的和要求以及学生的具体情况考虑示范的内容和方法，以利于提高直观教学的效果。

第三，示范位置要适当。示范的位置与身体练习的特点、学生队形、天气情况等有关。通常情况下，示范位置的选择应有利于全体学生无干扰、易观察，同时教师又易于管理课堂。

第四，示范要紧密结合讲解。示范与讲解结合包括三种形式：先讲解后示范，这一方法主要应用于新教材的教学中；先示范后讲解，主要针对旧教材的复习；讲解和示范同时进行，常见于技术简单或学生较熟悉的身体练习中。

（3）演示法

演示法是指教师在体育教学中通过展示各种实物、直观教具，指导学生获得感性认识的一种教学手段。对于中小学体育教学来说，演示法主要包括可活动的人体模型、战术板、图片、图画等小道具以及幻灯片、电影、计算机等。

2. 以学生"学"为主的"学法"

（1）练习法

练习法是指学生在教师的启发、指导下，根据体育教学的任务和要求，有目的地反复进行身体练习的方法。包括重复练习法、变换练习法和循环练习法三种形式。

1）重复练习法

重复练习法是指在不改变身体练习的技术结构及运动负荷表面数据的基础上，进行反复练习的方法。重复练习法是学习技术、发展体能的重要手段。

从练习存在间歇与否这个角度来看，重复练习法包括连续重复练习法和间歇重复练习法两种形式。其中，连续重复练习法主要运用在周期性强、对耐力要求较高的运动项目上，如游泳、中长跑等。对于一部分非周期性的运动项目，比如篮球的连续传接球练习，由于它独特的周期性特点，连续重复练习法同样适用。

在间歇重复练习法中，间歇时间主要依靠教学任务及学生特点来确定。对于追求速度和耐力的重复跑来说，练习时既要保证运动负荷的外部数据和技术，也要在学生身体条件的基础上，合理安排练习及练习之间的休息形式和间歇时间。一般来说，体育教学中中小学生（这里主要指小学生）涉及间歇重复练习的间歇时间主要看学生的身体恢复程度，无须遵循专业运动训练中的间歇时间分配规则。

2）变换练习法

变换练习法是指在变化的前提下反复进行练习的方法。其中，"变化"的对象主要包括身体练习的要素、身体练习的组合、器械的高度和重量、练习的环节等。变换练习法的作用在于增强学生中枢神经系统的灵活性，提高人体对不同环境的适应能力，从而有效提高人的体能，提高学生的体育学习兴趣。

从练习存在间歇与否的角度，可将变换练习法分为连续变换练习法、间歇变换练习法。它们与重复练习法中的重复练习法、间歇重复练习法相似，连续变换练习法主要应用在周期性较强的运动项目中，如变速跑。此外，在一些增强同一种身体素质的练习中，教师可通过改变练习的器械、环境来达到教学的预期目的，如将往常在练习场地内的耐力跑改成越野跑、将举哑铃改成双杠等。

3）循环练习法

循环练习法是指教师从练习的任务和需求出发，准备大量练习手段作为练习基础，让学生依照规定的顺序和练习的要求，依次逐点展开训练。循环练习法有效结合了重复练习法和变换练习法两种形式的优点，具有练习手段多、练习过程循环、运动负荷量大、练习的程序和要求符合练习的任务和学生的特点等优势。

运用循环练习法时须注意六点：第一，选择的身体练习、确定练习的运动负荷、练习站（点）的数量和循环顺序都应服从练习的任务。一般而言，以改进和提高技术为目的时，练习站（点）的数量可适当减少；以发展体能为目的时，练习站（点）可适当增加。第二，选择的练习方法和教材应是学生比较熟悉的，如复习教材或学生练习过的辅助练习。第三，选择的练习可以全面、综合地发展学生身体，重视锻炼上下肢乃至各种身体素质的教材的搭配，以及学生道德意志品质的提高。第四，合理安排不同练习站（点）以及身体练习的难易程度。第五，科学地确定运动负荷，重视循环练习中总负荷的大小，注意各练习站（点）的负荷量及两个练习站（点）间休息时间的调整。通常情况下，练习是从学生最大负荷能力的三分之一开始，往后依次增加，在这个过程中，增加的负荷量不宜大于学生最大负荷能力的三分之二。当站（点）的练习量较大时，应尽量减小强度，相应地，当强度较大时，练习的量也应有所削减。此外，不同站（点）之间可进行适当的休息以遵守各站（点）运动负荷的大小间隔搭配原则。除了练习量的大小，练习循环的次数同样可以依据教学任务、学生特点及需求来安排。第六，设计、组织应合理有效。由于循环练习法有大量不同的学生在做不同的练习，因此教学设计、组织对于整个教学效率、安全显得尤为重要。

（2）游戏法和竞赛法

游戏法是指为了完成教学任务而运用各种各样的游戏性质的练习方式。其特点不仅有一定的生活情节和思想性、娱乐性，还具有竞赛因素和趣味性、观赏性，能引人入胜。游戏法形式生动活泼，内容丰富多彩，操作简便易行，是广大青少年学生最感兴趣且乐于参与的活动之一。游戏法有一定的规则要求，能激励学生充分发挥个人和集体的智慧，有利于学生体能、智能和品行的发展，是完成体育教学任务重要而有效的辅助手段。

竞赛法是指依据比赛规则，以学生的体育技能和体能来进行竞争，从而分出胜负的练习方法。竞赛法的优势在于规则清楚、竞赛激烈，可更好地展现学生的体力、智力，充分调动学生潜能，提高其技能及心理适应能力，塑造学生良好的个性和道德意志品质。

在运用游戏法和竞赛法的过程中需要做到以下几点：一是确立目标。在游戏法和竞赛法中，目标的确定一般依据教学目标和学生特点。二是合理调控运动负荷。在游戏法和竞赛法中，学生的兴奋度较高，运动负荷极易超量。因此，教师应根据规则及其要求、教学内容、时间、场地大小等条件，调控好运动负荷。三是注重对学生思想和智力的培养。教师在学生活动前，应讲清楚具体的要求；在活动中，教师应认真观察学生的表现，及时指导学生练习，发展他们的智力和运用技、战术的能力，并能适时地进行思想品德教育。四是活动结束时需要进行必要的讲评。

（3）自主学习法

1）探究学习法

探究学习法是体育教师在教学中精心创造条件，向学生直接提出问题或者激发学生提出问题，并以问题为主线，有意识、有目的地引导学生在体育与健康课程学科领域中，或者体育活动中获得体育与健康知识、发展和提高运动技能、培养情感与态度、拓展体育素养的一种教学方法。

2）合作学习法

合作学习法是以教学目标为导向，以异质小组为基本组织形式，以教学中各种动态因素的互动合作为动力资源，以团体成绩为奖励依据的一种教学活动和策略体系。

3）念动学习法

人的运动技能的形成过程与想象中的技术有直接关系，用语言或默念的方法对技术动作进行描述，可加深对大脑的影响。利用这一原理，将动作要领的描述与回忆同时进行，并在加深理解技术动作的基础上，通过练习，使学生学会自我调节、自我控制，这种学习方法就是念动学习法。

3. 全员参与、互动为主的教学方法

（1）情境教学法

在传统的体育教学实践中，一些教师往往只注重知识和技能的传授与训练，忽视对学生态度、兴趣和欣赏能力的培养，而这些方面在人的成长中又具有非常重要的作用。现代教学理论和实践强调在教学中运用以陶冶情操和欣赏活动为主的教学方法。情境教学法就有这方面的意义。

情境教学法是一种主要适用于小学低、中年级学生，利用低年级学生热衷模仿、想象力丰富、形象思维占主导的年龄特点，进行生动活泼和富有教育意义的教学方法。这种方法主要是遵循儿童认识和情感变化的规律，在教学过程中设定一个"情境"，甚至由一个"情境"贯穿整个单元和课程的教学过程，如"小刺猬翻跟头""唐僧取经"等，让学生在学习和练习中用情节串联起各种运动，多配合讲解（讲故事）、情境诱导、保护与帮助的方法来进行。

（2）纠正错误动作与帮助法

纠正错误动作与帮助法是体育教师为了纠正学生的动作错误所采用的教学方法。在体育教学中，学生的技能提高是伴随着动作错误的不断出现与不断纠正而进行的。体育教学中的纠正动作错误和帮助法，不仅是学生掌握运动技能的需要，也是避免运动损伤的需要。

学生产生动作错误的原因常见的有五个方面：不认真、敷衍了事；概念模糊；受原有技能的干扰；运动能力较差；在疲劳情况下进行学和练。

纠正错误动作与帮助的具体方法有：① 运用语言和直观方法使学生建立正确的动作概念。教师要用生动而准确的描述性语言和手势等帮助学生明确动作的顺序、要领，运用各种诱导性、转移性练习，防止原有技能的干扰。② 根据错误动作的性质可采用限制练习法、诱导练习法和自我暗示法等进行纠正。

纠正错误动作与帮助时应注意：① 在指出动作错误时，要充分肯定学生的进步，以利于学生接受和增强改错的信心，切忌讽刺挖苦学生；② 纠正主要的动作错误，有时主要的动作错误被纠正了，相关的动作错误也会随之消除；③ 要合理使用各种方法纠正动作错误。

三、体育教学方法的多维度探索

(一) 体育课程目标的纵向探索

体育课程目标在垂直向度上，具有层次性、线性、累积性的特点，包含特殊性至一般性的、切近至高远的、现实至理想的一系列目标。有的学者认为，根据课程目标的上下层次关系，可以依次将课程目标区分为以下不同的层次：课程的总体目标——教育目的；课程总体目标的具体化——培养目标；学科领域的课程目标；学科领域课程目标的具体化——教学目标。有学者认为，体育课程目标的层次可分为体育课程的总目标、体育课程的学习领域目标、体育课程的水平目标和体育教学目标。体育课程目标如此按层级排列，像一个金字塔。顶层目标是抽象的、整体的、普遍性的目标；底层目标是具体的、分化的、特殊的课程目标，数目繁多，底层目标逐步达成之后，课程总目标也就得以达成。宏观来说，体育课程目标体系由体育课程的总目标、体育课程的学习目标、体育课程的水平目标和体育教学目标四个纵向层次构成。

1. 体育与健康的目标

体育课程的总目标面向某个教育阶段的全体学生，是特定教育阶段大多数学生通过自己的努力都能够达成的体育学习目标。通过课程的学习，学生将掌握体育与健康的基础知识、基本技能与方法，增强体能；学会学习和锻炼，发展体育与健康实践和创新能力；体验运动的乐趣和成功，养成体育锻炼的习惯；发展良好的心理品质、合作与交往能力；提高自觉维护健康的意识，基本形成健康的生活方式和积极进取、乐观开朗的人生态度。

2. 体育课程的水平目标

体育课程的水平目标是指不同年龄 (学段) 学生在各个学习方面中预期达到的相应水平。这是根据学校体育课程目标，对各个学段体育教学结果的不同规定，是各个学段都必须指向的、各自必须完成的目标，体现了根据不同年龄学生身心发展的特点实施体育课程的理念。其目的是在一定的阶段内，更好地加大教材内容的弹性，以满足学生、学校的不同特点、条件及实际需要。学段教学目标应体现不同学习阶段体育教学不同的侧重点，因此不同学段的教学目标应既相对独立，又各具特色。同时各学段之间的教学目标应是彼此衔接、相互协调的整体。

3. 体育教学的目标

尽管学科领域的课程目标有细化和可操作性的趋势，但仍然是总体性的或阶段性的一般目标。而作为短期的某一个教学单元或某一节体育课，通常称为单元或课的教学目标。实际上它们是学科领域课程目标的进一步具体化。体育教学目标实际上是体育课程目标的延伸，包含在体育课程目标体系之中，是体育课程目标体系中不可缺少的重要组成部分。体育课程目标尤其是水平目标，是修订体育教学目标的主要依据。课程的教学目标又是体育课程教学目标的具体化，是最微观层次的课程目标。这一层次的目标通常分析到操作化的程度，往往与具体的情境联系在一起，对体现较抽象的课程目标的结果给予明确的界定，引导教学的展开。就体育教学目标内部而言，按照教学过程的持续时间，体育教学目标的结构还可以细分为学年(学期)体育教学目标、单元体育教学目标和课时体育教学目标。

(二) 体育课程目标的横向探索

课程目标的横向关系实质上反映了各种目标的区分及其相互关系。"目标领域"是指预期学生学习之后所发生变化的内容领域。像教育目标这一层次，我国通常用德、智、体或德、智、体、美、劳来划分目标领域。我国横向关系上的体育课程目标分类是就某一层次的所有课程目标，依其领域的异同加以分类，作为体育课程设计和开发的依据，各目标领域之间没有先后层次关系。体育课程内容划分为运动参与、运动技能、身体健康、心理健康与社会适应五个学习方面及目标。有学者将体育课程目标分为：身体发展领域(又分无病、健康两个层次)、认知领域(又分记忆、理解、应用三个层次)、动作技能领域(又分体验、模仿、组合、熟练四个层次)、情感领域(又分接受、兴趣、态度三个层次)。无论怎样划分目标领域，各领域对总的目标来说都应当具备逻辑上的合理性，它们彼此之间的相互关系虽然可能是并列和平行的，因为这样可以使得课程目标更加具体、清楚和明确，但它们之间必须是一个相互联系的整体，每个方面都不能脱离其他方面而单独实现课程目标。

(三) 体育教学目标的三个层次

学年 (学期) 体育教学目标、单元体育教学目标、课时体育教学目标建构了体育教学目标体系的纵向序列，上位目标为下位目标的确立提供依据，下位目标是对上位目标内容的细目化和具体化，并为上位目标的实现提供前提。它们相互呼应、彼此衔接，在体育教学活动中引导着学生的发展方向。

1. 学年制的体育教学目标

学年体育教学目标是根据"学段体育教学目标"确定的，是对该学段内每个学年 (学期) 体育教学活动的分解与不同要求，是在该学年 (学期) 学习结束时必须得以实现的目标。学年 (学期) 体育教学目标，在性质上属于计划性的，通常根据体育课程的总目标和水平目标的要求、各个学校的实际、学生的兴趣与爱好及体育课程内容的特点等来制定。该层次的体育教学目标主要是由各个学校的体育教研组或体育教师编写，一般出现在学校的体育教学计划中。

2. 单元制的体育教学目标

单元是指"各门课程教学中相对完整的划分单位，反映着课程编制者或教师对这一门课程及其概念体系结构总的看法，以及在此基础上对这种结构按照教育科学的要求，所做的分解和逻辑安排"。教师一般按照单元组织教学活动。单元体育教学目标就是依据"年级体育教学目标"和学期教学的分配计划，对安排在每个学年学期中单元教学的具体要求，单元体育教学目标对指导教师的体育教学具有重要意义。单元体育教学目标，主要依托各个体育课程内容，如某个运动项目的特性来制定，即不同体育课程内容的不同价值、功能、特点等，决定了其教学目标也是不同的。

3. 课时制的体育教学目标

课时体育教学目标也称为体育课堂教学目标，在性质上属于操作性的，是最微观层面的体育教学目标。体育课程目标能否实现，主要取决于该层次体育教学目标的达成度。课时体育教学目标是由每堂体育课具体的教学内容以及学生具体的学习特点和需要决定的，同时还要考虑一堂体育课的具体教学时空情境和条件（或具体的体育教学环境）等因素，体现在体育教师的教案中。课时体育教学目标是体育教学目标体系中最具灵活性，也最活跃的要素，是一系列体育教学目标得以逐层落实的基础。

体育教学目标是一所学校在确定体育课程的实施方案并制订以单元为基础的全年教学计划以后，由任课教师制订的，是教师制订学段体育教学目标、学年（学期）体育教学计划、单元计划和课时计划的根据。

（四）创新教育理念下体育教学方法改革

1. 创新教育理念的内涵阐释

创新教育是指教师通过有效的教育方法，在素质与精神两个方面的延伸与发展中培养学生的创新性、主动性，促进学生综合素质的全面发展，在培养符合时代发展的新型高素质人才中发挥着重要作用。从某种层面来看创新教育与素质教育二者间具有相似性。首先，这两种教育理念比传统的教育理念更具时代性，教师不再是单一地传授学生书本上的知识，而是更注重培养学生的主动性、创造性，鼓励学生注重理论与实践相结合，结合自身主动思考，是目前人才培养方案中全新的教育理念。其次，创新教育与素质教育二者具有相辅相成的关系，创新教育是素质教育的内在要求，素质教育是创新教育的外在发展。

2. 创新教育理念在体育教学中的运用策略

创新教育理念注重体育教学对教师与教学方法的要求，以及对学生与学习方式的要求。培养创新型人才从某种方面而言与教师的挖掘培养息息相关，作为教师应从学生的角度出发，注重教学方法的创新性和针对性，在引导中培养学生的实践能力，增强课程的趣味性，使学生发自内心地热爱某项运动。在创新型体育教学中，学生应自觉改善学习方法，培养自身的创新意识，在教师的启发中寻找自己的问题，做到多问、多思考、多实践。创新教育理念在体育教学中的运用策略可分为以下三个方面：

（1）创新教育理念下体育教学理论创新

掌握创新体育教学理论是创新体育教学的重要基础。在体育教学过程中要把创新教育理念与体育教学理念相融合，学校应全面发展创新型教育，通过在教师中强调创新意识的重要性，促进教育模式的改革。创新教育理念下的体育教学改革注重当前社会对人才的实际需求，强调在学习中培养学生的发展性与社会性，在教学过程中改变传统的"书本式"教育模式，在人才培养中以学生为教育主体。

国家要求学校开设体育教育方面的课程是希望通过教师的引导，提高学生的身体素质，培养学生的团队意识，促进学生的运动积极性，要求教师在改革体育教学方法时，注重课程的创新性、趣味性、针对性，在引导与实践中充分激发学生的主观能动性，在教师与学生的交流互动中实现教育目的。

（2）创新教育理念下体育教学实践创新

创新型体育教学的实践是检验创新型体育教学是否有效的唯一标准。体育教学本身就是要求教师充分结合学生兴趣爱好、年龄特性、运动氛围等要素，在实践中将理论转化为知识与技能，以达到提升学生身体素质、培养学生运动积极性等目的的过程。体育教学相较于其他学科来说不是孤立的，因此在体育教育改革的实践中应将体育学与社会教育学、行为艺术学、心理学等诸多学科相结合，加强对体育教学的重视。学校应在创新理念的影响下，探索出一条完备的体育教学发展途径，改变教学模式单一、教学内容枯燥、学习气氛不活跃、体育设施陈旧的现状。如教师可以针对身体素质、兴趣爱好的不同制订不同的培养方案，并设立选修制度，给予学生充分的选择空间，提高学生的课程参与度，促进体育教学与创新的有效结合。

（3）创新教育理念下体育教学方法创新

完善创新体育教学的方法是实现体育教学创新的有效途径之一。创新体育教学方法，可以从两方面入手。第一，注重教育内容的针对性。正如世界上没有相同的两片树叶一样，人各有异，不同学生在身体素质方面存在差异，在体育兴趣方面也有不同。因此，要求教师针对不同基础、不同兴趣、不同身体素质的学生设置不同的教学方案。对于大多数学生，教师可以根据课程大纲的设置，完成事先预定的教育目标；对于身体基础与素质存在差距的学生，教师应该因材施教，最终达到平衡发展。第二，优化课程设置。在体育教学内容的设置中，除了要注意教学的针对性，还应充分考虑内容设置的整体性。学科系统作为一个整体，各学科间相互影响，但许多学校忽视了体育教学的重要性，甚至影响了体育教学的正常课程。因此，要避免其他学科对体育教学的影响，强调体育教学对学生身体素质发展的积极意义。在体育教学的课程设置中，要重视其趣味性，将兴趣与知识相结合，减少纯理论性知识的灌输，使学生在实践中潜移默化地学到知识。

在创新教育理念的影响下体育教学的改革成为必然趋势，无论从哪个方面推进体育教学改革，都要求将理论与实践相结合，在改革与实践中发现并解决问题。教师与学生作为体育教学改革中的主体应相互配合，提高学生的身体素质，增强学生在运动方面的积极自主性，为培养国家所需要的创新型高素质人才而共同努力。

第四章 现代体育课程课堂教学实践分析

第一节 体育课程课堂教学的准备

体育课的准备，通常称备课，即课前准备。备课，有时人们可能认为只是写一个教案那么简单，其实不然，备课可以有不同层面的理解。从微观层面来说，备课可以理解为写教案；从宏观层面来说，只要跟上课有关的、所做的方方面面的准备都可以称之为备课，不仅包括对教材的分析、对学生的分析，还有教学策略设计、场地器材的规划等。教师应充分了解备课各要素，为课堂教学打下坚实基础。

当前在各种体育教研活动、教学技能比赛以及体育教师的入职考试中，都会将体育课的准备作为一项重要的考核内容。如在上课前，抽取一个题目，给半个小时进行课前准备，然后上课。归根结底就是体育教师在备课过程中通过对体育教学各种因素的理解与分析，进而设计出一份适合并能促进学生良好发展的教学方案。它不仅是体育教师必备的教学基本能力之一，更是优化体育教学必不可少的环节。备课就是以我们思考的结果为依据，将教学内容操作化，编排成可供学生学习的过程。备课过程应在充分考虑单元计划的基础上设计课堂教学方案，备课其实是课程与教学水乳交融的过程。

一、体育备课的意义

备课作为整个体育教学活动中的首要环节，对教师本身素质与能力的提升，以及教学活动质量的保证都具有非常重要的意义。

对于教师来说，扎扎实实地做好备课工作，能够促使教师深入地了解教学对象的接受能力、发展需求、兴趣爱好等，同时不断提升教师对教材的理解，掌握其中的关键点以达到"健身育人"的目的。这是一个在课前不断探索和学习的过程，也是一个提高教师业务水平和能力的过程。

对于教学活动来说，备课能够使教师充分做好课前的准备工作，在教学实施前有完整、系统的思路，使复杂的教学活动变得有序。认真备课是确保教学成功的首要环节，课前准备是实现安全、有效教学的坚实基础。

因此，备课不仅是教师不断丰富自己教学经验和提高文化水平、专业知识、业务能力的重要途径，还是确保课堂教学目标实现的重要前提和提高教学质量的基本保证。同时，备课为说课活动提供了可靠而系统的内容体系，也为上课勾画了预期的"蓝图"。

二、有效备课

(一) 充分了解学生发展规律

了解学生是备课中的一项重要内容，学生不仅是教学的对象，而且是学习的主体。教学是师生的双边活动，只有教师的积极性而没有学生的主动性是很难上好课的。备课不备学生，不了解学生的情况，就很难掌握好适宜的尺度。因为教学内容的安排要考虑学生的机能状态；教学任务的确定要依照学生的素质水平；教学方法的选择要推敲学生的接受能力；运动负荷的大小要适应学生体质的强弱。总之，备课时只有充分全面了解学生，才能做到因材施教。对学生了解得越多越全面，备课的依据越充分，教学的针对性越强，教学效果也就越好。

备学生是上好课的关键所在，教师通过备学生，可以加强备课的目的性、针对性和实效性，从而优化教学过程，发展学生潜能，促进学生人格的健康发展。

人类动作发展对体育学科的学习来说是非常重要的支撑理论，因为体育学科本身以身体练习为主，在学习技能的过程中，其基础就是动作。因此，教师要了解动作的发展规律、动作的发展特征以及动作的发展序列。教师在备课时，所选择的教材、内容要符合该年龄阶段学生的动作发展规律，并且能够诊断学生动作能力或技能水平是否符合特定年龄段的发展水平，以及识别学生动作发展的正常序列，避免动作发展滞后带来的学习和生活障碍。

作为体育教学活动，不仅要关注学生的生理发展，也要重视学生的心理认知发展。认知是指与思维、理解、记忆和交流相关的所有心理活动。关于心理认知发展的理论有很多，如皮亚杰的认知发展理论、维果茨基的认知发展理论、科尔伯格的道德发展理论、埃里克森的心理发展理论等，这些理论为教育教学提供了非常宝贵的理论依据，其中，以皮亚杰的认知发展理论最为经典。

（二）理解体育与健康课程精神

1. 运动能力

运动能力是体能、技战术能力和心理能力等在身体活动中的综合表现，是人类身体活动的基础。运动能力分为基本运动能力和专项运动能力。基本运动能力是从事生活、劳动和运动所必需的能力；专项运动能力是参与某项运动所需要的能力。运动能力的具体表现形式为体能状况、运动认知与技战术运用、体育展示与比赛。

（1）体能

体能是学生竞技能力的基础，是学生身体机能能力、体育运动能力的综合体现。

体育课对学生进行体能训练，不仅由它的学科特点所决定，也是当今社会对学校体育的诉求。为此，作为一线体育教师，虽然无法改变社会、制度、环境等因素，但是可以从自身做起，从体育教学有效设计的角度，研究制定运动项目教学指南，利用"体育课堂教学"这块阵地，切实提高学生的运动技能、发展体能，为学生体质健康水平的提升增加一些助力，努力提高体育教学质量，使学生养成终身体育锻炼的习惯。

（2）技、战术能力

技、战术主要包括技术和战术。技术更多的是针对个人而言的，是指学生对学习的动作内容掌握的程度，而战术则不仅仅是针对个人而言的，对于集体项目来说，战术更多地涉及多人的协作配合，体现学生通过学习后运用技术与对情境理解的能力。技战术能力主要是指学生通过学习和练习后，对相应技术与战术的运用能力，对体育学科来说，这是核心素养中需要培养的重要方面。

（3）心理能力

1）心理能力释义

运动员心理能力即指运动员与训练竞赛有关的个性心理特征，以及依据训练竞赛的需要把握和调整心理过程的能力。

2）心理能力的重要作用

一方面，在竞技运动训练与竞赛中，运动员的体能、技能、战术能力以及运动智能，都只有在其心理能力的参与配合下，才能得到充分的体现；另一方面，在不同的条件和状况下，心理能力在运动员竞技赛能力中的价值也有所不同。不同类型的运动项目对运动员的心理能力有着不同的要求，不同水平的选手比赛时心理能力的作用也不同。

2. 健康行为

随着我国社会经济的快速发展，青少年对社会的接触越来越方便，部分青少年接触的一些不健康的行为，极大地危害了青少年的健康成长。而体育锻炼是促成青少年健康行为的有效的重要手段之一，所以体育课堂的合理教学有着十分重要的意义。

3. 体育品德

体育品德是指在体育运动中应当遵循的行为规范，以及形成的价值追求和精神风貌，对维护社会规范、树立良好的社会风尚具有积极作用。体育品德包括体育精神、体育道德和体育品格三个方面：体育精神包括自尊自信、勇敢顽强、积极进取、超越自我等；体育道德包括遵守规则、诚信自律、公平正义等；体育品格包括文明礼貌、相互尊重、团队合作、社会责任感、正确的胜负观等。

培养学生良好的体育品德是德育的重要内容，也是体育学科所赋予的内在要求，是由自身的学科特点所决定的。如对于篮球项目来说，个人技术能力固然重要，但又不能过于注重个人意识，一味地凸显自己的"实力"，忽略团队成员之间的协作和相互配合。因为即使所有队员的个人能力都很强，也未必能取得最终的胜利。在体育竞技中，既要求参赛队员发挥个人能力，又需要团队的合作。因此，在体育课的预先设计中应注重学生合作意识的培养，这是体育课程改革中对体育"育人"功能的进一步彰显。

体育课的特点是需要承受一定的运动负荷，而当前部分学生娇生惯养的情况日盛，怕苦怕累是他们的典型心理特征。学生的身体体能和意志力较弱，在体育教学过程中，不少学生遇到需要耐力、技术难度高，身体对抗激烈的项目就胆怯、退缩。出现这种情况时，教师在教学中要有耐心，循循善诱，进行有的放矢的教育。既要耐心地讲解示范每一个动作的要领，又要对学生的进步及时鼓励，使学生逐渐消除畏惧情绪。通过反复训练，学生有了克服困难的勇气，逐渐培养起不怕苦、不怕累、敢担当、不屈不挠的意志品质。

对体育课程标准的把握，体育教师应该树立新的理念，多进行学习，可以通过参加教研活动、访问专家、阅读学习、收集科学论文资料等不断思考与提升自我，使自己课前所设计的教学方案更贴近课程标准的理念与要求，为课堂有效教学打下良好基础。

(三) 科学分析体育教材

1. 分析教材的意义

(1) 有助于教师掌握体育教材的逻辑体系

分析教材有助于教师掌握教材的逻辑体系，尤其是体育学科的学习，它是以身体练习为基础的学科，在动作技能学习上有一定的逻辑性。因此，只有全面熟悉教材、分析教材，清楚前后学习内容之间的关系，才能够把握教学活动的高效性。

(2) 有助于满足学生的发展需求

分析教材能够使教师清楚教材的价值所在，尤其是对于体育教材的分析，可以知道体育的健身和教育价值的所在，继而组织编排适用于教学对象的学习内容，最大限度地促进学生的身心发展。

(3) 有助于教师科学地设计教学活动方案

分析教材能够了解整个教材的基本内容，清楚教材中各部分之间的结构体系，把握好教材的特点。在分析教材的基础上，选择必要的学习内容以丰富教学内容，促进学生的学习，使教师对教学活动进行科学的设计，以达到教学活动方案的最优化。

(4) 有助于全面贯彻和落实体育与健康课程标准

分析教材有助于全面贯彻和落实体育与健康课程标准的基本精神和要

求。通过认真钻研教材，全面理解和掌握教材，深刻理解教学目的和任务，把知识、能力、情感态度和价值观等培养目标具体化，并把它们合理地内化到整个学期的各单元以至每节课的教学之中。

此外，钻研教材不仅是教师教学工作的重要内容，也是体育教师进行教学研究的一种主要方法，是教师的教学能力和创造性劳动的充分体现，对于教师业务素质和自身素质的不断提高、教育理论知识的加深理解、教学质量的提高都具有十分重要的意义。

2. 体育教材的分类

由于体育项目的种类丰富多样，所以可供选择的教材也比较广泛，而教材又是我们进行教学的基础，是解决教什么、怎么教的关键。不同类别的运动技能教材，在进行设计和实施中的教学模式是有区别和侧重的，准确把握动作技能"类"的归属是有效教学的重要一环。因此，教师应该对体育教材的分类有一定的了解。对于体育教材的分类来说，由于理论基础不同，认识与价值取向的差异，在分类上会有所差别。比如运动训练学专家田麦久先生早年提出的竞技运动项群理论，将竞技运动分为技能类和体能类两个亚群，这两个亚群中又分别包含了两个亚类，即技能类项群包括技能类表现准确型和技能类表现唯美型两类；体能类项群包括体能类同场竞技型和体能类隔网对抗型两类。

体育学科的学习，应考虑的是具体的内容，即具体的运动技能。教师应该对学生学习的内容进行具体化分析，这有助于教师对教材的把握，保障设计的科学性。

运动技能依据不同的标准分类，可以使我们对运动技能有不同的理解。尤其是其划分有助于教师对教学内容的深入了解，便于教师对教学计划方案的设计。针对运动技能的学习来说，将运动技能划分为开放式和闭合式两类，是目前与体育学习特点比较契合的分类方法，这种分类法能够更好地服务于体育教学。以这种分类形式来设计和实施体育教学活动，能使体育教师更好地理解教材的特点，有效促进学生运动技能的学习。

不同的运动项目有着不同的运动技能特征，根据运动技能结构的不同，将运动技能加以分类，可以使教师的教学更具有针对性，目标更明确。但是，按照某一特定标准来划分不能涵盖运动技能的所有特征，同一类型的运动技能仍然存在对学练方法产生影响的差异性特征。比如，篮球和排球运动的多数动作同属于开放式运动技能，但篮球要求运动主体根据对手或同伴意图选择运用技能，并存在身体接触的同场对抗；排球虽然也需要团队的配合，但属于不存在身体接触的隔网对抗。再比如，田径和体操运动的多数动作同属于闭合式运动技能，但田径是以客观成绩决定胜负的以体能为主的比拼；体操是以主观评价分出高低的技艺表现。而在同属客观测量运动成绩的闭合式运动技能中，跑步和游泳在"会能度"上表现出显著差异，跑步从初练到熟练的过程中很难找到从不会到会的明确拐点；而游泳则可以轻易做出从不会到会的基本判断。这些运动技能的不同特征对技能学练方法和专项能力培养提出了特定要求，也由此导致它们在学练方法上的差异性。

通过对体育运动技能分类的分析，能够使教师清楚体育教材或教学内容的不同，使得教师在设计的过程中，无论是在内容的编排上，还是在教学方法的选择上，都会有所差别。教师在设计教学时，一定要了解项目的特征，比如篮球可以设计哪些形式（也可以说是内容组合、练习形式）等，但一定是围绕篮球的整体特性设计，包含着该类运动的核心性关系，篮球的整体特性是同一场地内交错进行的进攻——防守型运动，而不只是运球、投篮、传球等单独的技术练习。

开放式和闭合式两类运动，能够真正反映出体育学科学习的最大特点，同时为后续的教学设计奠定基础，也为体育的有效教学提供理论依据。

(四) 支持性条件备课

支持性条件主要包括学校的场地、器材、人员等各种人力、物力资源情况。体育教学的开展必须依赖学校的场地、器材，因此教师在备课的过程中必须清楚学校所具备的条件，以所设计的体育课就能够顺利开展。同时，了解、分析学校的场地和器材，也为教学资源开发改造提供基础。体育备课时可以通过思考对学校现有的场地、器材等各种资源进行开发改造，来促进教学。备课也好，上课也好，最终依托的就是学校的物质基础。认真分析学校的客观条件，充分思考所在的外部环境，才能使所备的课具有适宜性。

第二节　体育课程课堂的教学实践

一、体育课堂教学目标设计实践

(一) 体育教学目标概述

1. 体育教学目标的概念

作为体育教学的出发点和归宿，体育教学目标对体育教学的方向起到决定性作用。实际上，体育教学目标是人们对体育教学活动结果的一种主观上的期望，是对完成体育教学活动后，对学生应达到的行为状态详细具体的描述，将学生通过体育学习后的学习结果充分表达了出来。

从某种意义上来说，体育教学目标是体育与健康课程目标的具体化，是由教师根据有关教育法规、课程标准、体育教学的本质和功能、学生实际，以及体育教学环境和条件的实际情况制定的。

由此可知，所谓的体育教学目标是指导体育教学活动设计、实施和评价的基本依据，对教学活动具有导向、指引、操作、调控、测评等功能。

2. 体育教学目标的特点

(1) 一致性特点

体育教学目标之所以能够实现与教师的"教"和学生的"学"双方合作有着不可分割的密切联系。可以说，为教师和学生共同努力提供了导向性，具有较强的一致性。体育教学目标既是教师的教学目标，也是学生的学习目标，需要师生之间共同理解与认可。体育教学目标的落实不仅要体现在教师的教学活动中，也要体现在学生学习过程的行为表现中。

(2) 预期性特点

体育教学目标是教师在进行体育教学活动之前，以体育与健康课程标准的要求、体育教学和学生的实际为主要依据来对学生通过体育学习过程所要达到的结果或标准进行预测。

(3) 具体性特点

要对目标的主体、实现目标的条件、目标的内容，以及达到目标的标准进行详细说明，换句话说，就是要解决谁来做、在什么样的条件下做、做什么以及做到什么程度的问题。究其原因，主要是由于体育教学目标是教师把学生从目前状态转变到期望状态的航标。

（4）可行性特点

体育教学目标是通过教师的"教"和学生的"学"所能够实现的结果，并不是可望而不可即的理想状态，体育教学目标对现实性和可行性特点是非常重视的。因此，要求在制定体育教学目标时以体育课程目标为依据，并且与教学对象的身心发展特征及体育教学实际等情况有机地结合起来，保证目标呈现的明确性、可操作性。

（5）灵活性特点

体育教学目标是要因地、因校、因班、因人而异的，是由教师根据具体的体育教学要求创造性地编制而成的。在制定体育教学目标时，应以学生的学习状况和教师的教学水平为主要依据，使其具有一定的弹性，从而能够对其进行灵活掌握，最终获得最佳的教学效果。

3.体育教学目标体系

体育教学目标是一个完整的体系。要对其进行深入地了解，可以从纵向和横向两个方面着手。

（1）从纵向上认识体育教学目标体系

体育教学目标包含着不同的层次和水平，是由一系列有递进关系的目标所构成的一个目标体系。

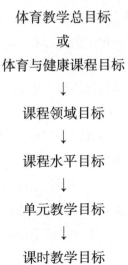

体育教学总目标
或
体育与健康课程目标
↓
课程领域目标
↓
课程水平目标
↓
单元教学目标
↓
课时教学目标

（2）从横向上认识体育教学目标体系

体育课堂教学目标首先应该是一个"目标群"，它要求从知识、动作技能、情感、态度和价值观等几个领域整体思考并把握教学目标。只有这样，才能使体育教学目标将体育教学培养全面和谐发展学生的整体功能充分体现出来。

（二）体育教学目标设计的基本理论

1. 体育教学目标设计的意义

（1）对于体育教学目标的实现是有利的

在体育教学目标的设计中，能够从纵向和横向两个方面来对体育教学目标有一个全面、具体的了解与认识，使教师对体育课程有一个清晰统一的认识，使教师能够对体育课程标准和教材内容作任意地处理，从而使课程的方向性和稳定性得到保证。精心设计的体育教学目标能够对体育课程内容的覆盖范围进行准确的检查。只有保证制定的体育教学目标是科学、准确的，才能将其对教师低耗高效地开展教学活动的指导作用充分体现出来，也才能够使体育与健康课程目标的实现，以及为达到预期的结果提供有力的保证，对学生的身心全面发展起到积极的促进作用。

（2）对于教师的教学是有利的

体育教学目标能够对教师的教学活动起到一定的导向作用，同时，也对教师的教学发挥调控作用。从某种程度上来说，体育教学目标能够为教师迅速地厘清教学思路，建立一种灵活的思维方式思考问题提供一定帮助。体育教学目标也为教师选择理想的体育教学内容，恰当地运用教学策略、教学媒体，更合理地组织教学提供具体的科学依据。

（3）对于学生的学习是有利的

体育教学目标能够为学生的体育学习活动提供一定的导向作用。一般来说，学生将体育教学目标明确下来之后，学习的方向性、针对性就确定了下来，就会有效避免盲目性，使学习顺利进行。此外，具体、适宜的学习目标还能够有效增强学生的自信心，将其学习的积极性、主动性充分地发挥出来，对学习产生强烈的责任感，迅速提高学习效率、改善学习效果。

（4）对于体育教学评价是有利的

只有以体育教学目标为主要依据，体育教学评价才能得以进行。可以说，不管是进行诊断性评价还是形成性评价，在制定评价内容时都要以体育教学目标为依据。通过体育教学目标的设计，学生将要学习的内容和应该达到的水平明确下来，这对于学生互评和自评、找出与教学目标的差距、产生强烈的学习动机和责任感和增强自我调控能力都是非常有利的。

2.体育教学目标的设计步骤

（1）对体育教学对象加以分析

分析体育教学对象即分析体育学生的学习需要、一般特点、起始能力和学习风格等。体育学习需要分析的是体育教学的问题以及解决办法，确定学生现状和目标之间差距的重要环节，是我们确定体育教学目标的基础和依据。同时，体育学生的一般特点、学习风格、体育与健康知识、技能起点也制约着体育教学目标的实现。

（2）对体育教材内容加以分析

必须有合乎体育教学目标的体育教材内容作为载体，使体育教学目标的实现得到有力保证。对体育教材内容进行分析，主要是为了将体育教材内容的特点、功能、范围和深度，以及选择体育教材内容的依据等确定下来，使体育教材内容更好地为体育教学目标的实现服务。在体育教学目标的设计中，需要对体育教材内容的特点、功能进行明确的分析，将学生应掌握哪些体育与健康的知识、技能明确下来，对相应的心理品质和社会适应能力进行重点培养，加强学生的思想品德教育并发展学生的体育活动能力。这样，才能借助于体育教材内容制定出具体的体育教学目标。

（3）对体育教学目标进行编写

经过长期的体育教学实践活动，人们必须把笼统的体育教学目标转化为精确、具体的教学目标，必须说明学生学习后能达到的程度和水平，必须对教学目标的精确性、可观察性及可测量性有进一步认识，这对于体育教学目标的模糊性和不确定性的克服是有利的。通常来说，一个完整、具体、明确的体育教学目标应包括教学对象、学生的体育行为、确定行为的条件、程度四个方面。

3.体育教学目标设计的基本要求

（1）要做到整体协调

体育教学目标是包括各种层次的具体目标在内的整体系统，设计体育教学目标应注意系统把握、整体协调。不仅要设计各层、各类具体的教学目标，还要使各层、各类具体的教学目标充分连贯，形成一个完整和谐的系统，使之能够将体育教学目标的系统性、层次性、递进性和联系性的特点充分体现出来。

（2）要做到细化分解

要想在体育教学实践中将体育教学目标落到实处，把体育教学目标转化为行为目标或包含体验性、表现性目标的具体行为动作，就必须将体育教学的一般目标分解成细致的操作目标。具体的教学目标包括学习目标（母目标）和依据学习目标编写的行为目标或体验性和表现性目标（子目标）。体育教学目标的细化分解会对体育教学效果的优化及教学质量的提高产生直接的影响，这就要求每位体育教师都应具备细化、分解体育教学目标的能力。

（3）要做到表述确切

为了使体育教学目标能够对体育教学活动有直接的指导、调控，且便于观察评估体育教学效果，要求体育教学目标的表述应该尽可能使用便于直接观察的行为动词，将预期学习效果的外显行为变化清晰地表述出来。

（4）要做到难度适中

设计体育教学目标应处于学生的"最近发展区"，即学生经过努力可以达到的程度，这就是所谓的难度适中，这样的体育教学目标对于其激励功能的发挥、学生的学习积极性和主动性的调动，以及学生体验成功的愉悦都是有所助益的。同时需要强调的是，针对体育教学的特殊性、学生的个体差异性，应根据不同的教学对象，通过不断的评价与反馈，对体育教学目标进行必要的调整与修正。

（二）体育教学目标设计的策略

1.行为目标的设计

（1）做好具有可观察的学习结果的界定

做好清晰的可观察的学习结果的界定，是设计教学目标的第一个步骤，选择的行为动词描述的是学习活动还是学习结果是其关键所在。究其原因，主要是由于教学目标指向的是学生的学习结果，所以在书写目标选择动词时，必须选择能够清晰规定学习结果的动词。然而，人们在实践中经常会将学习结果和学习活动相混淆。要使结果具体且无争议，我们可以从许多表示动作的动词中选择表达行为的词语。这些动词可使人们更简单地界定表现行为的操作。

（2）将预期学习活动发生的条件确定下来

在进行教学目标的设计时，要将学习会在什么样的条件下发生确定下来。究其原因，主要是由于在设计教学目标时，学生所表现的学习行为都是在特定环境下发生的。在具体的运动项目学习中，如果条件很明显，则可以对条件不进行明确的规定。条件的陈述没有固定的要求，可以是单项，也可以是多项。需要强调的是，在确定条件时，还应对学生的实际情况进行充分考虑。

（3）对达到目标所需的标准进行陈述

使人满意地认为目标已经实现的期待的成就水平或者熟练水平，就是所谓的教学目标的标准水平。这种标准的水平应该是可调整的。不同的班级、不同的学习环境和不同的学习条件，导致学生达到所要求的熟练水平往往会存在一定的差异性，究其原因，主要是由于多数情况下标准的水平只是我们根据经验所做的猜测。

2. 表现性目标的书写

如果说行为目标关注的是教学的认知方面，那么非认知方面的教学目标就可以采用表现性目标来陈述。一般来说，表现性目标往往体现在情感领域的教学中，从行为目标的有关理论和其自身存在的缺陷来看，这类目标要设计出具有可观察性和可测量性的学习目标难度是很大的。情感、态度、价值观等目标属于短期内很难实现的高级认知目标，这些目标的实现往往需要通过学生的自主、合作和探究活动，在与其他人的交流会话、意义建构中得到发展。

表现性目标对学生应参加的活动及情境进行了明确的规定，但是没有将可以测量的学习结果提出来。因此，表现性目标旨在成为一个主题，学生围绕它可以运用原来学到的技能与理解的意义，通过它扩展、拓深那些技能与理解，并使其具有个人特点。表现性目标将人的个性作为关注的重点，同时突出了教师和学生在教学中的自主性与创造性。表现性目标所达成的结果是期望学生反应的多样性。

二、体育课堂教学策略设计实践

(一) 体育教学策略概述

1. 体育教学策略的概念

教师为有效地完成特定的体育教学目标而采用的体育教学组织形式、教学方法、教学手段等因素的总体思路、谋略或智慧，就是所谓的体育教学策略。体育教学策略的设计是体育教学设计的重要环节，有效地解决"如何教""如何学"的问题是其主要目的所在。体育教学策略的设计主要对体育教学组织形式、教学方法和手段等教学中的具体问题进行了研究。

2. 体育教学策略的特点

(1) 指向性特点

体育教学策略指向具体的体育教学目标，是为完成特定目标而采取的有针对性的措施。

(2) 灵活性特点

体育教学目标、教学对象、教学环境等之间存在着一定的差别，因此要求以此为依据，有针对性地采取不同的体育教学策略。

(3) 多样性特点

为了满足特定体育教学的需要，应提供多样化的体育教学策略，从而与复杂多变的体育教学过程相适应，保证不同的体育教学目标得以完成。

(4) 综合性特点

选择或制定体育教学策略时，一定要综合考虑体育教学目标、体育教材内容、教师、学生和教学环境等各方面因素。

(5) 可操作性特点

体育教学策略不仅是可供师生在体育教学中参照执行的组织形式、措施或办法，还是具体实施体育教学过程的保障。

3.制定体育教学策略的依据

(1)以体育教学目标为出发点

体育教学策略是完成特定体育教学目标的方式。因此，应根据教学目标选择适当的教学策略。

(2)以学习理论、教学理论以及各种体育教学规律为主要依据

体育教学策略能够使体育教学的成功得到保证，对学习起到积极的促进作用。作为体育学习的方法，体育教学策略应遵循学习规律、教学规律和体育教学的客观规律。

(3)要与体育教材内容相符

内容会对方式起到决定性作用，而体育教学策略就是完成体育教材内容教学的方式。

(4)要与学生的特点相符

不同的学生具有的学习风格、兴趣爱好、心理品质和个性特征也都是有差别的，要想将各种策略的潜在作用充分发挥出来，就必须选用符合学生身心特点的体育教学策略。

(5)要对体育教师本身的条件进行充分考量

要采用教师能够驾驭的教学策略。有的体育教学策略虽然有效，但如果教师驾驭不了，那么其作用仍然不会得到较好发挥。

(6)对客观条件加以考量

体育教学策略的实施会受到很多条件（如体育场地、器材、教学设备等）的影响及制约。这就要求在制定体育教学策略时应对已具备的各种主客观条件进行充分考量。

(二)体育教学策略的设计

1.体育教学组织形式的设计

(1)体育教学组织形式概述

有效利用教学时间和空间，充分发挥教师、学生、教学内容、教学方法与手段的作用的一种定型的体育教学活动结构的组合形式，就是所谓的体育教学组织形式。体育教学组织形式是体育教学策略的重要组成部分，体育教学目标的完成、教学内容的实施、教学方法和手段的运用、教学过程的贯彻

等最终都要综合、集结、具体落实到一定的教学组织形式中。所以，体育教学组织形式是体育教学的具体落脚点，教学组织形式是否科学、合理，对体育教学活动的开展及其效果有直接影响。

体育教学的基本组织形式归纳起来大致有三类，即集体授课、个别化学习、小组相互学习。

（2）体育教学组织形式设计

体育教学组织形式是实施体育教学活动的关键，体育教学效果在很大程度上受到是否运用科学、合理、适当的教学组织形式的影响。因此，要求对体育教学过程中的教师和学生、教学的软硬件设施、教学的时间和空间、体育教材内容、体育教学目标等因素进行全方位考量，准确地选择并创新体育教学组织形式。

由此可知，体育教学组织形式设计就是为了达到体育教学目标，对体育教学过程中的人力、财力、物力、时空等进行设计，其中主要涉及教学组织形式的精选和灵活运用。体育教学组织形式设计包括的内容主要有：第一，体育课堂常规的设计；第二，教学场地与器材的布置；第三，队伍、队形的安排与调动；第四，集体教学、分组教学或个别教学形式的选择。

（3）体育课组织形式设计

1）对体育课堂常规的设计

要以体育教学目标为主要依据，灵活安排课堂常规的设计。教师可以以教学目标的要求为主要依据，对学生设计自我管理的课堂常规进行积极引导，从而将学生的主动性和主体性充分体现出来，使学生遵守课堂常规的效果得到提高，学生的道德和行为规范得到增强，以培养学生遵纪守法的意识。

2）对教学场地与器材的设计

体育教学的实施需要一定的物质保证，而教学场地、器材和现代化的教学手段就是最主要的方面。该项设计应遵循经济、实用、高效的原则，提高使用效率，将场地与器材的潜在功能充分发挥出来。体育教学场地设计的宗旨在于：第一，要对学生队伍的调整和调动有利，从而使课程的练习密度得到有效提高；第二，要能将学生参与体育学习的兴趣、积极性和强烈的动机有效地激发出来；第三，要使体育教学过程的安全得到有力保证，以利于教师对全体学生的指导和管理；第四，要能为体育教学目标的实现提供最大的物质支持。

3）队伍、队形的安排与调动

顺利实施教学、完成教学任务的一个重要手段就是安排与调动队伍、队形。该项内容的设计需要满足以下几个方面的要求：第一，要将科学性、合理性、实效性、简便性充分体现出来；第二，要有利于教师的讲授、观察、指导、帮助，以及学生之间的互相学习、帮助和探讨；第三，要对迅速、准确、便捷地完成队伍、队形的调整与调动提供一定的帮助。

4）集体教学、分组教学或个别教学形式的选择

第一，要以课中的各项具体的教学任务为主要依据，有针对性地选择教学组织形式；第二，要以体育教材内容的特点为主要依据设计具体的组织形式；第三，要与学生的实际情况和特定的教学环境有机结合，合理采用或创新教学组织形式。

2. 体育教学方法的设计

(1) 体育教学方法概述

师生共同采取一定的体育手段，遵循一定的体育教育教学规律，按照一定的设计程序，为实现体育教学目标所采用的方式或途径的总称，就是所谓的体育教学方法。

一般来讲，以体育教学的功能为主要依据，可以把体育教学方法分为三种类型：发展学生体能的方法；学生学习体育与健康基本知识的方法；以及培养学生的参与意识、提高学生的心理健康水平和社会适应能力的教学方法。

(2) 体育教学方法的设计步骤

设计体育教学方法，往往需要按照以下几个步骤进行：

第一步，对体育教材内容以及体育教学媒介加以分析，对达到目标的手段有所掌握与明确。具体来说，对体育教材的特点、功能及各种体育教学媒介在达成体育教学目标过程中所发挥的作用进行详细的分析，能够为设计出恰当的、对实现教学目标有帮助的教学方法提供基础。

第二步，对相关的体育教育教学规律加以了解。一般来说，体育教学要遵循的规律主要有：体育学科的特点，学生的身心发展特征，体育教学的生

理学基础、心理学基础、运动学基础和社会学基础等。以便为设计出科学、合理且有针对性的体育教学方法提供理论依据。

第三步，以一定的程序为依据对体育教学方法加以设计。这里所说的程序是指设计体育教学方法的流程。比如，第一步，设计由学生独立学习体育教材或是在教师指导下进行体育学习的方法；第二步，设计采用讲授法或是探索法；第三步，设计激发学生体育学习兴趣和动机的方法问题；第四步，考虑所设计的各种方法应结合的不同方案等。设计程序是体育教学方法设计顺利实施的保障。

3.体育教学手段的设计

(1)选择和设计体育教学手段的意义

在一定的教学要求和条件下，设计出一种或一组适宜可行的教学手段，就是所谓的教学手段设计。各种教学手段既具有自己的功能，又有其局限性，这就对一种教学手段只能适应某些教学情境产生了重要的决定性影响。可以说，在一切方面都优于另一种教学手段，能对任何学习目标和任何学生都产生最佳作用的教学手段是不存在的。究其原因，主要是由于任何一种教学手段都难以传递所有的教学信息。因此，对某一特定的学习任务和具有某种特征的学生来说，教师只有选择和设计适宜有效的教学手段，才有可能取得最佳学习效果。

(2)体育教学手段设计的必要性

1)体育教学手段具有重要的媒介作用

在体育与健康课程标准指导下的体育教学中，首先应以课程标准的要求和学生的实际情况为依据，将一定的体育教学目标制定出来，并通过教学活动来实现。制定目标只是教师和学生共同的主观愿望，实现目标才是客观现实。从主观愿望到客观现实对于选择和运用体育教学手段具有一定依赖性。可以说，它是构成体育教学活动的一个重要媒介，能对学生两个信号系统、沟通信息、调控教学过程、提高信息的接收效果和教学质量起到积极的激发作用。

2)体育教学手段具有显著的复杂性特点

是否具备相应的体育教学手段和发挥体育教学手段的最大作用，在很大程度上决定着体育教学目标能否实现，及其实现的程度如何。手段与目标有着密切联系。体育教学手段不仅种类繁多，而且功能丰富，体育与健康课程标准要求根据课程目标体系，高质量地、经济地、实效性强地、创新性地运用与改造现有的学校体育场地、器材、设备，以及充分利用先进的现代化教学手段，从而对体育教学目标的全面实现起到积极的促进作用。要想将体育教学手段在提高教学质量方面的功能充分发挥出来，就必须对体育教学手段进行精心地设计和巧妙地运用。

3）体育教学手段具有显著的既定性特点

在特定的体育教学条件下，体育教学手段是相对固定的。体育与健康课程标准要求应以世界体育课程改革的趋势，以及我国当前课程改革的最新理念为主要依据，实现课程目标，完成教学任务。体育教学手段是实施体育教学的条件和基础。另外，还要求重新设计体育教学手段，使之与学校、教师和学生的特点更相符，更好地为实现体育教学目标服务，将"低耗高效"的体育教学设计宗旨更好地体现出来。

（3）体育教学手段的设计步骤

1）与实际结合起来对能够达成体育教学目标的现有体育教学手段加以分析

每个体育教学单元和教学课的教学目标都是有差别的，即都有具体的教学要求。为了达到不同的体育教学目标，常需要使用不同的体育教学手段来传递教学信息。因此，在体育教学手段的选择和设计中，我们应根据教学目标的要求，对现有的体育教学手段进行精心设计。

2）对能够完成体育教学任务的体育教学内容需要借助的体育教学手段进行分析

不同的体育教学内容所使用的教学手段也是不同的，特定的体育教学内容需要借助特定的体育教学手段才能完成。这就要求在教学设计中，必须以体育教学内容的特点和功能、学校和教师的实际情况，以及学生的特点为主要依据，对教学手段进行选择和设计，对现有的体育教学手段进行加工、改造和创建。

3）针对体育教学对象选择和设计教学手段

不同年龄阶段的学生对事物的接受能力是有差别的，这就要求必须以他们的年龄特征为依据来选用和设计体育教学手段。另外，对教学效果接近的体育教学手段进行选择与设计时，还应对学生的兴趣、习惯和发展需要等因素进行充分考量。

4）以学校体育教学实际为依据来选择和创造教学手段

在体育教学中，设计和选用教学手段时，还要将包括教学资源状况、经济能力、教师的技能、学生的需求、使用的环境等在内的当时当地的具体条件作为重点考虑的因素。无论是对现有的规范化、成人化的体育场地器材、设备进行教材化改造，还是以学校实际为依据创建简易教学设备或利用自然条件的优势进行教学，或是将现代化的教学设备和技术等作为体育教学手段，都不能脱离教学实际，应该与教学实际结合起来设计、加工、选择，确定耗费低、适宜、安全性能高、趣味性强、形式新颖、容易激发学生体育学习兴趣，符合学生年龄特点和兴趣爱好的体育教学手段，甚至可以引导学生自己改造或者创新体育教学手段。

三、体育课堂教学环境设计实践

（一）体育教学环境概述

1. 体育教学环境的特点

（1）自发性与潜在性特点

学生的体育学习离不开体育教学环境，学校是学习活动的重要场所。由于体育教学环境是主体知觉的背景，具有刺激强度较弱的特点，因此对其暗示性的重要特点起到了决定性作用，使得学生在不知不觉中受到了各种潜移默化的影响。

（2）目的性和计划性特点

在进行体育教学环境设计时，要有目的、有计划地进行，切忌太随意。在体育教学过程中，一般来说，教师都是以体育教学的目标、学生的身心发展特点以及体育教学的基本规律为主要依据，对体育教学环境进行设计与运用。由此可以看出，教师在设计体育教学环境时是有一定目的性和计划性的，这就将体育教学环境的显著目的性与计划性特点充分地体现了出来。

（3）规范性和教育性特点

体育教学环境的规范性特点是非常显著的。体育教学环境作为育人的专门场所，担负着育人的艰巨任务，要求体育教学环境的各个方面都必须规范。除此之外，作为学校体育教学活动赖以进行的物质依托与舞台，体育教学环境的教育功能要比其他功能更受人们的关注和重视。因此，体育教学环境的教育性也是其一个显著特点。

(4) 科学性和可调控性特点

体育教学环境不是随意建立起来的，而是按照一定的目标和需要，并且对其构成因素进行一定的论证、选择、加工、提炼而建立起来的。因此，其具有一定的科学性。另外，在体育教学实践中，为了将其对学生身心发展的积极促进作用更好地发挥出来，应随时根据教学活动的需要以及教学环境的变化，对体育教学环境进行必要的调节控制。因此，体育教学环境的可调控性特点也是非常显著的。

(5) 复合性特点

相较于其他学科来说，体育教学活动的教学目标多样性和教学内容丰富性对其复杂性的特点产生了重要的决定性影响。同时，也在一定程度上对体育教学环境的复合性起到了决定性作用。体育教学环境的复合性特点主要表现在以下两个方面：

一方面，复合性特点在体育教学环境所需要的物理环境方面得到体现，体育教学既要包括教室、图书馆、桌椅等在内的一般教学设施，同时也要包括体育馆、体育场、篮球、足球等在内的运动设施和器材。

另一方面，复合性特点在体育教学的心理环境方面也有所体现，体育教学一般是在体育馆或者体育场进行的，这种空间由小到大的变化，使得师生之间、学生之间的人际关系的复杂性也有了一定增加。

2. 体育教学环境的功能

(1) 体育教学环境的指导功能

体育教学环境的指导功能主要体现在：通过自身各种环境因素集中一致的作用，对学生主动接受一定的价值观和行为准则进行积极的引导，并使他们的发展与社会所期望的方向相符。体育教学环境不仅使社会主流文化的精神和价值取向得到了充分体现，同时还使国家和社会对年轻一代成长发展的期望得到了充分体现。通过良好的体育教学环境，不仅能够引导学生的思想、行为朝着积极的方向发展，还有利于纠正学生的不良行为习惯。

(2) 体育教学环境的陶冶功能

良好的体育教学环境能够使学生的情操得到陶冶、心灵得到净化，从而形成高尚的道德品质和行为习惯，这就是体育教学环境的陶冶功能。学生个体的思想信念、道德情操和行为习惯是在一定的社会环境中形成的，因此社会环境的好坏对学生的各个方面都有一定影响。实践证明，整洁文明的校园，和谐、文明、积极向上的体育教学环境，可以陶冶学生的情操，为培养学生良好的思想品德创造良好的条件。因此，一定要建立良好的体育教学环境，为学生良好的思想信念、道德情操和行为习惯的形成创造有利条件。

(3) 体育教学环境的健康功能

体育教学环境的健康功能主要体现在两个方面：体育教学环境对师生的生理健康与心理健康状况方面的影响。作为育人的专门场所，体育教学环境是师生长期生活、学习、工作的场所，因此环境的好坏会对师生的身心健康产生直接影响。实践证明，良好的教学环境对于学生身心的健康发展有着积极的促进作用，因此一定要充分发挥体育教学环境的健康功能，使师生的教学环境得到良好保障。

(4) 体育教学环境的激励功能

良好的体育教学环境对于师生工作热情和工作动机的有效激发，以及工作积极性的提高具有积极促进作用，这对于学校教育、教学工作的顺利开展，教学工作质量的提高都具有非常重要的意义。良好的体育教学环境中的各种因素，比如宽敞明亮的教室、整洁的场地、功能齐全的器材、充满活力的运动场以及良好的学习氛围等，都会对师生在教学活动中的积极性产生良好的激励作用。

(二) 体育教学环境设计原则

1. 目的性原则

教学环境的创设必须服从于教育教学目的。教育教学目的通常可以分为两种：一种是直接的，另一种是间接的。其中，直接的教育教学目的是教学大纲规定的目标，是实质性目的；间接的教育教学目的是保证实质性目的实现的条件目标，也被称为工具性目的。这就要求在创设教学环境时必须同时服从于这两个目的。其中，工具性目的更为重要。

2. 丰富性原则

教学环境的创设要运用多种刺激方式，尤其是非语言方式传达同一信息，从而使单调重复的现象得以避免，为学生提供丰富的认知背景。从心理学的研究中可以发现，人们通过听觉获得的知识只能记住 15%，通过视觉可记住 25%，两者结合能记住 85%。由此可以看出，丰富的信息刺激对于学生多种感觉的协同运作、左右大脑的同时开发和学习效果的提高都是有所帮助的。

3. 快乐性原则

创设教学环境的主要目的是使学生获得积极、愉快的情绪体验。学生的认识过程是一个伴有情绪反应的过程。情绪对认知有一定的组织和瓦解作用。从现代心理学的研究中可以发现，不愉快的事情往往不经意识就被知觉所抵制。因此，快乐原则的要求主要包括：第一，室内安逸舒适，气氛热烈活跃；第二，室外场馆设施齐全、安全卫生，教师的教学富有创造性、艺术性等。

(三) 优化体育教学环境的途径

1. 物质文化环境建设要有所加强

体育物质环境，是体育环境建设的客观物质保障，是体育环境赖以存在和发展的基础与载体，是体育发展过程中积累下来的外在物化形式的统称。它的主要特点是空间物化，是一种显性文化。如果贬低或削弱体育物质环境的功能作用，那么培养学生的终身体育精神和促进人的全面素质提升只能是一句空话。因此，全面加强体育物质文化环境的建设是非常必要且重要的。

2. 体育观念建设要有所加强

在体育环境建设中，应积极倡导集体主义、爱国主义、敬业笃学、拼搏进取、竞争开拓等健康的体育精神，把体育精神与学风建设融为一体。思想、道德、行为也应是校园体育环境建设中的重要内容，从而对师生的民族自豪感和爱国热情起到积极的激发作用，引导、形成并完善正确的世界观、人生观、价值观。在体育文化活动中，应以公开竞争、公平竞赛、尊重对手、遵守规则、求真求实的体育道德精神来教育和感化师生。这就要求在实施全民健身战略中加大对体育的宣传力度。通过理论、实践的形式，进行体育目的、意义、重要性的教育，使全体师生对体育的价值有更加深入的了解及认识。同时，要使其认识到强健的身体是人生的第一财富，使之充分了解体育对生活、身体、家庭和社会的影响。

3.体育教学组织建设要有所加强

体育环境建设是一个系统工程，领导者是体育环境建设的组织保证，他们的行政决策、办学指导思想等都会对学校体育工作的开展产生直接的影响。这就要求学校领导首先应将体育是培养高质量人才必不可少的教学内容和手段弄清楚，对体育的认识有所提高，对学校体育是一个多功能、多目标的系统有充分的认识。体育教师通过体育课、课外体育活动、运动竞赛等多种途径，全方位实施体育教育，建设体育文化。应逐步建立各种大学生体育组织，培养体育骨干和爱好者，通过开展体育科技专题讲座、体育评论、体育沙龙等，不断增强学生的参与意识，不断为校园体育环境注入新的活力。

4.加强体育环境的运作机制建设

由于参与体育环境建设的人数多、范围大、辐射面广，因此必须强化学校的各级管理，成立由体育部牵头、体育教师或领导参加的相互配合的组织体系。学校对全校体育环境建设进行技术指导、宏观调控，负责举办校运动会、体育节等大型体育活动，负责裁判员和运动员的培养、考核、申报工作，这种管理机制从不同的侧面、不同的层次各司其职开展活动，做到群体活动大型与小型结合、正规与非正规结合、体育与娱乐结合，从而保证校园体育环境的建设顺利进行。

四、体育教学模式设计实践

(一) 体育教学模式的设计步骤

1.将体育教学思想确定下来

以反映一定的体育教学思想相应的教育理论为依据，使教学模式将主题思想突出出来，并具有理论基础。

2.将体育教学规律明确下来

从体育教学规律入手，将有利于教学思想转化的主要规律确认下来。究其原因，主要是由于规律对教学过程的内在结构起着重要的制约作用。

3. 将体育教学过程结构确立下来

究其原因，主要是由于相应的结构具有相应的功能，依据教学规律确定过程结构，可实现教学思想，发挥功能作用。

4. 将教学方法体系确定下来

不同的体育教学模式具有的教学方法体系也是有所差别的，因此确定教学思想必须选择相适应的教法体系，才能更具有可操作性，以实现模式的功能性。

5. 对模式的主要功能加以明确

检验模式的主要功能与确认的教学思想是否吻合，是否突出主题或有特色。

6. 将适应范围确定下来

每一种模式都有特定的适应范围，确定其范围主要是为了使体育教学模式有较强的针对性及适应性。

7. 通过体育教学实践加以验证

通过初步实践调整修正模式，并反复实践以完善。

(二) 常见几种体育教学模式的设计

1. 体育技能学习教学模式

(1) 体育技能学习教学模式概述

以系统教学理论为基础，主张遵循运动技能掌握的规律来安排体育教学过程的教学思想和教学模式，即体育技能学习教学模式。

(2) 体育技能学习教学模式的设计

体育教学课的设计以技能的学习和练习为主线，将对技能掌握效果的评价作为关注的重点。教学过程的设计以教会学生掌握动作技能的教学方法、手段和组织形式的设计为主。

2. 快乐体育教学模式

(1) 快乐体育教学模式概述

快乐体育教学模式，是近年来在国内外的快乐体育思想下形成的教学模式。其教学思想主张不仅能让学生掌握运动技能和进行身体锻炼，还能使其对运动所带来的各种乐趣有所体验，并通过对运动乐趣的体验逐步形成学生的体育兴趣，培养其终身参加体育实践的志向和习惯。

（2）快乐体育教学模式的设计

由于运动的乐趣是从多方面产生的，因此使学生体验乐趣的教学途径也多种多样。该模式的教学设计过程的特点是：设计一个或几个体验运动乐趣的环节，这些环节互相连接、层层递进，使学生能够在运动、学习、挑战、交流和创造等多种乐趣方面都能有所体验。

3. 小群体学习体育教学模式

（1）小群体学习体育教学模式概述

小群体学习体育教学模式往往也被称为"小集团教学模式"，其有着较为复杂的教学思想背景，但其基本思想是试图通过体育教学中的集体因素和学生间交流的社会性作用，通过学生的互帮互学来提高学习主动性，提高学习的质量，并达到对学生进行社会性培养的目的。

（2）小群体学习体育教学模式的设计

小群体学习体育教学模式的设计主要从教学分组上得到体现，不同的教学分组会在不同方面影响体育教学的效果。在这个过程中，重要的是使小组具有一定的凝聚力和各自的学习目标。通常来说，包括小组间比赛、小组探讨、小组代表发言和全班总结等步骤。

4. 发展体能教学模式

（1）发展体能教学模式概述

发展体能教学模式是在重视通过体育教学进行身体锻炼，谋求学生体能发展的教学思想指导下的教学模式，其对按人体活动和机能变化规律来考虑教学过程是非常重视的。

（2）发展体能教学模式的设计

发展体能教学的设计是以发展某种或某几种体能为主的教学。教师以发展体能为主的教学目标为主要依据，选择并改进体育教材内容，选择教学方法、手段以及教学组织形式，安排适量的运动负荷、训练时间和休息时间。总的来说，在设计发展体能教学模式时，要求锻炼的内容与学生的身心特点相对应，追求身体的全面锻炼，要尽可能采用各种各样的方法。

5. 情境教学模式

（1）情境教学模式概述

情境教学模式是一种利用学生热衷于模仿、想象力丰富、形象思维占主导的年龄特点，运用生动活泼和富有教育意义的教学方法进行体育教学的模式。该模式所遵循的规律为学生认识和情感变化。

（2）情境教学模式的设计

教材内容本身通常含有数种身体练习形式，在教学过程中往往要设计一个"情景"，由一个情境贯穿整堂课的教学过程。多采用学生熟悉的故事作为情景，使学生学习与练习用情境串联起来的各种运动。

6. 创新体育教学模式

（1）创新体育教学模式概述

通过体育教学，使学生既学懂又学会，并使学生通过学习运动的原理，掌握灵活的运动学习方法，提高体育教学"智育"因素，是创新体育教学模式的主张之所在。这种理性的为终身体育服务的教学模式，所遵循的规律为在体育教学中学生的认知规律。

（2）创新体育教学模式的设计

在进行创新体育教学模式的设计时，首先应将运动教材中的有关原理和知识进行归纳与整理，组成"问题串"，每个问题都有其验证、讨论和归纳的方法。整个教学过程往往可以划分为几个不同的学习阶段，比如问题提出、验证学习、集体讨论、归纳问题、得出结论等阶段，而运动的学习和练习则紧密地穿插其中，提问、设疑、讨论等教学方法较为常用。

7. 自主性的体育教学模式

（1）自主性的体育教学模式概述

自主性的体育教学模式主张尊重学生的自主性和自发性，强调给学生以自主学习的空间和机会，把强制性的、死板的教学转变为生动活泼的教学，从而使体育教学质量得到有效提升，对学生的学习积极性和主动性进行积极的培养。

（2）自主性的体育教学的设计

可以通过很多途径与方法来有效激发学生的主动性，因此自主性教学设计也就会多样化，但它们的共同特点是要设计一个使学生能够将主动性充分发挥出来的教学环节。

8. 选择式体育教学模式

(1) 选择式体育教学模式概述

选择式体育教学模式主张通过让学生对学习内容、学习进度、学习手段、学习伙伴、学习难度等因素进行一定程度的自选自定，调动学生的学习积极性和主动性，使学生在运动学习中的不同需要得到较好满足，并在自主性、自立性较强的学习过程中形成与自己学习能力相符的教学模式。

(2) 选择式体育教学模式的设计

在设计选择式教学模式时，应以可选教材内容的不同为依据有针对性地进行。在教学过程的设计中，学生往往都是以小组和个人的形式参与学习，这样能够将学生的个体差异更好地体现出来。

9. 领会教学式的体育教学模式

(1) 领会教学式的体育教学模式概述

领会教学式的体育教学模式是一种改造教学过程结构，试图通过从整体开始学习的新教程，改变以往只追求技能，甚至是枝节的技能，而将学生对整个运动项目的认知及运动特点把握的缺陷忽视掉，以提高体育教学质量的教学模式。

(2) 领会教学式的体育教学模式的设计

对相应的教学方法、手段加以设计，让学生先从整体上认识并了解运动动作，再使细节的动作要领得到进一步强化，以使学生对所学习的动作技能和体育活动项目有较快、较准确地领会。

(三) 体育教学模式群结构的优化

优化体育教学模式群结构，需要做到以下几个方面：

1. 提倡教学模式多样化

体育教学本身具有非常显著的复杂性特点。从传统上讲，由于各种原因，人们对体育教学复杂性的认识往往存在着认识的不足，体育教学往往固守于某一种模式，使体育教学变得僵化。单一的教学模式将体育教学的复杂性抹杀掉了，不能将体育教学的本质规律充分体现出来。教学中不存在一种适用于所有教学情景的模式，不同的教学目标需要有不同的教学模式与之相适应。因此，要想使我国教学模式单一化的倾向得到改观，就需要采取最有效的途径，即改变原来仅以动作技能的传授为目的的教学建模原则为各种教学目标，使目标与模式之间具有大致的对应关系，从而使目标的可操作性得到进一步增强。

2. 使各模式的科学性得到有效提升

一方面，要对体育教学模式基础理论的研究加以重视。应对现代科学研究的成果，尤其是心理学的研究成果加以借鉴。

另一方面，应克服体育教学实验研究设计不合理的情况，建立的模式应有教学模式的完整性、针对性、操作性、开放性和优效性等一般特性。

3. 使体育学科特有的教学模式研究得以加强

对具有优效性并适应体育教学的教学模式进行积极有效的探讨是非常必要且重要的。鉴于此，不仅要借鉴其他学科关于教学模式研究的新成果，将其进行合理的改造与加工，创造性地运用于体育教学中。同时，还要把先进的教学经验上升到理论的高度，生成体育特有的教学模式，使体育教学模式的研究走上一个新台阶。

第三节　体育课程课堂教学的评价

一、对学生学习评价

(一) 学生学习效果评价内容

1. 体育知识

为了更全面地评价学生的学习效果，对学生是否达成多领域学习目标的情况进行评价，经常通过考试对学生的体育知识掌握情况进行评价，具体评价内容如下:(1)学生对体育与健康的认识。(2)学生对体育多元价值的认识。(3)学生对体育知识的掌握和运用情况。

针对学生的体育知识掌握情况，可以通过口试和笔试两种方法进行教学评价，前者可以采用课堂提问或专题答辩的形式进行;后者通过考试答题进行，可以采用开卷和闭卷两种形式。

2.体育技能

在我国高校体育不同的运动项目教学中，《体育教学大纲》对学生应该掌握和达到的技能标准有不同的要求，教师应结合《体育教学大纲》的具体要求对学生进行测评，具体测评方法如下：

（1）技术评定

根据学生完成技战术动作的质量进行评分。考核前按动作结构和配合过程，把所要进行考核的技术、战术分为若干个环节，根据各个环节完成情况予以评分。评分标准可采用十分制、百分制或等级制，最后转换为学生实际得分。

（2）达标测试

根据学生完成技术动作的速度和准确性，按一定的要求制定评分表进行测试。达标测试适用于个人技术动作、组合技术的考核，可单独采用，也可与技评相结合使用。

3.体能素质

高校大学生的体能素质测评应结合学生的性别、年龄。从事专项特点的多方面进行综合考虑，测评应包括以下三方面的内容：（1）学生一般身体素质发展的评价。具体可参考《国家学生体质健康标准》等有关锻炼评分标准。（2）学生从事某项运动的专项身体素质发展的评价。（3）学生素质全面发展的评价。

4.心理素质

通过对学生的心理素质发展情况进行测评，了解学生的体育学习效果和程度。具体评价内容如下：（1）学生能否战胜自卑和胆怯心理，对体育学习充满自信。（2）学生是否具备良好的意志品质，不畏艰辛、坚持不懈。（3）学生是否具备良好的心理调节能力。

5.社会适应能力

（1）学生能否理解和尊重他人，具有竞争意识，又善于合作。（2）学生是否具有责任感，如遵守规则、全力以赴、能与他人很好地交换意见。（3）学生的发现、分析、探索能力，是否能认真分析失败原因等。

6.学习态度

（1）学生是否对体育学习与参与有浓厚兴趣。（2）学生能否坚持体育锻炼。

(3)学生能否全身心投入体育学习与体育锻炼。(4)学生能否尊重教师、认真接受指导。

(二)学生学习效果评价类型

1.教师评价

教师对学生体育学习效果的评价包括课堂、学期、学年等评价形式，具体评价内容包括学生的学习表现、知识掌握、身体素质和运动能力提高、运动技能和技巧发展等。

2.学生自评

学生自评具体是指学生对自身学习情况的一种综合性评价，它有助于提高学生体育学习中的"自省"能力，有助于学生的探索性学习。

体育教学中，学生对体育学习情况的自我评价包括多方面的内容(学习目标，参与程度，体育意识、意志、精神等)。在评价过程中，可以由学校制定评价标准，也可以让学生自己确定评价的标准(目标回顾、成绩对比、行为检点)。

结合体育学习的任务与目标，学生可以从体能、技能、体育参与、情感发展等方面对自我体育学习效果进行评价。

3.学生互评

学生作为体育教学的重要参与者，在体育教学环境中是非常重要的一员，学生的体育学习离不开其他同伴的支持、帮助，因此同学之间的体育学习评价也具有一定的参考价值。

具体来说，学生的体育学习需要个体努力，也需要其他同学的配合，如集体性体育项目技能的学习、战术实施等。学生之间的关系与师生关系不同，学生与学生接触的时间更多，彼此之间有更多的了解，因此学生互评能为教师进一步完善体育教学提供更多角度与层面的信息参考。

学生在体育学习评价中由于对体育理论、技能理解具有一定的局限性，对学习目标认识的不足等问题，可能导致学生相互评价的片面、浅显和多情感性描述。因此，在学生的互评中，教师应给予科学的引导和指导，以便更加客观、深入、全面地实现学生之间的体育学习评价。

二、对教师教学评价

(一) 体育教师教学质量评价内容

1. 体育教学思想的贯彻落实

教育教学思想对教学实践具有重要的指导作用。在体育教学组织与实施过程中，体育教师一定要坚持最新的体育教学思想（"健康第一""以人为本""终身体育"），并在教学实践中落实，这是现代体育教学的基本要求，也是体育教师对自我体育教学进行评价的一个重要内容。

2. 体育教学课程标准的制定

体育教师在评价自我教学时，应专门针对自身的体育教学是否符合体育课程标准进行评价，具体评价如下：(1) 是否达成学习目标。(2) 是否符合课程标准要求。(3) 是否全面完成教学任务。

3. 体育教学各要素的搭配与实现

教学内容选用：是否体现思想品德教育；是否与教学目标相符；是否体现最新的教学思想与理念；是否科学安排、全面落实。

教学方法选用：选择是否与教学目标、内容、特点相符；是否与学生的身心特点相符；是否有利于促进学生学习的开展与持续进行；对教师、学生是否具有启发性；是否有利于学生知识的掌握与技能的提高；是否有利于学生创新意识与能力的培养。

教学手段选用：是否有利于教学活动的生动、具体、直观；是否有助于提高教学效果、学习效率等。

教学技能实施：讲解是否准确、规范、简洁；专业术语和口语运用是否正确；示范动作是否正确、优美；是否妥当处理教学意外。

4. 体育教学任务的完成情况

在体育教学中，教学效果与教学任务的完成具有密切联系，针对体育教师的体育教学效果评价，评价重点在于体育教学过程中是否完成了以下工作内容：(1) 教师是否完成了教学任务。(2) 是否有利于调动学生的学习积极性与主动性。(3) 学生是否完成了学习任务。(4) 是否培养了学生的体育学习与锻炼习惯。(5) 是否培养了学生的良好品质与性格。

(二) 体育教师教学质量评价类型

1. 教师自评

教师自评的评价者和被评价者都是教师自己。体育教师的教学自我评价是一种自我认识、自我教育、自我提高的评价。

体育教师自我评价的最大优势在于，体育教师作为课堂教学活动的直接组织和实施者，最清楚整个教学过程，因此能得到第一手的教学反馈资料，教学评价更加直接、快速。

在实际的体育教学评价工作中，体育教师对自身体育课堂教学情况的评价是多方面的，不仅包括每次教学课的评价，还包括各季度、学期的体育教学评价，持续的教学自我评价有助于教师的自我成长。

体育教师的教学质量自评的科学化实施要求如下：(1) 教师应具有良好的自省能力，能通过评价发现问题，并进行有针对性的教学反思。(2) 教师自评的教学跨度是较大的，从每次教学课的评价开始，坚持定期和不定期的阶段评价与反省，不断完善教学技能、技巧。(3) 针对一次课的评价、体育教师的自评主要评价内容集中在教学能力和教学效果方面。

2. 教师互评

教师互评，评价者和被评价者的身份都是体育教师，彼此是同行关系。体育教师的教学互评主要是通过参与听课来实现的，评价是在听课过程中和结束后随堂提交评价结果。

教师互评与教师自评的具体内容基本相似，只是评价主体不同，教师之间的互评能有效做到教学评价的专业性，因为一线教师对体育教学的需求、要求更加熟悉，教师的互评还有助于同行之间相互学习，共同促进。但是需要特别指出的是，由于评价者与被评价者彼此是同行、同事，因此评价结果难免会掺杂一定的感情成分，教学评价难以做到绝对客观。

为避免主观情感因素的干扰，体育教师互评要求如下：(1) 从教学具体环节入手，定性评价与定量评价相结合。(2) 用公认的等级和分数进行评价，力求客观、准确。(3) 采用"公开课"或"评议课"的形式进行。(4) 评价者应熟悉体育教学业务、了解教学发展、改革新形势。(5) 教师自评与教师互评结合进行。

3. 学生评价

学生评价，评价者是学生，被评价者是体育教师。

在体育教学的双边教学活动中，学生是非常重要的一边。学生对体育教师的教学情况最有发言权，因此让学生作为评价者的体育教学评价是非常重要的一种体育教学评价方式，而且评价意义重大。

通过学生对体育教师的教学评价，能给予体育教师最直接的体育教学反馈。对于教师改进教学过程与效果具有非常重要的促进作用，有助于师生和谐关系的建立，并有助于教师充分了解学生学习中存在的各种问题，以便及时改进。

体育教师教学质量的学生评价具体实施方法如下：(1) 座谈法。(2) 教师随堂和在课后询问学生感受。(3) 调查问卷。(4)《体育教学质量评价表》。

4. 领导评价

领导评价，评价者是学校领导，主要是主管体育教学的相关领导，也可以是其他校领导。

在体育教学质量的评价类型中，领导评价是一种重要形式，它属于实质性的评价，对体育教师的职业地位、声誉、收入等具有直接的关系与影响，因此评价者和被评价者都比较重视。

对比分析来看，相对于教师的自评和教师互评，领导评价具有一定的缺陷性。具体表现在，一些领导并非体育专业教师，对体育教学的需求、要求、标准等不十分了解，教师在课堂教学中的一些特殊安排可能被误解或者注意不到，因此领导评价缺乏教学评价的体育专业和专项性，可能造成教学质量的误判。

针对体育教学的领导评价，为了做到体育教学评价的客观与公正，通常要求领导评价仅作为参考，应结合多个教学评价主体和评价类型进行综合评价。

5. 学者评价

学者评价，其中的学者主要是指从事体育专业研究和教育教学研究方面的学者。体育教学评价中，学者评价能更好地从专业角度对教师的体育教学活动开展情况进行评价，尤其是针对教学中某一个环节和片段的质量和效果能更有针对性地分析，但是由于学者不是一线教师，对体育教学的开放性和复杂性体会不深，因此从整体上对教学做出全面的判断也存在一定的难度。

对体育教师的教学质量评价，应综合上述几种类型互为补充地开展与实施评价。

三、体育教学创新的评价机制的构建

体育教学评价是体育教学体系的一个重要内容，科学的体育教学评价能给予体育教学工作者以客观全面的体育教学反馈，有助于体育教学者充分了解体育教学过程实施与体育教学效果之间的内在联系。结合教学问题反馈、分析与解决，通过对体育教学过程中各教学要素的优化调整，能进一步促进体育教学过程的完善和体育教学效果的优化。

(一)体育教学评价的概念

体育教学评价是体育教学系统的重要构成，是体育教学活动的重要组成部分，具有重要的地位和作用。

鉴于对体育教学评价重要性的认识，国内外许多学者都重视对体育教学评价的研究，因此关于体育教学评价，有许多不同的概念描述。

在我国，对体育教学评价概念研究的代表性学者其概念论述有如下几种：(1)教学评价是在一定价值观指导下，用一定的技术和方法收集整个教育系统或某个侧面的信息，以教学目标为依据，对学生做出价值判断。(2)体育教学评价是以学生体育教学为对象，对体育教学过程和体育教学成果给予价值上的判断。(3)体育教学评价是依据体育教学目标和体育教学原则，对体育"教"与"学"的过程及其结果进行的价值判断和量评工作。(4)体育教学评价是在教学活动开展过程中、开展后结合教育教学目标的设定，针对教学活动的开展情况、教学成效进行的评价。

综合以上学术观点，我们认为体育教学评价是一种价值判断，评价对象包括两个方面，即教师的"教"与学生的"学"，体育教学评价既重视对过程评价，也重视对结果评价。

(二) 体育教学创新评价的特点

1. 动态性

体育教学的开放性、动态发展，决定了体育教学评价的动态性特征。

体育教学评价是针对体育教学的评价，体育教学过程是一个动态的过程，体育教学活动的开展，受多种因素的影响，在体育教学过程中，体育教学中的教师、学生以及体育教学体系的各构成要素都时刻发生着各种各样的变化，充满了不确定性，因此体育教学评价不能是一次性的、单一的、某一阶段的评价，必须随着体育教学的开展过程不断做出新的评价，可见这是一个关乎师生发展、教学发展的动态评价。

2. 多元性

(1) 评价主体的多元性

科学的体育教学评价主体应是多个而非一个。传统体育教学评价中，教师是学生体育学习的评价主体，教师一人执行学生的体育学习评价并作出最终结果评价。这种评价的弊端在于教师面临的学生众多，很难做到对每一个学生的全面客观了解，而且教师对所有学生在短时间内集中作出评价，工作量大，受到主观因素的影响容易产生工作倦怠，可能导致评价的不客观、不公正。现代体育教学中的科学教学评价要求评价主体多元化，从不同的角度和侧面对同一个人作出评价，以教师评价为主，重视教师评价、学生互评、自评的有机结合，及其他评价主体的评价，这种多元性的评价更加客观、平等、公平、公正、全面。

(2) 评价方法的多元性

新的教学思想和观点更加重视学生在体育教学中的主体地位，要求教师重视学生的发展，只有这样才能真正促进体育教学的改革与进步。因此，对于学生的评价应是多方面的，在体育教学评价中，应尽可能多地选用适合教学评价的方法，以对学生的体育学习的评价为例，不仅要重视对学生学习效果的评价，还要关注学生的学习过程、技能掌握情况、学习态度、体育意识、意志品质的养成等。总之，评价要做到全面，涉及方方面面。评价者应熟悉了解各种评价方法的适用情景、优势和缺点，以便在体育教学评价中灵活、准确地应用，使体育教学评价更加高效、合理。通过不同的教学评价方法更好地反映学生在体育学习中不同方面的学习过程、结果，以获得更多、更全面的学生学习信息。

（3）评价标准的多元性

通过多元化的评价标准对学生的体育学习做出不同层次、级别的评价，以便更加全面地掌握学生的体育学习信息，通过多个不同标准的评价描述，使评价更加精准。

3. 过程性

教学实践表明，单纯重视教学结果的评价并不能真正反映教师和学生的教、学的情况，针对评价对象的"教"或"学"的评价不应该只注重结果，因其不能反映教师与学生的态度和自我教、学的进步。教学评价的过程性体现了体育教学评价的科学性，因此应该关注评价对象的"教"或"学"的过程，这也是教学评价强调重视对教学过程评价的原因。

阶段性的、一次性的评价结果是整个学习过程的综合反映，但是很难完全客观地反映每一个学生在体育学习中的进步程度，不同的评价对象之间存在个体差异，可能导致结果性评价是一样的，体现出结果性评价的局限性。

体育教学评价，应关注学生在体育学习过程中的进步过程，促进每一个学生都有所发展的体育教学就是科学的体育教学，学生的体育教学评价应关注学习过程。

4. 多样性

多样性的评价专指体育教学方法的多样性选择。对于体育教学来说，学生的学习态度、学习进度、学习成果等表现在多个方面，只使用一个教学评价方法不可能把学生多方面的表现与进步都进行充分的评价，为了评价更客观，应选用多个评价方法进行综合性、全方位评价。

教学评价内容与方法的多样性是相互对应的，具体来说，针对不同的评价内容应选择相应的评价方法，如此才能使学生的体育学习全方位地呈现出来，使评价更全面，对学生的了解更深入。

在新时期体育教学课程改革大背景下，体育教学关乎师生在体育教学中的共同发展与进步，针对学生、教师的评价更要求多样性，包括评价内容、评价方法、评价主体等各个方面，更多、更全的评价才有可能是更科学的评价，才能更真切地反映学生的"学"、教师的"教"的真实情况。

5. 发展性

体育教学评价的发展性表现在以下三个方面：

第一，体育教学评价旨在促进学生、教师、体育教学的全面发展与进步，体育教学评价的发展性，是指体育教学评价应重视对评价对象的发展进行评价，关注被评价者的进步性。传统体育教学忽视学生个人的体育发展需要，忽视学生的健康，教师只重视运动技能的传授，直接导致体育教学的训练化，在教学评价中只重视学生技能掌握，忽视了学生的体育兴趣、态度、能力以及情感等方面的发展。新时期，"以人为本""健康第一"等新的体育教学思想和观念明确指出，体育教学的目的是培养符合社会发展需要的人才，体育教学的多元教育价值被越来越多的体育教学工作者所认识，要求评价者应重视学生发展、重视教师发展，而非某一方面的发展。

第二，现代体育教学评价重视教学评价对象——学生和教师的长期发展，而不是某一次课、某一学期教学中的发展，教学评价的长期发展性评价标准使得整个体育教学不过分注重某一阶段的师生发展不足，而更关注师生的长期可持续发展。

第三，教学评价方法、方式与内容、标准也在不断发展与进步。教学评价本身的发展可以使针对不同对象的体育教学评价更加科学。

（三）体育教学评价体系的构成与构建

1. 体育教学评价体系的构成

（1）评价目的

体育教学评价体系是一个多对象、多因素的复杂系统，评价对象不同，目的不同。

评价目的是评价的依据，是评价的出发点。评价目的的分析与选择是构建科学体育教学评价体系的重要环节。在开始进行教学评价前，必须首先有一个准确、具体的目的。

（2）评价对象

评价对象是体育教学评价体系的重要构成要素之一，没有评价对象的评价体系显然是不完整的。

从体育教学活动参与者的角度来讲，体育教学应从四个方面评价：

1）教师的"教"包括两个方面：教师"教"的过程、"教"的结果。

2）学生的"学"包括两个方面：学生"学"的过程、"学"的结果。

通过对体育教学本质的分析，整个体育教学评价的对象可以结合教学主体——教师与学生，及其活动——教与学，共同构成教学评价对象体系。

在体育教学评价体系中，对评价对象的确定受体育教学客观规律的制约，具体来说，体育教学评价智能选择体育教学活动中的一个或多个对象，绝对"全面"的评价是不可能的，教学评价不可能一次涉及多个方面。

（3）评价主体

所谓评价主体，是指参与评价、对评价对象进行评价，并作出评价总结的人或机构。

在体育教学评价中，评价主体是多元化的，参与体育教学的主要活动者和体育教育教学工作者、研究者都可以成为评价主体，如教师、教学管理者、学者、管理人员、学生等，有时家长也作为评价主体对师生进行教学评价。

要成为体育教学评价主体，就必须具备体育教学评价的能力，了解教学评价的重要性与意义，做好评价信息收集工作，客观、全面做出评价。

（4）评价内容

评价内容也就是评价的指标体系。

在体育教学评价体系中，明确评价内容（指标体系）是非常重要的一个环节，也是评价者应重点研究的问题。就整个体育教学评价研究来看，教学评价内容也是当前完善体育教学评价体系迫切需要解决的问题。

任何一门学科的教学，包括体育教学，在各个时期都对教学所培养的人才有不同的要求，因此教学评价内容也就必然反映时代发展要求和社会发展需要。

针对不同的评价目标可以选择不同的评价内容，并确定评价指标，如了解学生体能素质发展的各个生理指标检测；了解学生学习态度的出勤率、作业质量等。

（5）评价方法

体育教学评价方法包括教育评价和心理测量的所有方法，它具有层次性，可进行多角度分类并根据实际评价需要进行选择。评价方法是否合理将直接影响评价效果。

（6）评价管理

评价管理是评价系统的重要构成要素，但也是容易被忽视的要素，实际上，评价管理将对整个评价操作产生重要影响，评价管理包括与评价有关的各种政策、条例和制度，对评价主体、评价过程具有思想教育和规范作用。

在体育教学评价体系中，要确保整个评价体系的完善，就必须明确、规范、有效地进行评价管理，这样有助于充分调动各种评价因素，促进评价工作的顺利开展与实施。

在宏观方面，现阶段，我国关于教育、教学评价的法规制度起步较晚，很多方面还存在诸多问题，影响体育教学的发展，需不断完善。

2. 体育教学评价体系的构建

（1）客观性原则

从宏观角度来说，体育教学评价应遵循客观理论和教学发展规律，任何内容与形式的体育教学评价都不能以个人的意志为标准来设置教学评价体系，体育教学评价应在科学评价理论的指导下，结合我国客观体育教学现状构建。

从评价主体角度来说，评价主体是人，人的思想和行为受到主观臆断或个人感情的影响，所得出的结论带有一定的主观意识，因此要尽量做到客观评价。

（2）科学性原则

进行教学评价都希望可以得到科学的评价，要实现科学评价，构建科学的教学评价体系是前提，教学评价体系的构建的每一个过程和环节都应该做到科学合理。

（3）全面性原则

构建体育教学评价体系应坚持全面性原则，教学评价应全面，否则就不能真实反映教学系统的整个过程与效果，这样的评价是没有意义的评价。因此，全面性原则是教学评价的一个非常重要的基本原则。

体育教学系统复杂，要做到整个体育教学评价体系的科学性与系统性，就要统筹兼顾各个方面，关注到评价体系各个要素是多元、多样、发展性、动态的，以及相互之间的关系，因此构建体育教学评价必须全面。

（4）可比性原则

从某种意义上来说，教学评价过程也是一个比较的过程。体育教学评价体系的构建必须具备可比性，要求评价结束之后应有一个具体的结论。

（5）导向性原则

体育教学评价体系要能够指导体育教学工作发展方向，并促进体育教学活动开展，推动教学发展。

新时期，学校体育教学不断发展，通过教学评价，不是得出评价结论就可以结束评价工作这么简单，重要的是发现教学中的问题、教学中需要改进的地方，并提出科学化建议与对策，不断优化教学过程，提高教学质量和水平。

体育教学评价过程中，对具体效果和行为作出评价并改进是最基本的教学目的，但不能仅仅停留在就事论事方面，而应把评价和指导有机结合起来，为以后完善教学提供启发、指导。

四、创新教育评价的功能与意义

（一）创新教育评价的功能

1. 导向功能

目前，我国高等教育评价，不管是合格评价、选优评价，还是随机评价，从它的全过程来看都属于形成性评价。它不仅对评价客体起到诊断、督促、激励的作用，使评价的主体和客体都获得全面而广泛的信息，更重要的是如何利用各种信息改进工作。高等学校创新教育评价的导向功能是指高等学校教学评价对评价客体的工作目标，以及所从事的教育教学工作的发展方向有很强的指导性、牵引性，即评什么、怎么评、什么是重点，将有力地引导评价客体在教育教学工作中朝什么方向发展、做什么、怎么做。高等学校创新教育评价的这种导向性可以使客体按照主体的意志（集中反映在教育方针和有关教育政策、规章和文件中）与要求去办学，使主体的意志为客体所认同，最终内化为客体的自觉行动。导向功能一般分为两大类型：一是强制性导向；二是激励性导向。强制性导向是指创新教育评价作为一种外在驱动力强制性促使受评者采取预期态度和行为的的一种功能形式。激励性导向是指激发内在动力，使受评者自觉自愿采取预期的态度与行为的一种功能形式。在教育评价中，主体对客体本来就有很强的制约作用，当教育评价的主体是教育主管部门时，其强制作用更加显著。

由于从开始准备评价到正式接受评价有一个相当长的发展建设时间，而且评价之后，还有一个相当长的整改时间。所以，高等学校创新教育评价必须将强制性导向与激励性导向结合起来，让受评学校认识到评价的意义，将强制性导向转化为激励性导向，充分发挥积极的导向功能。

2. 激励功能

激励功能主要是指高等学校创新教育评价具有刺激人的主体意识，激发人的行为动机，调节人的积极性和创造性的功效。高等学校创新教育评价的激励包含两层含义：一是评价本身作为一种外部诱因所产生的激励作用；二是通过教育评价活动，使被评价者处于激奋状态。前者是一种必然状态，只要人们有教育评价的渴求，实施教育评价就会产生一定的激励作用。现实中行政性评估采取"评建结合、以评促建"的做法，便是借助于学校师生有评价的需求（希望自身的工作、价值受人赞赏和被社会的认可），创建工作和迎评工作有较大的热情；后者则是一种使然状态。创新教育评价过程能否起到较好的激励作用，有赖于评价者对激励规律的把握和有效地发挥。现行教育评价活动中被评者存有消极防卫心理，便是教育评价工作挫伤了他们积极性的例证。现代创新教育评价要发挥很好的管理效用，就必须重视并追求评价所应有的激励功能。高等学校创新教育评价的激励功能分为自我激励功能和相互激励功能两个方面的内容：自我激励功能是被评价对象在自我评价中产生的；相互激励功能是在同行评价或行政评价中产生的。在这里要强调的是，高等学校创新教育评价激励功能的发挥，不能仅靠外界力的驱动，更不能依赖于"行政专制"的管理手段，而是要通过目标导向和模范的榜样作用，促使评价客体产生一种内在的心理动力机制。因此激励功能的产生需要一定的环境和条件，它是适应于具有较高思想觉悟和价值目标追求的教育群体，这个群体对教育工作具有强烈的事业心和责任感，把评价当成自我激励和自我奋进的手段。

3.改进功能

高等学校创新教育评价的改进功能主要指的是评价过程中的信息反馈具有及时强化成绩与经验、调控教育目标、修正错误缺失和引导前进方向的功效。在评价活动中，例如利用创新教育教学活动过程和结果的信息反馈，可以全面、客观地总结创新教育教学成绩，挖掘经验和典型，可以分析和诊断问题，找出其症结所在，并研究解决问题的办法。这一客观过程，使成绩和经验及时强化，使错误缺失及时调控和矫正，使教育系统中各种要素得到适当调整而形成最佳结构，教育目标、教育方案、教育过程、教育管理等都不断得到改进、完善和提高，从而达到教育系统的整体优化，取得最优效果。

4.鉴定功能

鉴定功能是教育评价系统结构本质的具体反映，它一般在教育评价实施定性、定量分析，得出评价结论时才充分表现出来。高等学校创新教育评价的鉴定功能分为选拔式鉴定功能和发展式鉴定功能。例如，在大学生创新素质的评价中，选拔式鉴定功能主要指依据创新教育的相对价值标准，按学生创新素质的优劣，确定每一个体在群体中的相对位置，从而"优中选优"，为较高层次的创新教育选拔合适的教育对象，以培养高素质的创新人才。这种具有选拔式鉴定功能的教育评价，是一种"效益型"评价，它注重创新教育的"效益原则"。发展式的鉴定功能是依据创新教育的绝对标准，按学生创新素质的发展水平，衡量和评鉴每一个体的目标到达度，将学生群体按不同的目标到达度分成不同的素质发展层次，然后创设适合每一目标层次需要的创新教育，促使不同素质发展层次的学生都能享受相应水准的教育，按各自的基点向前发展。这种具有发展式鉴定功能的教育评价，是一种"公平型"评价，它注重创新教育的"公平原则"。

5.教育功能

高等学校创新教育评价的教育功能具体表现在两个方面。一方面，表现在创新教育评价实施过程中的教育评价理论与方法的普及。教育评价是一项科学性极强的开创性工作，某一区域教育者的教育评价能力在一定程度上标志着其教育科学的发展水平。开展创新教育评价，需要进行创新教育评价理论的学习和研究，掌握创新教育评价的方法和技术。创新教育评价的准备、组织、实施过程，实际上也是向教育者宣传和普及教育评价科学知识的过程。评价课题的选定，评价方案的设计，评价组织的建设，评价信息的搜索、整理和计量，评价结果的解析，评价信息的反馈等，教育者都必须亲身经历全过程，这就使他们自然地在实践中获取了创新教育评价的科学知识，增强了创新教育评价能力，同时提高了创新教育水平。另一方面，表现在评价指标体系的客观要求与评价对象实际发展水平之间的矛盾。例如，在教师创新教学能力评价中，指标体系是评价的客观依据，它是关于教师创新教学素质发展目标的绝对标准，反映了社会发展对教师创新素质发展的客观要求。社会的客观要求与教师创新素质实际发展水平之间的矛盾运动，即是推动教师创新教学能力发展的动力，它将促使教师的创新素质结构发生变化，并不断产生质的飞跃，逐步进入更高的素质结构层次，这实际上就是促进了教师创新素质的发展。

(二) 创新教育评价的意义

我们知道，创新教育评价是实施创新教育必不可少的环节，没有关于创新教育的评价就不可能有真正意义上的创新教育。自 20 世纪 90 年代提出创新教育以来，许多人预测创新教育将很快成为我国教育创新的主旋律，但现实的情况却不如人愿。从全国的情况看，真正实施创新教育并且成绩显著的学校并不多，大多数学校的创新教育仍停留在形式化、平庸化、浅层次的局面。有些学校虽然开展了一些创新教育的尝试，但是真正坚持下去的极少。通过对一些学校的调研和对有关创新教育个案的分析，认为创新教育评价的不完善是其根本原因之一。

高等学校的创新教育评价作为一个研究领域来说是绝不可忽视的。不管是在理论的研究方面，还是在实践的探索方面意义重大而深远。目前，高等学校创新教育评价研究的目标应放在两个方面：一是提升高等学校创新教育评价研究的学术价值；二是设计一些有重大参考价值的高等学校创新教育评价方案，如高等学校创新工作评价方案、高等学校教师创新教学能力评价方案和大学生创造力测评等具有实际操作价值的高等学校创新教育评价方案。

五、学校体育教学评价体系的创新与发展

(一)体育教学评价的发展趋势

1. 科学化发展

体育教学评价的重要参考价值就在于其能科学反映体育教学的质量和效果，能给予师生良好的教学反馈来进一步完善教学。因此，体育教学评价将在体育教学中继续扮演重要角色并发挥重要作用，体育教学评价将更加科学化，这是发挥体育教学评价价值的重要前提。

就体育教学评价体系的构建来说，体育教学评价方法、内容、标准、主体等的选择和确定都应有一定的科学依据，体育教学评价应遵循体育教学的客观规律，以实现对不同教学对象、教学效果的科学评价。例如，每个年级教学任务有所不同，教师要做出整体教学评价，还应结合每个学生做出针对性的评价；各年级的评价体系并不一致，要做好阶段性评价。无论针对何种对象的评价、如何实施评价，都应当注重科学性，如此才能提高教学的质量和教学效果。

2. 创新性发展

随着现代体育教学改革中对体育教学评价的重视，关于体育教学评价的相关研究越来越多，不断有新的体育教学评价方法与标准被提出来。这些新的体育教学评价方法与标准的执行，为进一步完善体育教学评价体系，反映体育教学过程和效果做出了贡献，有利于促进整个体育教学的发展。创新是体育教学评价的一个重要发展趋势。

3. 可操作性

任何体育教学评价要想做到评价的科学实施，发挥评价的作用，都要注重体育教学评价的可操作性，否则，再好的教学评价方法、内容、标准都只能成为一种空想，无法实施的教学评价没有任何评价意义。

体育教学评价的可操作性是体育教学评价实施的重要前提和基础，也是未来体育教学评价发展的一个不可改变的基本要求。

(二) 体育教学评价体系的创新、完善策略

1. 转变教学评价观念

体育教学过程是一个动态的发展过程，针对体育教学的评价也必然需要不断适应新时期时代与社会发展对体育教学的要求，更新与创新评价工作观念具有重要的现实意义。

2. 创新教学评价方法

体育教学过程是开放性的，体育教学评价过程也是一个复杂的过程，科学的教学评价需要多元化的评价指标、多种类教学方法的综合评价，如此才能做出全面、正确的评价。

3. 科学制定评价指标

在体育教学评价中，科学制定评价指标非常关键，科学的评价指标能确保体育教学评价的科学开展，否则就不能做到对评价对象的科学、全面、客观评价，不能真实地反映评价对象的教与学的情况。

科学制定教学评价指标，具体要求如下：(1) 在拟定教学评价指标时，以评价内容的内在逻辑结构为依据，认真分析，逐级、分层次分解教学评价指标。(2) 以个人或集体的经验为依据，对评价指标的重要性进行科学、正确地衡量，选择最佳评价指标。(3) 教学评价实践过程中，观察体育教学评价标准是否科学、合理，如有不妥，应对评价指标及时做出调整。

4. 丰富教学评价主体

科学的体育教学评价必然是全面的体育教学评价，这种全面性要求在针对某一个教学个体和群体进行教学评价时，应尽可能多地选择教学评价主体，更加全面地了解教学评价对象体育教学方面的各种信息。

具体来说，在体育教学评价中，与体育教学相关的各身份主体都应该作为体育教学评价主体被考虑，如教师、学生、学校领导、专家学者和学生家长等。

5. 丰富教学评价内容

高校体育教师应树立与时俱进的教学观念，丰富体育教学评价内容，注重对体育教学进行评价，推动体育教学评价工作的高效开展。

以对学生的体育学习评价为例，高校体育教师既要关注对学生基础体

育知识与相关技能的培养，还要通过体育训练，帮助学生树立科学的体育意识、体育价值观，完善学生人格，培养学生良好体育习惯，帮助学生制订体育运动和健身计划，持续参与体育健身活动和体育学习，进而实现体育教学目标，凸显体育教学价值。

6. 建立教学评价档案

每一次的教学评价对之后的教学改进都具有指导、参考、启发作用，为了更好地总结经验与教训，应做好评价归档工作。教师应为每个学生建立评价档案，学校在对教师的评价工作中也要为每个教师建立评价档案。

7. 健全评价反馈和保障机制

要构建完善的体育教学评价体系，促进体育教学评价的科学化发展，就必须建立健全教学评价反馈和保障机制，不断提高体育教学评价的科学性与规范性。

首先，学校领导和相关部门应善于深入教学评价实践、总结经验，广泛听取师生意见和建议，及时收集和整理评价信息。

其次，应在体育教学评价反馈机制建立的基础上建立完善的评价监督机制，以便引导、规范体育教学评价中各参与者（包括评价者、被评价者、评价管理者）的各项工作都正常、合理开展，对教学评价中的各个环节进行监督和控制，避免利益、人情的干扰，使整个体育教学评价更加客观、真实、有效。

第五章 现代排球运动教学理论分析

第一节 排球运动概述

一、排球运动的特点

(一) 击球技术特点

1. 身体所有部位均能击球

目前，所有的球类运动都对触球时的身体部位做了限制，即明确规定了合法触球部位，但排球运动竞赛规则对此则并未做特别的规定，允许运动员用身体任何部位触球。因此，参与排球运动能使人的才能和各种高超的击球技巧充分展现出来。

2. 空中击球且触球时间短

不管在排球比赛过程中，还是参与排球游戏，运用各种击球技能时，都必须击空中的球。这就使人们的时间感和空间感得到了充分的锻炼，获得了一定的提高，而这是其他球类项目无法比拟的。"持球"是排球竞赛规则中明确禁止的，即不允许击球者在击球部位停留过长的时间。如此便于排球运动员在比较短的触球时间内正确判定球的力量、速度、角度等，也能够培养和提高排球运动员把来球击向预定目标的控制能力。

(二) 战术配合特点

在排球比赛中，双方队员都有 3 次击球机会，他们会抓住每一次机会来精心设计和巧妙配合，力求在瞬间完成高质量的战术组合和攻防转换，将运动员高超的战术意识、配合意识和配合的准确性体现出来，同时也是排球运动战术高度技巧性和严密集体性的重要体现。

(三) 竞赛规则的特点

1. 攻防技术的两重性

排球运动员在比赛过程中运用不同类型的排球技术，往往面临着得分和失分两种可能，所以说排球攻防技术拥有两重性特征。对于排球运动来说，任何一项技术均是攻中有防、防中有攻，进攻和防守之间是相互转化、相互限制的关系。针对这种情况，排球运动员应当全面掌握排球运动的基本功及技术。

2. 记分方法独特

在每球得分制的排球比赛中，发球队胜 1 球计 1 分，接发球队胜 1 球计 1 分，同时获得发球权。

(四) 场地器材设备的特点

室内场地和室外场地都可以作为排球运动的场地，仅需达到空间宽敞的要求，另外地板、沙地、草地也可以。允许广大群众结合自身的运动目标、运动需求，选取包括软式排球、沙滩排球在内的多种形式的排球运动。就比赛规则来说，排球运动的各项规则相对简单、能够变通。参加排球运动的人数比较灵活，可多可少，排球运动负荷也可根据实际情况进行调整，可大可小，不同性别、年龄、体质和运动基础的人都能够在不同场地上参与。

二、排球运动的价值

(一) 锻炼良好的身体素质

排球运动的竞技性与娱乐性并存，不同年龄、性别、技术水平的人都可以参与这项运动。参加排球运动可以使人体中枢神经系统和内脏器官的功能状况得到改善，可以使人的基本身体素质与专项身体素质以及运动能力得到不同程度的提高。总之，排球运动在增进健康、强健体魄方面发挥着重要作用。

(二) 锻炼良好的心理素质

参与排球运动能够使人们对自己的情绪进行有效的控制，对自身的心理进行良好的调节。例如，在排球比赛中，当自己连续失误时，要尽快让自己冷静下来，思考突破的方法；在比分落后时，要沉着从容，不要灰心；在争夺关键分时，要果断进攻，树立自信等，这都能够起到锻炼和培养良好心理品质的作用。

(三) 培养团结拼搏的良好品质

排球竞赛规则中明确规定，比赛中球不能落地，击球至多3次必须过网。在比赛中，运动员总会因为判断失误或其他原因而无法接球或无法接到位，此时同伴随时都要做好弥补别的同伴失误的准备，要不断奔跑补救，以发挥本方进攻力量，为下一次击球提供便利和机会。可见，排球运动有利于对良好的体育道德作风、集体主义精神及顽强拼搏的意志品质进行培养。

(四) 强化参与者的信息意识，使其配合及应变能力得以提高

立足于特定角度来分析，可以将排球运动理解成凭借判断决定行动的一个运动项目。纵观现阶段的排球比赛能够发现，准确判断已经演变成运动员制胜的一项关键因素。眼观六路、耳听八方是运动员准确判断的基础。在比赛场上，运动员要对对方和同伴的动作、击球声音、场上布局等进行观察，以此为依据对将要发生的事情进行预测与判断，并迅速做出相应的决策。排球比赛离不开集体配合，每个人发挥自己的特长都需要取得同伴的支持，要在同伴发挥特长的前提下共同提高本队战斗力。因此，运动员必须相互配合，相互观察，才能默契合作。此外，排球比赛中球不能落地，运动员不能持球，这对运动员的应变能力提出了较高的要求。所以，排球运动对于提高人的灵敏性、应变能力和协调配合能力具有重要的作用。

(五) 振奋民族精神

排球运动在振奋国人精神方面一直都具有重大的影响。20世纪80年代，中国女排取得的"五连冠"更是产生了深远的影响，在国人心中，中国女排

代表的就是拼搏精神与品质。

三、我国排球运动的发展对策

(一) 科学选材

现如今我国科学化训练不断发展，必须加强科学选材，制定符合排球项目发展规律与要求的选材指标和评价标准，包括身高、上肢长、跟腱长 /下肢长、指距 / 身高等。学校与教练员一定要严格按照选材指标合理选材，避免只靠主观经验与熟人推荐等选材方式，以提高排球后备人才的培养。

(二) 提高教练员的执教水平

在信息化社会，任何知识与信息都在不断更新与发展，业余体校排球教练员必须重视再学习与再提高，只有持续学习，积极采用最新的训练方法，掌握最新的科学知识，才能保证在训练学生时不盲目。学校要加强教练员的人才流动，人才流动是人才成长的一个过程。教练员如果长时间局限在某个地区或者岗位，其自身能力的发展会受到极大限制，通过人才流动，教练员可以学习到新知识，并完善自身的训练方法。对教练加强岗位培训与考核，鼓励教练员相互交流，每年对教练员进行 1～2 次的岗位培训，每次培训时间不能低于 3 天，要选出部分教练员到专业院校进修，学习时间不能低于 15 天。聘请专家到学校定期辅导，对训练实践中存在的问题进行指导。学校要定期对教练员进行考核以提高教练员学习的积极性与主动性。建立合理的奖惩制度，完善对教练员的评估与升降方法，引进竞争机制，健全教练员队伍，这样不仅能提高教练员的理论水平与技能素质，还能调动他们的积极性与主动性。

(三) 提高排球运动员的整体素质

进入 21 世纪后，现代排球运动的竞争关键在于人才的竞争。要求排球教练员和运动员都应具有逆向思维和多向思维能力，同时要运用先进的训练理念和方法，不断提高运动员的身体、技战术、心理等各方面的素质，从而缩小与其他世界强队的差距，赢得比赛。

(四) 把排球运动员的文化课学习摆在更加重要的位置

要想有效解决运动员的文化教育问题，必须转换教学观念，学校领导与教练员要明确文化水平与运动成绩之间的关系，将训练与文化学习一视同仁，制定能够实现运动员全面发展的具体规划，对运动员的文化学习要提高要求，制定出科学具体的学习标准与目标。让学生认识到文化学习的重要性，知道想要提高自身文化素质只能靠自己努力，变被动学习为主动学习。

(五) 自觉建立排球运动员的技术档案

教练员要为每位运动员建立完整的技术档案，档案要包括运动员的比赛成绩、训练表现、身体形态、文化成绩、身体素质等，排球管理中心要建立后备人才信息网，教练应及时将学生技术档案输入其中，便于排球管理中心及时了解运动员信息，选调有培养前途的运动员参加更高层次的训练。这也可以防止假引进与虚报年龄等现象的出现，不但能提高体校管理水平，还能促进运动员的发展。

(六) 妥善安置退役排球运动员

随着市场经济体制在我国的建立和体育改革的不断深入，特别是国家劳动人事制度的改革，退役运动员的就业安置难度愈来愈大。

针对这种情况，根据社会需求，从退役运动员文化基础和择业意向的实际出发，加快建立退役运动员职业培训机构，在安置前对他们开设各种社会实用技能培训班、辅导班，以拓宽其就业与择业的渠道。同时，国家有关部门应加快退役运动员安置措施与制度的制定和完善，保障他们的合法利益。

(七) 拓宽排球运动经费来源的渠道

动员社会力量对业余体校进行赞助，拓宽筹资渠道，改善业余体校体育场馆设施。引入市场机制，与企业联合办体育，有偿培养、有偿输送。政府也要加大资金投入，设立专项资金，按照业余体校发挥作用的大小给予一定比例的配套资金，对于资金严重缺乏的体校，要解决它们的基本训练设施问题，做到体教结合，为排球运动的基本训练提供保障。

（八）消除排球竞赛中的不公平现象

随着排球运动职业化和市场化的不断发展，排球比赛的营利性愈加浓厚。特别是排球比赛实行每球得分制以来，比赛中的每一个球都关系着整个比赛的输赢，其对球员的奖金和名次起着决定性的作用。因此，为了保证比赛的公平性，对排球比赛中发生的"黑哨"、不公平判罚等不良行为要严厉制止和打击。

（九）优化排球运动的发展环境

在排球运动的发展过程中，经济环境、政治环境、法律环境、人文环境等都会对其产生不容忽视的影响。以排球运动训练和比赛为例，这些环境产生的影响如下：（1）排球运动训练和比赛是在不同地域中进行的。一定地域中的气候、地形、水和能源等自然条件是人们进行排球运动的客观物质环境。由于这些生态环境影响着空气和气候、水、食物等生命必需物质的摄取，对人体机能产生了重要影响。（2）一定地域的时差、气候，气象环境、高原环境、冷热环境等的变化也对运动条件具有重要影响，且间接地影响着运动员的身体机能和情绪，最终决定运动员能力的发挥以及比赛的胜负。（3）生物气象学家认为，人体内的化学反应是随着天气的变化而变化的，要求排球教练员在指导运动训练时，必须充分考虑气象、气候因素，并根据气象、气候变化来安排运动训练。（4）随着排球比赛规模的不断扩大，比赛场馆与辅助设施等势必对自然环境造成较大压力。

因此，面对各方面的情况，只有坚持不懈地对自然环境与社会环境进行优化，才能为排球运动的发展创造相对理想的环境。

（十）要加强对业余训练体制的完善

所谓制度改革，就是内部利益的调整，要处理好体育局与教委等群体的利益关系，强化两者之间的紧密结合以提高业余训练工作的开展效果，促进体育与教育的配合，优势互补，推动业余训练的可持续发展。

四、排球运动发展趋势

(一) 排球运动的职业化趋势

《体育大辞典》中指出运动员或者运动队已经由从事竞技专项中的训练与竞赛工作转化为自身职业，呈现由事业型体制向企业型体制不断转换的发展趋势，其最为明显的特征包括两个方面，即社会企业的直接参与和竞技俱乐部体制的建立。职业化排球不仅是排球运动商品化的彰显，同时也是排球运动发展走向的重要体现。在职业化的推动下，能够使排球运动员自觉投身到排球事业中，通过参与排球比赛得到相应的报酬。在这些客观条件的推动下，排球运动比赛场面必然更加紧张和激烈，比赛越激烈越能吸引更多的球迷和观众，进而创造的经济效益也就越高。

(二) 排球运动的可持续发展趋势

在社会主义市场经济可持续发展的大背景下，我国排球运动也在可持续发展之路上愈挫愈勇。首先，我国排球运动实施可持续发展的根本目的是在时间维度与质量维度两个方面紧跟中国社会的发展步伐，逐步满足人们对于排球运动的发展需求。

从哲学角度进行分析，可持续发展是指不以人的意志为转移，同样中国排球运动也不会受到部分条件与因素的影响与制约，同时还具备独特的层次逻辑与结构系统。中国排球事业的发展拥有自身特有的规律与原则。提高国民体质水平以及运动员的整体运动水平，推动社会主义物质文明建设与精神文明建设，是我国开展体育运动的根本目的，故而发展中国排球事业同样要始终遵循可持续发展原则。在社会大背景下，我国体育事业同样也在向着产业化与社会化方向发展，因此排球运动只有在顺应社会发展趋势的情况下才能从真正意义上实现可持续发展。除此之外，建立充足的校园后备力量，不断为中国排球事业输送人才，同样能够为中国排球事业可持续发展提供坚实保障。

(三) 娱乐性排球将会成为一种新趋势

在整个社会以及竞技体育蓬勃发展的大背景下，人们对于健身运动的关注度逐年上升。但因为专业排球运动的技巧性与对抗性相对较高，广大群众自学的难度相对较大，打球过程中捡球时间明显长于玩球时间，故而加重了人们内心的挫败感，降低了人们参与排球运动的积极性，对排球运动的普及产生了消极影响。在这一形势下，娱乐性排球应运而生。

除健身功能外，排球运动在休闲、娱乐、社交等方面也拥有独特价值。排球运动对于场地设施方面的要求相对较低，动作简单易学，相关规则通俗易懂，是广大群众闲暇时间开展娱乐活动的选择之一。沙滩排球、气排球、软式排球等均是现阶段较为常见的娱乐性排球运动。因为排球运动简单易学、发展历程源远流长，因而逐步发展成为深受广大群众喜爱的球类运动之一。

(四) 排球运动战术向高准度、全方位、多变化、多元化、快速敏捷的方向靠拢

随着国内外交流的增强和各方面技术的发展，亚洲的快速敏捷多变化打法特征与欧洲的高准度强力击球打法正在不断地融合，结合它们各自的精华形成一种新的打法，拥有自己独具特色的风格特点。各国队伍都在自己原有的基础上吸取他队精华，去其糟粕，不断地发扬属于自己队伍的特色。如亚洲队伍突破了自己的攻球能力，把高度、速度、变化三者结合，形成了自己独特的打法；欧洲队伍在继承原有的基础上，突破了身体的极限，动作更加灵巧与敏捷，实现了强攻、速度与技巧的新型结合打法。

队员的身体条件与状况也决定了每个队伍的特色，身高高的队员会在夺球中具有优势，而弹跳力好的队员在进攻方面，以及发球方面具有自己独特的优势，所以，现代排球很多队伍都会选拔一些身高较高的队员和重视弹跳力的培训。在一场比赛中，胜负的结果往往取决于各队的争夺能力，现代排球技术拥有强大的进攻和严密的拦网与防守技术，正在向快、强、高、巧的方向发展。

在排球运动赛场上情况多变的影响下，排球运动正朝着加快进攻、多

变战术技术的方向发展，而拦网并非只意味着防守，相反拥有防守与进攻的两重性，在全方位的防守下寻找进攻突破点，快速进攻，从而取得比赛的胜利。

第二节　排球课程教学开展的学科基础

一、运动生理学基础

(一) 运动负荷

1. 运动负荷的本质

运动负荷是把身体练习设定为基本方式，在此基础上对机体产生有效刺激。机体对这种刺激所做出的反应表现在生理和心理两方面，这里说的运动负荷就是生理上的负荷，也就是机体承受的运动刺激。在运动负荷的强烈刺激下，与运动相关的各器官系统的机能状态都会受到程度不等的影响。因此，生理负荷量可以用相关生物化学的指标来衡量。运动负荷的外部表现为量和强度；其内部表现则为心率、血压、血乳酸等生理机能指标的变化。运动负荷越大，刺激强度则越大，机体出现反应的程度也越大，各项生理指标会出现明显变化。

2. 机体对运动负荷的反应特征

(1) 耐受

当排球运动员参与运动时，对于运动带来的负荷刺激，身体具有一定的耐受能力。这种耐受能力的强弱和保持时间的长短取决于两个因素：一个是运动负荷强度的大小；另一个是运动员训练水平的高低。机体耐受阶段表现出比较稳定的工作能力，能高质量地完成训练任务，因此训练课要在这个阶段进行主要任务。机体对运动负荷的耐受程度有较大的个体差异，并受许多因素如训练负荷的量和强度、训练后机体机能的恢复程度及运动员的身体机能状态等因素的影响。

(2) 疲劳

机体在承受一定时间的运动负荷刺激之后，机体的机能和速率逐渐降低，这时就会产生疲劳。让运动员疲劳到什么程度、训练多长时间后出现疲劳，完全取决于训练的目的。训练过程中只有达到一定程度的疲劳，在恢复期才能获得预期的超量恢复效果，这样才会提高运动员的运动水平。

（3）恢复

当排球运动训练结束后，排球运动员通过饮食补充能量，机体吸收营养后开始补充和恢复训练过程中所消耗的能源物质，修复紊乱的内部环境，使机体各器官系统的机能恢复到训练前的状态，以完成机体结构与机能的重建。通常情况下，机体疲劳程度往往会对需要的恢复时间产生决定性作用，恢复时间会随着疲劳程度的加深而增长，随着疲劳程度的减退而缩短。

（4）超量恢复

在排球运动中，消耗的能源和降低的机能在运动结束后不仅能恢复，而且会超过训练前的水平，这种现象称为超量恢复。通常对于运动员来说，运动负荷量越大、强度越大，身体的疲劳程度越深，则运动后的超量恢复越明显，越能提高运动能力。

（5）消退

通过运动训练所产生的机能提高和运动能力提高是不可能永远保持的。若不及时在已获得的超量恢复的基础上提高负荷，寻求新的运动刺激，则已经产生的训练效果保持一段时间后又会逐渐消退，机体机能又下降到之前的水平，这种现象称为机体对运动负荷刺激适应的消退。要想促使排球运动的训练效果稳步提升，一定要在上次训练产生超量恢复的前提下，高质量完成下次训练加量的准备工作。

3. 机体对运动负荷的适应与训练效果

（1）机体对运动负荷的适应性

应激性和适应性是生物机体具有的基本特征。机体不仅具有对刺激产生反应的能力，重要的是具备适应的能力，人体对运动负荷刺激的适应也同样具有这一特性。长期系统的运动训练使机体各器官系统的形态、结构、生理机能等方面因为适应训练的强度而发生改变，如系统力量训练引起的肌肉肥大、肌纤维增粗和肌肉力量增长，耐力训练引起的"运动性心脏增大"等都是在长期运动负荷刺激下机体产生的一系列良好适应。

（2）训练效果

运动训练的本质就是根据身体练习或某些项目的技战术练习，给予机体各器官系统一系列的生理负荷刺激，使训练者在身体形态、生理功能和生物化学等方面发生一系列积极的适应性变化，从而提高运动能力，这一良好的适应性变化称为训练效果。

在排球运动训练后的恢复期，所消耗的能源以及酶等物质不仅得以恢复，而且会发生超量补偿。运动中所损伤的肌纤维不仅得以修复，而且修复后的肌纤维有所增粗，还能产生更大的收缩力量。故而恢复期中既有机体结构的改善，称为结构重建；又有机体机能的提高，称为机能重建。长期的运动训练，在实际过程中反复出现"刺激—反应—适应"的过程，是机体对运动负荷刺激从不适应到逐步适应的过程，也是身体结构与机能不断破坏与重建的循环往复的过程。这些过程结束之后，人体的运动能力往往会出现大幅度提升。

（3）运动负荷阈

在排球运动过程中，机体承受的生理负荷是对机体的有效刺激，是引起各器官系统功能产生适应性变化的原发因素。但刺激引起机体出现反应与适应的程度与刺激强度的大小有关。运动负荷过小，不足以给机体带来足够的刺激，则很难引起机体的适应性变化；运动负荷过大，给身体带来超出承受范围的刺激，不仅不能提高适应能力，反而会伤害运动员的身心健康，甚至出现运动损伤，并可发生过度训练或过度疲劳等病理性改变，导致不良后果，因为机体对不适宜的刺激也能发生适应性改变，但其适应的结果往往是消极的，不是运动员所希望看到的。因此，只有在生理范围内的适宜刺激，才能加快机体适应，并使机体的形态、结构与生理机能产生运动员希望出现的良性适应。要注意的是应结合运动员自身情况制定训练量和强度，并非训练量越大训练效果越好。

（二）影响体能训练的生理学因素

1.影响速度素质训练的生理学因素

（1）影响反应速度的生理学因素

1）中枢神经的兴奋状态

机体的反应速度受中枢神经系统兴奋状态的影响，其兴奋度越高，机体的反应速度越快。当然，如果运动员中枢神经系统的兴奋程度降低或者运动员处于过度疲劳状态或休息不好等，那么运动员的反应速度也会下降。

2）反射活动的复杂程度

反射活动的复杂程度决定反应时的长短，其对机体的反应速度产生重要的影响。反应时是机体接受刺激与做出肌肉动作之间的应答时间。反应时的长短主要取决于感受器的敏感度、中枢信息加工时间以及效应器的兴奋性，具体涉及以下过程：机体某些感觉器官被刺激而兴奋→兴奋沿传入神经传到中枢神经→大脑中枢根据过去的经验对传入的兴奋进行分析（刺激方式越复杂，中枢神经对信息加工的时间越长）→中枢所发的冲动沿着传出神经传到机体相应的肌肉群→肌肉根据刺激的特点与要求做出相应的应答。

3）刺激强度

机体的反应速度同样受刺激信号强度的影响，信号对机体的刺激越强，机体对信号的反应越大。

4）注意力集中度

机体反应速度受个体注意力的影响，注意力的集中程度越高，机体的反应速度越快，反之，个体的注意力集中程度低则反应慢。

5）遗传因素

反应速度受遗传因素的影响较大。根据相关调查研究，机体的反应速度中遗传力高达 75% 或以上。

（2）影响动作速度和位移速度的生理学因素

1）身体形态和发育

运动员的身体形态和发育状况在很大程度上对其速度素质具有重要的影响，二者具有十分密切的关系。身体形态对速度素质的影响主要取决于运动员四肢的长度。如果其他条件相等，那么上、下肢的长度与该部位的运动速度成正比。人体四肢的运动形式是肢体桡关节轴的转动。运动员的手或脚到轴心的距离越远，运动速度越大。一般认为，短跑运动员的身体不胖不瘦、下肢较长、跟腱长、踝关节较细的动作速度和位移速度快。

2）能量供应

在校园排球课程教学中，人体肌肉收缩速度受以下几项因素的影响比较显著：第一，肌纤维中动用化学能的速度与强度；第二，兴奋从神经向肌肉传导的速度与强度；第三，机体化学能转变为收缩机械能的速度与强度；第四，机体释放和分解三磷酸腺苷（ATP）的数量与速度。

3）肌肉力量

从力学角度分析，加速度是影响一定时间内速度大小的决定性因素，而加速度大小取决于克服阻力做功的力量，力量越大，加速度就越大。对于人体来说，体重是需要克服的最大阻力，因而人体质量（体重）与加速度成反比。想要提高动作速度，运动员可以通过提高力量素质和减少人体质量带来的阻力两个方面实现。而我们知道，人体力量与体重之比是相对力量，因而，相对力量才是决定动作速度和位移速度的决定性因素，所以相对力量越大，肌肉在运动时就越容易克服内、外部阻力。因此，影响肌肉相对力量的因素必定会对动作速度和位移速度产生影响。

4）肌纤维百分比

研究表明，人体肌肉快肌纤维百分比与机体快速运动的能力成正比，速度性项目优秀运动员机体的快速运动能力比耐力性项目运动员的机体的快速运动能力要强。优秀的短跑运动员的快速运动能力惊人，其肌肉快肌纤维百分比可高达95%。

5）神经系统的功能特点

神经系统可以有效支配与控制肌肉活动。运动生理学指出，人体完成不同形式的快速运动都是在神经中枢活动高度协调的支配作用下完成的，也可以理解为机体在支配作用下表现出的动作速度与位移速度。提高神经中枢活动的高度协调，能保证运动员在提高动作速度和位移速度的过程中，促进机体迅速组织必要的肌肉协作参与活动，抑制对抗肌（肌肉内部的阻力）的消极影响，从而表现出较高的运动速度。

6）遗传因素

众多实践结果表明，个体遗传因素能够对排球运动员的动作速度与位移速度产生相对明显的影响。

2. 影响力量素质训练的生理学因素

（1）最大肌肉横断面积

最大肌肉横断面积是指横切某块肌肉所有肌纤维所获得的横断面面积，

最大肌肉横断面积是由机体肌纤维的数量及肌纤维的粗细决定的，其通常用平方厘米（cm^2）表示。生理学研究表明，人体每平方厘米横断面积的肌肉在最大用力收缩条件下可以产生 3 ~ 8 千克的肌力。机体肌肉的最大横断面积与该肌肉的力量存在正比例关系，即肌肉的最大横断面积越大，肌肉力量也就越大。

（2）肌肉初长度

运动员的肌力大小与肌肉收缩前的初长度有密切的关系，二者成正比例关系。通常情况下，肌肉收缩前的初长度越长，肌肉收缩的张力及缩短的程度越大。出现这种生理现象的原因反映在两个方面：一方面，肌肉本身具有弹性，在受到快速牵拉时可弹性回缩；另一方面，肌肉拉长时，肌梭感知肌纤维长度变化而产生冲动，通过牵张反射机制提高了肌肉的对抗力，即用肌纤维的回缩形式对抗肌肉被动拉长。对于排球运动训练而言，肌肉初长度对运动员各项动作的发挥情况有显著作用。

（3）肌纤维类型

依据肌肉的收缩特性进行分类，肌纤维可分为快肌和慢肌两种类型。二者相比，快肌产生的收缩力更大。因此，运动员的骨骼肌中快肌纤维百分比高、横断面积大、直径大，则肌肉收缩力量大；反之则小。

通常情况下，人体肌纤维的发展状况会在一定程度上受到遗传因素的影响，但是先天条件的影响较小，最重要的是受后天训练因素的影响。例如，在田径运动项目中，短跑运动员拥有较多的快肌纤维。另外，研究发现，快肌的纤维横断面积、快肌的收缩力量、慢肌的纤维横断面积和慢肌的收缩力量等可以在力量训练的影响下相应增加，但快肌纤维增加的速度比慢肌要快。

（4）神经因素

1）中枢驱动

中枢驱动是指人体中枢神经系统动员肌纤维参加收缩的能力。在体能训练过程中，运动员肌肉收缩力的大小与参与运动的肌纤维数量多有密切的关系，但并不是所有的肌纤维都在肌肉进行最大用力收缩时参加收缩。对于缺乏训练的运动员而言，机体只能动员肌肉中60%的肌纤维参加肌肉的收缩活动，优秀运动员在运动中，肌肉的收缩可以同时动员肌肉中90%以上的肌纤维。中枢驱动作用是支配运动员机体中肌肉的运动神经元放电频率及其同步变化，通过力量素质训练能够有效提高运动神经元的放电频率，进而增强中枢驱动能力。

2）神经中枢对肌肉工作的协调及控制能力

排球运动员在参与运动全过程中，完成各项动作是身体各部分肌肉共同工作实现的，机体各个肌肉群往往会在相关神经中枢的支配作用下完成有关工作。因此，运动员应注意改善机体神经中枢对肌肉工作的协调和控制能力，提高主动肌与协同肌、固定肌、对抗肌等之间的协调能力，使不同的肌肉群协调一致地共同工作，发挥肌肉群的最大力量。研究发现，主动肌运动受力量训练的影响，力量训练可以提高肌肉在收缩时产生力量的大小。

3）中枢神经系统的兴奋状态

中枢神经系统的兴奋状态促使机体大量释放肾上腺素、乙酰胆碱等生理活性物质，进而促使肌肉力量增强。研究发现，人在极度激动或紧急情况下会发挥超大力量。分析出现这种现象的主要原因能够发现，一方面是因为人的情绪极度兴奋造成肾上腺素分泌大量增加；另一方面是因为大量增加的肾上腺素提高了肌肉的应激性，同时神经中枢发出了强而集中的冲动，机体的"储备力量"得到了迅速的动员。

除以上几项影响力量素质训练的生理学因素之外，性别、年龄、激素等同样发挥着重要作用。

3.影响耐力素质训练的生理学因素

（1）有氧耐力

1）氧运输系统的功能水平

呼吸系统、血液、循环系统共同构成了人体的氧运输系统。氧运输系统的功能和任务主要是完成运输氧气、营养物质和代谢的产物，对机体的有氧耐力有重要的影响。

2）神经系统的调节能力

作为一名排球运动员，要想拥有良好的耐力基础，需要达到以下几项要求：第一，神经系统能够在长时间内处于兴奋状态；第二，神经系统拥有较强的抑制节律性转换能力；第三，运动中枢与内脏中枢具有较好的协调活动能力，以保持肌肉收缩和舒张的良好节律；第四，运动器官与内脏器官可以进行切实有效的配合。由此可见，从根本上改善神经系统的调节功能，有助于排球运动员的神经系统活动进一步适应耐力运动的相关需求，这是排球运动员提高耐力素质的关键性生理学基础之一。

3) 骨骼肌的氧利用

骨骼肌的氧利用情况对耐力素质训练也具有一定程度的影响。运动员的氧利用状况主要表现为以下几个方面：① 人体的肌肉组织主要是从流经其内部的毛细血管的血液中摄取和获得氧气；② 在影响耐力的机体机制中，心输出量是其中的核心影响因素，肌纤维类型的比例构成及其有氧代谢能力是次要的影响因素；③ 机体在运动时，骨骼肌的氧利用能力受无氧阈的影响，以无氧阈的最大吸氧量比值为例，比值越高，肌肉的氧利用能力越强。

4) 能量供应水平

研究表明，运动员在参加耐力性运动时，机体的大部分能量都来源于机体内部肌糖原和脂肪的有氧氧化。因此，机体的肌糖原含量不足可以明显影响运动员的耐力水平，在运动前或运动过程中，通过合理训练而使机体的肌糖原储备增加、有氧氧化的能量利用效率提高、肌糖原利用节约、脂肪利用比例提高等，对提高运动员的耐力素质十分有益。

5) 能量利用效率

在单位耗氧量条件下，机体在运动中做功的能力就叫能量利用效率。相关研究证实，在运动员的其他机体因素相同或相似的情况下，耐力素质高低的差异更多来自机体能量的利用效率，影响率最高可达65%。

(2) 无氧耐力

1) 骨骼肌的糖无氧酵解供能能力

骨骼肌的糖无氧酵解供能能力对运动员的无氧耐力具有重要影响。肌糖原在运动中的主要作用是通过无氧酵解为机体提供能量，这也是运动中无氧耐力的主要能源的来源。在运动过程中，肌糖原的无氧酵解能力主要受肌纤维百分构成，以及糖酵解酶催化活性的影响。有关学者的研究成果表明，在各类代谢性质的运动项目中，运动员的肌纤维百分构成与糖酵解酶活性之间存在很大差异，这也是导致运动员无氧耐力差异的一项重要原因。

2) 肌肉对酸性物质的缓冲能力

对排球运动员而言，肌肉对酸性物质的缓冲能力影响着其耐受能力。

细胞内以及机体内环境理化性质的改变会影响机体的运动能力，尤其是影响机体的耐力。机体内部的理化性质的变化主要是由肌肉糖酵解引起的，H+ 肌肉糖酵解的产物，可以在机体的肌细胞内大量累积，甚至可以扩散到血液中改变血液的酸环境，进而导致肌肉内酸性物质增加，影响机体的耐力素质水平的正常发挥。

在人体中，肌肉和血液中存在着缓冲酸碱物质，保持机体内环境 pH 稳定。这种缓冲物质是一种混合液，由弱酸（如 H_2CO_3）、弱酸与强碱生成的盐（如 $NaHCO_3$）按一定比例组成。研究表明，提高机体的耐酸能力是提高机体的无氧耐力水平的一项有效途径，但无氧耐力训练不会直接提高排球运动员机体缓冲酸碱物质的水平，而是在训练过程中加强运动员因酸碱物质产生的不适应感，由此使排球运动员的耐受能力得到大幅度提升。

3）神经系统对酸性物质的耐受能力

神经系统对酸性物质的耐受能力在一定程度上也影响着运动员的无氧耐力素质。从总体上来讲，人体的内环境是酸性的，在安静状态下，人体血液的平均 pH 为 7.4，骨骼肌细胞液的 pH 约为 7.0。这是因为酸性物质在机体内积累的速度很快，肌肉和血液中存在的能缓冲酸碱的物质来不及进行足够的缓冲以维持酸碱平衡。在运动状态下，机体的骨骼肌细胞内和血液 pH 会有所下降。其中，血液 pH 可能降到 7.0 左右，骨骼肌细胞液的 pH 可能降到 6.3。

经过相关实践证明，机体的神经系统不仅可以协调运动肌的驱动，还可以协调不同肌肉群之间的活动。这对于提高运动员的无氧耐力水平具有十分重要的作用。

4.影响柔韧素质训练的生理学因素

（1）肌肉、韧带的弹性

影响运动员柔韧素质训练的直接因素主要是肌肉组织、韧带组织的弹性。当然，不同年龄段、性别、训练程度的人，其机体肌肉组织、韧带组织的弹性是不一样的。另外，中枢神经系统的兴奋性也会在一定程度上影响肌肉组织的弹性变化，如在比赛中，如果运动员的情绪高涨，其柔韧性通常会比平时要好。

(2) 神经过程转换的灵活性

神经过程转换的灵活性对运动员的柔韧素质也具有十分重要的影响。人体在运动过程中，一方面，肌肉的基本张力与神经系统兴奋、抑制过程转换的灵活性有关，中枢神经系统对抗肌间协调性的调节、中枢神经系统对肌肉紧张和放松的调节等都能有效地提高肌肉的张力；另一方面，肌肉的张力与神经过程分化抑制的发展也有密切的关系。由此可知，参与校园排球教学的教练员一定要高度重视针对机体神经过程转换的灵活性训练，如此有助于排球运动员的机体柔韧性得到大幅度提升。

(3) 关节的柔韧性

关节的柔韧性与关节周围组织的大小密切相关。关节周围组织 (肌腔、韧带、肌肉、皮肤等) 的大小与伸展性、关节生理结构都会影响关节的柔韧性。

在关节周围的组织中，肌腱与韧带有助于加固关节。一方面，肌肉可以从外部给予关节一定的加固力量；另一方面，韧带的抗拉性能将关节的活动限制在一定的范围内，避免关节在运动中受伤。

对于运动员而言，发展关节的柔韧性主要是对限制关节活动的对抗肌施加影响，使关节的对抗肌可以主动牵拉伸展，从而减少对关节活动范围的限制，提高关节的伸展度和柔韧性。

需要补充的是，增进跨过关节的韧带肌腱和皮肤的伸展性是运动员提高机体关节柔韧性的有效方式和重要方法。

(4) 性别差异

从生理学角度分析，与男子相比，女子的柔韧性普遍较好。这是因为，男子的肌纤维长、强而有力，横断面积大，对关节活动范围限制较大；女子的肌纤维细长，横断面积小，伸展性好，对关节活动范围的限制较小。因此，在柔韧素质训练过程中，应区别对待。

(5) 年龄特征

1) 0～10岁人体机体的柔韧性

从人的自然生长规律来看，初生婴儿的柔韧性最好。人体的骨骼在随着年龄的递增过程中，其柔韧性不断得到加强。因此，在10岁以前就应给予一定的柔韧素质训练，以不断提高人体自然增长的柔韧性。

2)11～12岁运动员机体的柔韧性

该阶段人体的柔韧性相对降低。尤其是髋关节随着腿的前后活动多、肌肉组织增大，使左右开髋幅度明显下降。在该年龄阶段，虽然人的骨骼弹性增强，但是肌肉韧带的伸展性仍有较大的可塑性，因此应重点训练肌肉韧带的伸展性，以提高关节的柔韧性。

3)13～15岁运动员机体的柔韧性

该年龄阶段为人体的生长期，人体的骨骼生长速度很快，肌肉的生长速度相对较慢，机体的柔韧性有所下降。这一年龄阶段应多做全身性的伸展训练，不要过分训练机体的柔韧性，以免造成拉伤。

4)16～20岁运动员机体的柔韧性

在这个年龄段，人体的生长发育越来越成熟，教练员在柔韧性训练过程中应当适度增加训练的运动负荷以及训练强度，从而为排球运动员具备专项运动要求的柔韧素质奠定稳固基础。

(三) 运动训练效果的生理学评定

1. 训练者安静状态下的生理适应特征

(1) 运动系统

1) 骨骼的特征

运动训练对骨骼的影响体现在骨密度方面的变化。根据不同的运动项目，结合运动员的训练水平和训练年限，骨密度呈现不同的变化特点。适宜的运动可以有效增加峰值骨量，减缓随年龄增长而发生的骨质疏松。研究表明，运动员的骨矿物质含量根据运动等级体现出不同的水准，男子健将级运动员的骨矿物质/体重（BMC/BW）高于二、三级运动员，女子健将级运动员的BMC/BW高于一、二、三级运动员，这表明运动员骨密度随训练水平的提高而增加。

由于不同运动项目对骨的刺激作用不同，所以骨密度也不相同，投掷、摔跤等力量性项目的运动员骨密度最高，而耐力性项目运动员的骨密度最低。这是由于不同的运动负荷刺激对骨骼产生影响的途径不同，骨矿物质合成效应则不同。负荷强度与BMC/BW之间有密切的关系，以力量为主的运动项目负荷强度高于其他项目，所以BMC/BW处于较高水平。而过量的耐力运动可使女运动员血液中雌激素水平降低和男运动员血液中雄激素水平降低，导致骨代谢过程中骨的吸收大于骨的形成，从而使骨密度降低。此外，运动员身体不同部位的骨密度具有训练部位的特异性，如网球运动员握拍击球手的骨密度高于另一只手，表明运动可能只对受刺激局部部位的骨骼有一定的刺激作用。

2）骨骼肌的特征

运动训练对骨骼肌的影响主要表现在肌肉的体积增大，横断面增大，肌肉力量增加。这是由于运动训练中，尤其是力量训练可以促进氨基酸向肌纤维内部转运，使肌肉组织中收缩蛋白质的合成增加，从而引起肌肉肥大和肌力的增长。

与此同时，运动训练对机体抗氧化能力产生的作用尤为显著。近年来，很多研究成果显示，耐力训练能够有效提升肌组织超氧化物歧化酶（SOD）和谷胱甘肽过氧化物酶（GPX）的活性。肌肉抗氧化酶活性的提高也是骨骼肌运动性适应的重要生物学特征之一。

运动负荷、训练状态及抗氧化剂的补充等因素可影响肌组织抗氧化能力的运动性适应。大多数研究证实，运动负荷大、训练状态良好，以及抗氧化剂的外源性补充（如维生素 E、维生素 C 等）都对机体抗氧化能力具有积极的影响。

（2）氧运输系统

1）呼吸机能的特征

训练规律的运动员呼吸肌力量较强，肺活量大，呼吸深度和肺泡通气量大，气体交换的效率高，呼吸肌耐力较好，连续 5 次测试肺活量可以看出肺活量指标逐渐增大或者平稳保持在较高水平。此外，闭气时间可用于反映人体对呼吸运动的控制能力，闭气时间的长短与运动员训练水平密切相关，运动训练可以提高人体对呼吸运动的控制能力，故优秀运动员闭气时间较长。

2）血液的特征

运动员血液的成分一般与训练较少的普通人没有太大差异，只表现在某些项目运动员的血液指标有所改变，如耐力性项目的运动员红细胞和血红蛋白数量增多，血液中某些酶的活性升高等。

3）循环机能的特征

运动对心脏形态结构和心血管机能的影响较为显著，主要表现为安静时心率缓慢和心脏功能水平高。优秀运动员在长时间有规律的耐力训练后安静时心率只有 40~50 次 / 分钟甚至更低，表现出明显的机能节省化现象。运动性心脏增大主要表现为心肌肥厚和心脏容积增大，体现出运动项目的特征，力量性和耐力性项目运动员出现心脏增大的现象较为多见，力量性运动员主要表现为心肌的肥厚，而耐力性运动员主要表现为心脏容积的增大。

（3）神经系统

系统运动训练能够对排球运动员中枢神经系统机能产生很大的积极影响，同时有助于运动员各项感觉器官的机能获得有效增强。

2. 训练者在运动和恢复期的生理特征

（1）训练者对定量负荷的反应特征

定量负荷是一种限定运动强度（一般低于亚极限强度）和运动时间的运动实验条件下的负荷。训练者在完成定量负荷时具有机体进入工作状态的时间短、身体生理反应较小、运动后恢复快的特征。这些特征在运动系统、中枢神经系统和氧运输系统等方面表现得十分明显。

（2）训练者对极限负荷的反应特征

排球运动员在参与极限负荷运动时，往往需要将自身的最大潜力充分发挥出来，将机体各个器官与系统的功能发挥得淋漓尽致。和正常人相比，优秀运动员的生理功能水平高，机能的发展潜力大，对极限负荷表现出强大的适应性。一般常选择极限负荷运动时的生理指标，如最大摄氧量、氧脉搏、最大氧亏积累、最大做功量等指标对训练效果进行评定。

二、运动心理学基础

（一）运动动机概述

1. 动机的含义

（1）需要

在心理学理论中，需要是个体因缺乏某种东西而引起的内部紧张状态和不舒服感。需要使人产生愿望和动力，并引起人的活动。需要可以分为生理性需要和社会性需要两类。生理性需要每个人先天都具有，比如面对饥渴、缺氧、劳累、寒冷、酷热等状态改变，需要减轻痛苦，忘掉不愉快等。社会性需要是在生理性需要的基础上发展起来的，是人们后天形成的，例如，在训练中与队友和睦相处，相互配合的需要，训练中希望得到教练认可与赞扬的需要，以及希望提高运动水平（跑得更快，跳得更高等）、希望能加入更好的群体（入选国家队）、追求成就（夺得名次）等需要。

（2）诱因

诱因是指引起个体动机，满足个人需求的外在因素。诱因是引发动机的直接因素，具有直接指向目标行为的作用。诱因可以是立马就能实现的东西，也可以是通过一段时间努力才能实现的东西。诱因通常是达成大目标过程中的小目标，而这些小目标受到个体的重视，是因为它们通向更深远、更有意义的大目标。个体的行为可以通过人的需要来驱动，也可以由外界环境来诱发，但往往是在需要和诱因的交互影响下产生。

2. 动机的分类

（1）生理性动机和社会性动机

根据需要的种类和对象，可以将动机分为生理性动机和社会性动机。

生理性动机是指以人自身生理需要为基础的动机。例如，因运动消耗后饥饿、口渴而产生的吃饭、喝水动机就是生理性动机。生理性动机促使人体进行活动，从而满足个体的某种生理性需要，当需要得到满足后，生理性动机就会下降，直至消失。人的生理性动机体现在生活的各个方面。

社会性动机是指以人的社会性需要为基础的动机。例如，在运动训练中有与其他运动员交流的需求，有在跑步训练中得到第一名的需要，因而就产生了相应的交往动机、成就动机等。这些社会性动机推动人与人之间的沟通交流，促使运动员努力训练以获得周围人的认可，获得某种尊重等。

（2）外部动机和内部动机

根据动机产生的来源，可以将动机分为外部动机和内部动机。外部动机是指在外部刺激的作用下，为得到某种奖励或避免受到惩罚而产生的动机。例如，运动员参加比赛是为了得到冠军，得到奖金；体育水平不太高的学生在体育教学中努力训练是为了得到教师的鼓励和表扬等。外部动机是从外部对行为的驱动，汲取了外部的力量。

内部动机是指以内在需要为基础，通过积极参加某种活动展示自己的能力，实现自身价值，得到满足感的动机。内部动机是从内部对行为的驱动，此时，行为本身就是追求的目的，而不需要外部力量推动。例如，某学生因为喜欢足球而参加学校足球队的选拔和训练，那么他参与足球运动纯粹是为了快乐，为了实现自我，这促使他在即便没有任何奖励或好处的情况下也会主动参与足球运动。

通常情况下，排球运动员参与运动时同时存在内部动机和外部动机，运动员的具体表现也会受这两种因素的影响，这两种动机对排球运动员的发展都存在积极作用。一定要指出的是，这两种动机不只是会产生正面影响，还会产生负面影响。外部动机有可能促进内部动机，但也有可能对内部动机有反作用，这主要取决于外部奖励的方式以及运动员对外部动机的认识程度。

(3) 直接动机和间接动机

根据参与某种活动的心理动因是指向该活动过程，还是指向该活动结果，可以将动机分为直接动机和间接动机。具体来说，人参与某种活动是指向活动的内容、方法或组织形式的，是直接动机；人参与某种活动的动机是指向于该活动可能带来的生理、心理和社会的延迟、间接结果的，是间接动机。

直接动机与体育活动和运动训练本身紧密联系，动机内容相对具体，对行为的直接动力作用较大。但当体育活动或训练的内容难度比较大时，需花较大精力、较长时间才能学习和习得，或运动员对训练手段、内容产生单调感、枯燥感时，这就体现出直接动机的局限性，其作用的影响范围和程度就会相应减小。而间接动机虽然与正在进行的运动活动的联系程度没那么大，但它与长时间活动后产生的最终结果和社会意义相联系，能产生长时间的持续影响，使运动员更自觉地、持久地从事体育活动。因此，直接动机和间接动机具有相互联系、相互补充的作用。

3. 动机的功能

(1) 激活功能

动机的激活功能是指动机能够促进行为的发生，能推动个体产生某种活动，使个体由静止状态转向活动状态。

（2）指向或选择功能

动机的指向或选择功能是指动机能够引导个体行为朝向某一目标或选择活动的方向。例如，在获得好成绩的动机支配下，运动员会刻苦训练，在完成既定任务后向更高目标迈进。指向功能的"方向"与一个人目标的选择有关。

（3）调节与维持功能

动机的调节与维持功能是指动机具有维持、增强或制止、减弱某一活动的力量。动机能控制行为的强度，动机越强烈，行为也随之越强烈。例如，在相同的训练量下，有的运动员能坚持下来，有的喊累坚持不下来，这是动机的强度问题。"强度"与一个人行为的激活程度有关。

（二）心理技能训练概述

1. 心理技能训练的含义

在运动心理学领域，心理技能训练包括双层含义。从广义上说，心理技能训练是指有目的、有计划地对运动员的心理过程和个性心理进行影响的过程；从狭义上说，心理技能训练是指采用特殊的方法和手段帮助运动员调节和控制自身的心理状态，进而调控自身行为的过程。

2. 心理技能训练的意义

心理技能训练有助于改善排球运动员的运动技能训练效果，在一定程度上增强运动员在比赛和训练中的心理调节能力。熟练技能的一个特征是能够对其他技能或在其他情境中产生效应，即产生技能的迁移现象。心理技能训练和其他技能训练一样，会产生迁移现象。心理技能不仅运用在运动员的训练和比赛中，还能扩展到运动员生活的其他方面，帮助运动员形成积极的生活、训练习惯，促进运动员心理品质和人格的发展，甚至影响运动员的一生。

3. 心理技能训练的原则

（1）自愿原则

心理技能训练的效果取决于心理辅导员对运动员的正确引导和心理技能训练方法、手段的恰当选择与运用，以及运动员是否接受并愿意认真参与到心理训练之中。其中，运动员的自愿参与是内因，是心理技能训练是否奏效的决定因素。如果运动员不相信心理训练的作用，不知道心理训练的原理，对心理学理论持犹豫、观望甚至否定的态度，或者是在被逼迫的情况下不情愿地参与，不仅不会产生良好的效果，还会起反作用。任何心理技能的掌握和应用，都不可能在背离人的主观能动性的情况下起作用，如果运动员失去了内部动力，产生厌烦和对立情绪，心理技能训练就毫无意义。

（2）因材施教原则

在心理技能训练的过程中，排球教练员应当在密切联系运动员个人心理特征的基础上，有目的、有计划地选择和运用适宜的心理技能训练手段，针对每个排球运动员制订独立的心理训练计划。

（3）长期系统性原则

任何运动技能的形成和巩固都经过了有目的、有计划、有针对性的长期系统的教学与训练过程。射门、投篮、扣球等运动技能都需要在技术训练中进行上万次的重复练习和在比赛中反复运用才能引起质变，心理技能训练也是这样。任何一项心理调控的技术，调节焦虑情绪的训练、加强注意力的训练、运动表象的能力训练等，也必须经过反复的系统练习才能掌握。心理技能的训练是一个不断重复有效的心理和行为调节方法的过程，是在身体和心理上形成稳定联系的一个过程，这样才能在比赛的关键时刻做到身心一致，发挥作用。

心理技能训练需要在专业心理学工作者的指导和帮助下进行。心理学工作者应同教练组和运动员一起认真分析存在的问题，根据问题制订出详细的心理训练计划，并按照计划实施，根据运动员的训练情况可以修改心理训练的目标和要求。教练员要重视心理技能训练，与心理教练认真配合，目的都是让运动员有更好的表现。

（4）与专项运动训练相结合的原则

在心理技能训练中，要把心理技能训练与专项运动的身体训练、技术训练、战术训练有机地结合起来，使心理技能训练具有各专项运动的特点。当然，也不能片面地、机械地要求每次心理技能训练课的实施都和专项运动密切结合。

4.心理技能训练的实施

由于心理技能训练是长期系统的过程，所以在实施心理技能训练的过程中往往要经历几个阶段，在常见的心理技能训练实施过程中，我国相关研究者把整个过程划分成四个阶段。首先是基础训练阶段，为期6个月；其次是赛前针对性训练阶段，从赛前2个月开始；再次是以临场心理调节和咨询为主要内容的训练；最后是赛后心理恢复阶段。

美国的心理学学者认为，心理技能训练是一个长期的过程，主要分三个阶段来进行。第一阶段是向运动员介绍每一种心理技能，让运动员充分了解哪些技能是自己能学习的，哪些技能是可以帮助自己的，以及通过什么样的方式能学会这个技能；第二阶段是帮助运动员在由简到难循序渐进地训练过程中掌握这些技能；第三阶段是反复练习这些技能，将其运用到比赛中。

还有一些学者认为心理技能训练过程应结合专项，融于通常的训练计划中，至少是结合一个完整的训练周期或准备一次重大比赛的数年周期来实施心理技能训练。

篇幅所限，这里不再对排球课程教学的学科生物力学、生物化学等基础进行论述。

第三节　排球课程教学基础理论

一、校园排球课程教学的目标

我国校园排球课程教学的目标主要包括以下几个方面：(1)增强学生体质，增进学生健康，促进学生身心健康发展。(2)培养学生从事排球运动的态度、兴趣、习惯和能力，为终身体育打下良好的基础。(3)促进学生培养良好的思想品质，使其成为具有创新精神、德智体美劳全面发展的社会主义优秀人才。(4)传播排球运动文化，促进排球运动发展。(5)实现体育教学目标，完成体育课程任务。

二、校园排球课程教学的任务

(一)增强学生体质，促进学生健康

近些年来，我国大学生的体质不容乐观，各项身体指标不断下降。因

此，高校体育课程的首要任务便是增强学生的体质，促进学生的健康，排球教学课程目标也是如此。学生经过排球运动的学习后，身体形态、生理机能、身体素质和身体基本活动能力等方面都得到全面发展，并在此基础上增强他们对自然环境的适应能力和抵抗疾病的能力。通过高校排球课程的学习，让学生养成运动的习惯，从而终身参与运动，为健康人生打好基础。

（二）传授排球知识和技能

排球课程的教学，通过排球知识和技能的传授，使学生了解与排球运动相关的理论知识，了解一定的排球文化和历史。通过学习排球理论知识、原理和方法，不仅可以提高学生对排球运动文化的了解和调动他们参与排球运动的积极性和自觉性，还可以为他们参与排球运动提供科学的指导，这些原理和方法将使他们受益终身。可以使学生在具备了一定排球理论知识和原理、方法的基础上，将这些理论知识、原理和方法合理地迁移到其他运动项目的学习过程中去。

排球课程的一个重要任务就是让学生掌握排球运动的基本技术，从而让学生利用自己的业余时间去参与排球运动，这是排球课程的一个重要任务。

（三）为学生终身参与体育打好基础

让学生终身参与体育是我国高校体育教学的一个教学任务。高校体育和终身体育的联系，是通过"兴趣"和"能力"这一途径来实现的。在高校排球教学的过程中应重点培养学生对于排球运动的兴趣，在这一基础上通过长期系统的排球技术技能的学习，学生就会对排球运动有一个清晰的认识并理解其文化内涵，从而有了参与排球运动的积极性和主动性。这样，有了良好的体育价值观和态度，学生才能积极参与体育锻炼，并且终身受益于体育。学生可以因人、因时、因地创造性地去选择适合自己的健身方法和手段，以满足他们终身体育的需求。

（四）促进学生个体的社会化

大学阶段是一个人社会化的关键阶段，是一个人个性全面发展的重要时期。高校教学者在排球教学的过程中，要结合体育的特点，通过各种学习方法和手段对学生进行品德教育，使学生的个性和人格得到完满发展。要通过排球运动的教学提高学生的社会责任感和群体意识，培养他们热爱集体、遵纪守法、团结合作、勇敢顽强、创造开拓等品德和作风，为将来适应社会生活奠定良好的基础，实现学生个体的良好社会化。

(五) 培养竞技排球人才，促进竞技体育发展

长期以来，我国竞技体育实行的都是三级网训练体制，通过市运动队、省运动队和国家运动队的形式选拔竞技体育人才。随着我国社会的快速发展，这种选拔方式出现了越来越多的弊端，不利于竞技体育人才的选拔。随着我国竞技体育体制的不断改革，借鉴美国竞技体育人才选拔的经验，我国也开始慢慢通过高校来选拔竞技体育人才。作为三大球项目之一的排球，在高校有一定的基础，具有发展潜力。

因此，在开展学校排球教学活动的过程中，要善于发现有排球运动天赋和运动才能的学生，并在课余时间对他们进行排球运动训练，以提高他们的排球运动技术水平。有条件的高校还应该组织排球高水平运动队，这样既可以丰富学校的校园文化和学生的课余生活，也可以为高一级的排球运动队或排球俱乐部输送后备人才。

三、校园排球课程教学的原则

(一) 以学生为本的原则

在进行排球教学的过程中，要注重以学生为本的原则，在制定教学目标时，应充分考虑教学过程的主体是学生，并以这一原则为指导来促进学生的自主学习和发展，培养他们的创新精神和竞争条件下的合作意识，不仅使他们的身体得到锻炼，也使他们的性格和意志得到发展。体现教学对象在学习过程中的主体作用，这也是人性化教学原则的一项重要内容。

在排球教学中，学生的主体性主要体现在教学中，学生要积极主动地投入学习中，同时构建一种人性化排球的教学环境。将传统排球教学"让我学""让我练"的模式转化为"我要学""我要练"的模式。而人性化教学的另一个主要内容是教学者的主导作用。教学者在教学过程中要做到理解人，并

尽量表现出友好和对学生负责的举动，在教学讲解的过程中要有条不紊，教学设计要富有想象力。其本身也应具有亲切和热忱的良好情感品质，才能为学生接受和爱戴。同时还要求教学者善于根据排球教学的规律，掌握不同年龄、不同性别学生的生理、心理特征，注意教学的系统性和计划性，选择具有实用性的教学方法，兼顾娱乐性和竞技性，合理安排运动负荷等进行组织教学的工作能力，使学生产生积极的情感体验，成为教学双边关系中的一种动力源，达到教学相长的理想效果。

(二) 学生可接受性原则

在进行排球运动教学时，要考虑学生的可接受能力，并根据其来确定教学内容的难度和顺序。应该根据学生的学习能力以及认识思维的逻辑顺序，并遵循学生身心发展的阶段性特征，也就是在制定教学目标时，必须依据目标难度与动机之间的关系理论，并保持适宜的难度。

通常情况下，教学者都会依据特定的教材来安排教学，在对教学内容进行选择时，要考虑教材本身具有的逻辑顺序，注意教材内容的各组成要素之间是否具有科学合理的逻辑关系。若将其置于具体的排球教学活动中，应当先讲授理论知识，再讲基本技术，然后是各种技术的组合应用，在学生具备了一定技术能力的基础之后进行一些战术的讲解，最后使学生将排球运动的各种要素进行组合并灵活运用。如果是讲解单一的技术动作，一个技术动作也是由多个不同的单一动作结构的动作组合而成的，每个动作结构又具备不同的细节特征和相应的知识。因此，排球技术教学应多采用分解教学法，先进行基本知识的教学，基本动作的教授，进而将分解动作进行整合，并在组合的过程中注重每一个细节的衔接，使完整的技术动作能够有效地运用。与此同时，根据排球动作技术特点，在学习排球技术时，应从准备姿势开始，依次学习击球手形、击球点和击球用力。

在对教学手段进行选择时，应该遵循人类认知过程的普遍规律和运动技能形成原理，练习的过程应先从徒手无球的模仿练习开始，再到有球的实战练习。教学者在教学时应先对学生进行指导，再辅助他们进行练习，由不使用球网到使用球网，由简单条件下的比赛逐步过渡到复杂条件下的竞赛操作方式方法。

(三) 培养学生球感的原则

根据多数排球教师教学的经验，在排球的技、战术的学习方面，正确地判断人或物与自己距离的能力、知觉人和物的状况与速度的能力 (不仅迅速知觉反应的时间，而且迅速知觉本队和对方队员的动向，以及各种不同来球的方向和速度)、空间关系视觉化的能力 (不仅能知觉球与人，而且能认知其场上位置与人球空间的关系和洞察其变化)、在时间上统一运动协调的能力 (迅速连续进行不同的动作时，按照动作方法或串联序列使之融合统一) 等具有特殊意义和特殊作用。因此，教学者在进行排球教学活动的过程中，根据学生所处的不同学习阶段，采取不同的教学手段培养学生的球感具有重要意义。通过培养学生的球感，可以使学生更熟练地掌握排球的运动技术。

(四) 采取恰当教学方法和手段的原则

对于排球运动的初学者来说，对运动知觉 (如对球的本体感觉) 和球在空中运行的时空感知等状况的辨别、判断的比重很大，随着学习的深入，这种比重随着学生对技、战术的掌握的逐步深入而有逐渐减少的趋势。但是后期在判断上对视觉的依赖程度却与初期相比有所增强。在学习后期，肌肉运动时的直觉能力取代了视觉的判断，这时，如果能使视觉发挥更为有效的作用，则可以使技术动作完成得更加标准。因此，在进行排球技、战术的教学时，应优先选择运用完整与分解示范、正误对比示范、边讲解边示范以及运用照片、电影、录像、投影等直观教具和现代化的多媒体教学手段进行教学，为学生建立清晰的运动表象，使他们更好地掌握技术动作和战术过程。

(五) 注意运用动作迁移理论进行教学

在进行排球技术动作的教学时，通过学习某种动作技能而得到的能力，向同等或类似的横向技能迁移的情况比其他球类项目要多一些。例如，如果学生熟练地掌握了正面上手发球的挥臂动作，那么在学习正面扣球的挥击臂动作时就轻松许多，因为两种挥臂动作具有相同的特点。但是，在另一种情况下如果学生学会了排球正面上手发球的挥臂动作，在学习正面上手发飘球的挥击臂动作时，却又有明显的不同，因为它们虽同属排球发球类动作技术，表面上看动作很相似，但因其挥击臂动作技术在本质和内在联系中有着截然不同的区别，所以它们之间的迁移量并不大。可见，在判断几种动作技能是否具有相似性的时候，并不能只从动作的动觉、运动刺激、运动反应、同一运动反应动作的形式和运动的控制方式等方面来进行比较。这就要求教学者在实际的排球技术教学过程中，既要注重运用动作正迁移的有利效应，又要防止动作负迁移效应的干扰。

(六) 遵循循序渐进的原则

进行任何运动项目教学，都要伴随一定的运动强度，适当的运动强度对于学生所学技能的掌握程度起着十分重要的作用。在传统的训练观念里，"三从一大"看似很有道理，"一大"是指"大运动量"，参与运动训练的群体，无论教学者还是学生都普遍认为，训练量越大，取得的效果就越好。排球运动教学者在纠正学生的技术动作和指导他们改进技术时，经常采用的方法就是增加触球次数，加大他们击球练习的训练量。运动程序理论与动力模式理论中提出了有关练习变异对于动作技能主要作用的研究，在长时间内反复进行单一动作的练习会导致记忆动作和迁移动作能力的降低。因此，练习量不是安排得越多越好，练习量与运动技能掌握的程度也不是完全成正比。并不是反复、大量的练习使动作技能越发完美，而是只有在练习安排完美的条件下才能训练出完美的运动技能，亦即练习量只有与其他诸如强调动作方法、注重动作效果、交换操作条件等变量共同作用时，才能产生最佳的技能学习效果。

第六章　现代排球运动教学实践分析

第一节　排球运动身体、心理及智能素质训练

一、排球运动身体素质训练

排球运动身体素质训练是高校排球运动教学与训练的重要基础性内容，教师必须重视对学生的基础性身体素质的训练，以提高学生的身体素质水平，使其能更快地掌握排球运动技术，为进一步提高排球运动专项身体素质奠定良好的素质基础，同时，良好的身体素质训练也有助于学生在排球运动具有一定难度的体能、技能训练中有效预防运动损伤和伤病的发生，提高教学与训练的安全性。

(一) 排球力量素质训练

力量素质是人体从事生理活动和参与体育运动的基本身体素质，在高校排球运动教学与训练中，力量素质训练是学生参与排球运动的重要基础。

1. 上肢力量训练

(1) 手指手腕力量训练

① 手指用力屈伸练习。

② 屈腕：坐姿，肘部放于膝盖，双手持杠铃，手腕连续屈伸，以发展前臂前部和屈腕肌群力量。

(2) 手臂力量训练

① 原地拉胶带：将长胶带一端固定，两脚前后开立，以胸带臂拉引胶带。

② 仰卧起拉胶带：坐在横向的鞍马上，手握胶带固定于颈侧，用力拉胶带坐起，反复练习。

③ 颈后伸臂：直立，双手头后反握轻杠铃，上举，还原。

④屈肘：身体直立，双手体前反握杠铃。屈双臂，上举，还原。

⑤实心球俯卧撑：双手撑实心球，两脚分开，脚尖支撑，躯干平直，在球上做俯卧撑。

⑥瑞士球俯卧撑：双手撑瑞士球，两脚分开，脚尖支撑，躯干平直，在球上做俯卧撑。

⑦仰卧伸臂：瑞士球上仰卧，双手持哑铃，直臂举，屈肘回。以发展上臂后部肌肉群力量。

⑧引体向上：发展肩部和臂部肌群支撑力量。双手握单杠，向上拉引身体。

⑨双杠臂撑起：双杠直臂、屈臂支撑身体。

⑩倒立走：倒立移动走，发展肩部和臂部肌群力量。

⑪爬绳：双手攀绳，引体上爬，以发展肩部和臂部肌群力量。

2. 躯干力量训练

①顶墙送髋：前臂靠墙支撑身体，头靠在双手上，身体向墙倾斜。后脚正对墙，脚跟贴在地面，向前送髋，直背、紧张，牵拉10～15秒。双腿轮流练习。

②弓箭步压髋：弓箭步站立，前腿屈膝弓腿90°，后腿膝触地，呼气，下压后面腿和髋部，换腿反复练习。

③双手叉腰转体：两脚开立，双手在髋以上叉腰，上体转向一侧，同时，头向后转，目后视，保持动作10秒。换方向练习。

④体前屈：两脚开立，徒手俯身以手触脚尖，或肩上负重进行体前屈。

⑤体侧屈：两脚开立，徒手左右屈上体90°，或肩负杠铃或手持哑铃。

⑥背肌转体：俯卧在山羊上，固定腿部，双手头后交叉抱头，上体后屈，再还原至水平位置左右转体，反复练习。

⑦负重转体：两脚开立，屈膝，肩部扛杠铃，两手平伸扶杠铃，向体侧转体90°，还原向前，再向另一侧转体90°。

⑧仰卧起坐：平躺，直腿，双手抱头后，腰腹用力，上半身坐起，再躺下，反复起。

⑨球上仰卧起坐：仰卧于瑞士球上。双脚开立支撑地面，仰卧起坐。

⑩俯姿平撑：俯卧，屈肘，脚尖撑地，双腿伸直。

⑪ 俯姿平撑提腿：俯姿平撑，提起一条腿。

⑫ 俯姿桥撑：俯姿平撑，提起臀部，屈膝，身体成桥形。

⑬ 仰姿桥撑：仰卧，双臂体侧支撑，双脚撑地，双腿屈膝、并拢，提髋，身体成桥形。

⑭ 两头起：仰卧，腰腹用力，快速屈体，手脚接触。

3. 下肢力量训练

① "矮子"步行走，要求双手摸脚后跟。

② 勾、绷脚：直角坐，两臂体侧撑地，挺胸立腰，并腿，绷脚尖，屈伸足背。

③ 坐伸腿：屈腿提膝坐，两手扶膝，抬头，直腿上举，还原。

④ 仰卧腿绕环：仰卧，上举腿做绕环动作。

⑤ 侧卧腿绕环：发展大腿内侧肌群力量。斜板上侧卧，举腿绕环。

⑥ 跳起手触脚：垂直上跳，直腿、收腹、屈髋、身体前倾，双手触脚尖。

⑦ 挺身展髋、双脚连续起跳挺身展髋。

(二) 排球速度素质训练

排球运动对运动参与者的速度有一定的要求，如果不具备一定的速度基础，则学生就不能准确掌握排球运动技术技能，也不能在排球比赛中很好地移动、击球，与同伴配合，因此排球速度素质训练是高校排球运动教学与训练的必要和重要内容。

1. 反应速度训练

① 两人拍击：拍击对方背部，同时避免被对方击中。

② 起动追拍：两人一组前后听信号拍击追跑。

③ 反应起跳：围圈向内站立，圈内站 1～2 人，站立圆心的人手拿长度超过圆圈半径的树枝，或竹竿绕过站圈人脚下来画圆，及时起跳躲避竹竿。

④ 贴人跑：两两前后站立，面向内圈，左右间隔 2 米。两人圈外跑动追逐，被追者站在某两人前时，后面第三者成为逃跑者，追赶者追第三者。

⑤ 老鹰抓小鸡：以游戏形式训练学生的反应速度。

2. 动作速度训练

（1）上肢动作速度训练

① 快速提转哑铃：双手持哑铃，快速外展、提拉、收回。

② 快速引体：快速引体向上。

③ 快速抓住落下的物体（如直尺、小球、笔）。

④ 纵向飞鸟：体侧直臂快速提杠铃至头顶，还原。

⑤ 横向飞鸟：体侧直臂水平、快速向后移动杠铃，还原。

（2）下肢动作速度训练

① 原地快速高抬腿。

② 后踢腿，摆动腿脚跟拍击臀部。

③ 立定跳远：两脚开立，下蹲，两腿用最短时间完成蹬伸动作，起跳。

④ 单足跳：起跳腿蹬伸，大小腿尽快折叠，以膝领先上摆，两腿交换，积极落地。

⑤ 跨步跳：以髋发力，大腿上摆，腾起，在空中形成一个跨步。

⑥ 连续蛙跳：两脚多次完成起跳动作与落地动作。

⑦ 负重弓箭步交换腿跳：弓箭步姿势，跳跃交换双腿位置。

⑧ 跳栏架：两脚起跳依次通过栏架。

⑨ 跳深：从跳箱上跳下，再迅速跳上下一个跳箱。

⑩ 绳梯180°转体跳：身体半蹲，双脚开立，每只脚站在一个格子里。身体跳起空中转体180°，双脚各落在前面格子中。重复练习。

3. 位移速度练习

（1）上肢和躯干位移速度训练

① 前后摆臂练习。

② 跑步动作平衡练习。

③ 持球大幅度转身摆臂。

（2）下肢位移速度训练

① 直腿跑。

② 脚回环：单腿支撑，手扶固定物，一只脚以短跑动作回环。

③ 高抬腿跑绳梯。

④ 单腿（双腿）过栏架跑。

⑤拖轮胎（拖人）跑。

（三）排球耐力素质训练

正规的排球运动比赛赛制为五局三胜制，要坚持完成整场的排球比赛需要一定的耐力。日常排球运动健身中，丰富的排球技术应用、战术配合也需要参与者具备一定的耐力素质，良好的耐力素质可以确保运动者高效率、高质量完成排球技术动作，并且可以有效避免过早疲劳而引发的损伤。

1.有氧耐力训练

①持续走：以80%～85%的运动强度走3000～6000米。

②重复走：在规定时间内完成一定距离（如400米）的竞走练习。

③间歇跑：在30秒完成200米跑，练习6组，以200米慢跑作为间歇。

④定时跑：15分钟定时跑练习，保持50%～55%的练习强度。

⑤定时定距跑：18分钟左右，跑3600～4600米。

⑥重复爬坡跑：在斜坡道（15°）进行反复上坡跑练习。

⑦法特莱克跑：自由变速，约30分钟。

⑧越野跑：距离在4000米以上。

2.无氧耐力训练

①间歇行进间跑：进行30米、60米、80米、100米等短距离的行进间跑练习。

②沙滩跑：在沙滩上进行快慢交替跑练习，每组500～1000米。

③反复变向跑：听口令或看信号做不同方向的变向跑。每次2分钟，共3～5次，间歇3～5分钟，练习强度65%～70%。

④迎面拉力反复跑：分为两队，每队4～5人，两队相距100米，站在跑道上迎面接力跑，每人重复5～7次，练习强度70%～80%。

⑤法特莱克跑：阶梯式加速变速跑3000～4000米，强度为60%～70%。

⑥跳绳接力跑：间歇5分钟，强度为60%～65%。

（四）排球柔韧素质训练

1.上肢柔韧训练

①压腕练习：跪撑正压腕、跪撑反压腕、跪撑侧压腕。

②颈后拉臂：头后拉对侧手肘。

③背后拉毛巾：一只臂肘关节在头侧，另一只臂肘在腰背部，双手握一条毛巾逐渐互相靠近。

④向内拉肩：两臂抬起至肩部高度，交叉，一只臂抓住对侧肘关节水平拉近。

⑤背向压肩：背对墙站立，双臂后抬，直臂扶墙，屈膝，直臂。

⑥握棍直臂绕肩：从体前直臂握棍向上向后举，再还原，反复练习。

2. 躯干柔韧训练

①助力侧屈体：两人一组，练习者双脚并拢，协助者站在练习者身体的一侧，帮助和保护练习者侧屈。

②站立伸背：双脚并拢站立，双手扶栏杆，上体前倾至与地面平行，背部下凹形成背弓。

③直臂开门拉胸：在一扇打开的门框内，掌心对墙，身体前倾拉伸胸部。

④体前屈蹲起：双脚并拢俯身下蹲，双手手指向前，躯干贴大腿，伸膝。

⑤俯卧转腰：俯卧于台子上，躯干上部悬空，肩上扛木棍转动躯干。

⑥弓箭步压髋：弓箭步，下压后面腿髋部。

⑦仰卧团身：仰卧，屈膝，双脚滑向臀部。双手扶膝，向胸部和肩部牵拉双膝，提髋离开垫子。

⑧上体俯卧撑起：俯卧，双手在髋两侧撑地，双臂伸直撑起上体，头后仰，背弓。

⑨倒立屈髋：仰卧，举腿垂直倒立，头、肩、上臂支撑，双手扶腰，双腿并拢，直膝，双脚触地。

3. 腿部柔韧训练

①弓箭步拉伸：弓箭步站立，前脚续前移，后面腿的髋部下压。

②体侧屈压腿：侧对高台，将一只脚放在台上。双手头上交叉，呼气，向台子方向体侧屈。

③站立拉伸：背贴墙站立，直膝抬腿。同伴用双手抓住踝关节上举腿。

④仰卧拉伸：仰卧，直膝抬起一条腿，固定骨盆水平。同伴帮助继续

提腿。

⑤跪撑侧分腿：双腿跪立，直臂撑地。一条腿侧伸，屈肘，降下髋部至地面，外转髋。

⑥青蛙伏地：分腿跪地，前臂向前以肘关节支撑地面。前伸双臂，胸和上臂完全贴地。

⑦坐拉引：坐在地面，直腿，一只手抓一腿脚跟内侧，举腿与地面垂直。

⑧直膝分腿坐压腿：双腿尽量分开坐在地面，转体，上体前倾贴在一条腿上部。

（五）排球灵敏素质训练

排球比赛对于网上的争夺异常激烈，受各种因素的影响，常会发生各种突发状况，面对这种情形运动员必须具备快速敏捷的反应能力，高校大学生参与排球运动应具有一定灵敏素质的基础，能在运动中灵活、快速、准确处理球、人之间的关系，并确保排球技、战术实施的质量。因此，排球教学与训练中，灵敏素质训练也是必不可少的。

排球灵敏素质训练内容与方法非常丰富，具体如下：

1.基础灵敏素质训练

①听或看信号前、后滑跳移动。

②转体练习：正踢腿转体；弓箭步转体；30秒立卧撑跳转体；向前、后快速蹬步转体练习。

③左、右连续转髋练习，上体不动，仅下肢转动。

④各种综合性跳的练习，如原地团身跳。

⑤各种跑的练习，如快速移动跑、越障碍跑。

⑥跳绳练习：双人跳绳、跳波浪绳、跳蛇形绳等。

2.有侧重的灵敏素质训练

（1）反应能力训练

①按有效口令做动作。

②做与口令相反动作。

③原地、行进间或跑步中听口令做动作。如喊数抱团成组、运算得数

抱团。

④一对一追逐模仿。

⑤一对一抢对方后背号码。

⑥听信号或看手势跑、停、转身、变向。

⑦听信号的各种姿势起跑。如站立式、背向、蹲、坐、俯卧撑等姿势。

⑧一对一脚跳动猜拳、手猜拳、打手心手背、摸五官等训练。

⑨各种游戏，如叫号追人、追逃游戏、抢占空位、打野鸭、抢断篮球等。

(2) 平衡能力训练

①一对一面向站立，双手直臂相触，虚实结合相互推，使对方失去平衡。

②一对一弓箭步牵手面向站立，虚实结合互推互拉使对方失去平衡。

③各种站立平衡，如俯平衡、搬腿平衡、侧平衡等。

④头手倒立，如肩肘倒立、手倒立停一定时间。

⑤在肋木上横跳、上下跳训练。

⑥急跑中听信号完成急停动作。

⑦在平衡木上做一些简单动作。

⑧发展旋转的平衡能力训练：用手扶住体操棒，松手转身击掌再扶体操棒使其不倒；向上抛球转体2~3周再接球；跳转360°后直行；闭目原地转5~8周，闭目直线走10米；绕障碍曲线转体跑；原地跳转180°、360°、720°落地站稳。

(3) 协调能力训练

①一对一背向互挽臂蹲跳进、跳转。

②模仿动作训练。

③多种徒手操训练。

④双人头上拉手向同方向连续转。

⑤脚步移动训练。例如，前后、左右、交叉的快速移动；单脚为轴的前后、转体的移动；左右侧滑步、跨跳步的移动。

⑥跳起体前屈摸脚。

⑦双人跳绳。

⑧ 做不习惯方向的动作。

⑨ 改变动作的连接方式。

⑩ 动作组合训练。如原地跳转360° 接跳远、前滚翻交叉转体接后滚翻、跪跳起接挺身跳等。

二、排球运动心理素质训练

(一) 排球一般健身心理素质训练

1. 树立正确运动观，坚定意志品质

排球运动健身需要不断进行排球运动体能、技能的学练，这个过程是艰辛的，需要克服来自主观和客观各个方面的不同困难，要想具有良好的排球运动体能、技能水平，就必须加强日常的训练，心理训练也是日常训练的重要内容。

对于高校大学生来说，即使是排球运动天赋较高、运动能力天生较强，也需要不断练习才能巩固提高，长期坚持排球运动健身是一件可以受益终身的事情，高校大学生应树立正确的排球运动价值观，努力克服各种困难，坚持排球知识、体能、技能学习，坚持终身参与排球运动，不要轻言放弃。

2. 培养自信，端正运动训练态度

不论是在生活、学习、工作中，还是在运动员的运动训练中，自信心都是非常重要的。高校大学生参与排球运动，能从排球运动中获得运动快乐，并获得心理满足、认同与成就感。但是排球运动学练并非一帆风顺，排球运动参与过程中，大学生应坚定自信，不要有"学不会""练不好"的压力，不能在体能、技能学练中畏手畏脚，显得极不自信，这样就会导致无法发挥正常水平，难以取得良好的运动效果。

建立良好自信心是高校大学生学好排球运动技能、展现个人体育运动风采的重要基础。

此外，排球运动学练必须务实、踏实学练每一个技术动作，不能投机取巧，排球运动学练没有捷径，只有不断地练习才能具备扎实的体能与技能基础，"踏实学练"是参与排球运动健身锻炼的一个重要态度问题。

3.注重专门化知觉训练，注意安全

参与排球运动健身锻炼，需要具备一定的专门化知觉，高校大学生在日常排球运动参与过程中，要注重培养和提高自己的专门化知觉。排球运动的专门化知觉包括球感和时空感两部分内容。具体如下：

首先，良好的球感是所有球类运动员都必须具备的，排球运动员也是如此。在排球比赛中，双方对球的争夺贯彻比赛的整个过程，为提高击球技术动作的效果，运动员必须拥有良好的球感，这样才能准确感知球的运行路线、力量、速度等，为接球、扣球、拦网等技术的发挥打下良好的基础。

其次，就排球运动特点来说，触球时间短，球在空中运动飞行，排球运动比赛对时空的争夺尤为重要，时间和空间是排球比赛的重要因素，因此具备良好的时空感是至关重要的。时空感决定着运动员球感的精确度，决定着运动员对球的运行速度和落位的判断能力。在排球运动学练中，要重视对自我时空感的训练，这需要高校学生在排球运动实践中不断练习和体会。

相较于足球运动来说，排球运动隔网对抗，是安全、儒雅的运动，但在运动过程中仍然可能因为各种各样的因素而导致运动损伤。高校学生参与排球运动健身，不强调像专业运动员那样大强度、长时间地训练，发生运动伤病的可能性大大降低，但仍应在运动过程中时刻关注运动安全问题，不能掉以轻心。

（二）排球竞技比赛心理素质训练

1.赛前心理训练

（1）自我认知训练

自我认知训练，简单理解就是赛前运动员的一种心理自我肯定与安慰，是提高自身比赛自信心的一种心理训练方法。这一训练方法在排球运动训练中得到了广泛的应用，在具体的操作过程中，运动员暗示自己有足够的实力参赛，能取得良好的比赛成绩。结合对手的技战术特点，自己采取何种手段战胜对手等。

（2）心理适应与准备训练

通过心理适应与准备训练，旨在让运动员提前适应比赛气氛、节奏，顺利过渡和进入比赛心理环境中，帮助排球运动员尽快进入比赛状态。

可利用以下方法提高排球运动员的比赛心理适应力，为参与比赛做好心理准备：

①一般准备。一般准备的内容主要包括：事先了解对手的基本情况；了解本方的心理情况；根据比赛规程合理调整心理状态。

②模拟训练。模拟比赛环境，熟悉比赛过程与情景。

排球日常教学中，学生难免产生各种各样的情绪，从而影响教学、训练效果。教师可以尽量真实地还原比赛场景，合理创设符合教学内容的心理训练情境，强化和巩固学生的心理素质。

(3)心理调节训练

为比赛中可能出现的各种影响运动员心理的状况，因此应做好抗干扰准备，提高排球运动员的心理调节能力，以便运动员在面对各种情况时，都能始终以积极的心态面对比赛。

常用训练方法如下：

①赛前谈话。激发运动员参赛动机。

②复述比赛程序。让运动员熟悉比赛，消除比赛紧张与恐惧感。

③信息回避。回避外界干扰信息，平衡情绪。

④心理自我调节。比赛前，预想比赛中成功击球、攻防场景，体会获胜体验。

⑤闭目静坐。帮助运动员放松，增强比赛自信。

⑥催眠放松训练。帮助运动员缓解心理不安情绪。

⑦主动疗法训练。主动放松参与运动的肌群，同时利用自我暗示法激活积极的心理状态，激发运动员积极的竞赛情绪。

2.赛中心理调控

排球比赛中，教练员的场上指导是有限的，更多时候运动员需要自己调整心理，始终保持良好心理状态应对比赛，优秀的排球运动员应学会在赛中控制自己的心理状态，对于处理比赛中的各种问题，排球运动员赛中心理调控方法如下：

(1)自我暗示

如果在赛中出现不良情绪，可采用自我暗示的方法来暗示自己，使自己尽早进入比赛状态，稳定情绪，消除周围环境的不良刺激，从而以更加积极的心态参与比赛。

（2）呼吸调整

排球比赛中，如果节奏非常快，比赛异常激烈，运动员常常会出现一定的心理紧张情绪，在这样的状态下参加比赛是难以获得胜利的，对此，排球运动员应及时缓解紧张的心理情绪，调整不良心理状态。可通过深呼吸来调整身心紧张状态，同时可为运动员提供更多氧供应。

（3）注意力转移与集中

排球比赛中，当受到不良因素刺激时，运动员应调整比赛注意力，使自己的注意从不良因素和不受控制的因素（如观众干扰、教练误判）中转移开，使自己的注意力完全集中到比赛上来，全身心投入当前比赛中。

（4）思维阻断

排球比赛变化莫测，在比赛中常会发生一些意外情况，如现场观众不良言语的干扰，大比分落后时，就会导致运动员出现情绪低落的状况。针对这种情况，运动员可以采取积极思维的方式来阻断消极意识，用积极思维来替代消极思维活动，如"观众在为我加油""下个球一定能击好""稳住，对手马上坚持不住了"等等。

（5）自我宣泄

针对不利于本方的赛况，运动员可通过擦汗、握拳、呐喊等动作进行自我宣泄，将不良情绪宣泄出来，再调整好心态继续投入比赛。

3. 赛后心理恢复

（1）通过认知调整比赛所带来的消极心理反应

端正比赛心理，做到"胜不骄败不馁"，正确看待比赛的胜负。在日常排球运动训练中，运动员要采取必要的手段和措施提高自我认识，正确地看待比赛的胜负，无论在何种比赛条件下都要保持良好的心态。

（2）运用语言暗示及时消除赛后疲劳

排球比赛对运动员的心理消耗非常大，赛后，一些运动员会出现心理疲劳现象，随之可能出现不良情绪，训练和比赛的兴趣减退，因此需要调整自己的心理，促使心理疲劳得到尽快缓解。具体来说，运动员可采用自我暗示诱导放松、他人暗示诱导放松的方法来放松身心。

（3）赛后放松

赛后的身心放松可以通过以下几种方法进行：

① 运用生物反馈训练法进行心理康复训练。

② 利用催眠术进行心理康复训练。

③ 通过想象放松训练，解除心理疲劳。

④ 参加娱乐、休闲活动进行放松。

三、排球运动智能素质训练

随着现代排球运动的发展，排球运动场上已经不再只是体力、技能的较量，智力因素在排球运动比赛中发挥着越来越重要的作用。日常参与排球运动健身也需要充分了解排球运动各方面的知识，科学合理安排运动训练，排球运动参与过程中不能一味强调运动量不断增大、运动时间不断加长，这显然是不科学和不明智的安排。智能因素在排球运动中发挥的越来越重要的作用使得现代高校排球运动教学与训练中，增加了对运动者的智力素质训练。这是排球运动教学与训练科学发展的结果。

（一）排球运动智能训练基础

1.排球运动智能训练的任务

① 增强运动员独立参与排球训练和排球赛事的能力。

② 使运动员具备准确且全面观察和分析问题的能力。

③ 帮助和指导运动员对自身进行有效监督。

④ 运动员对排球训练和比赛的目的及任务有清晰认识和深度理解。

⑤ 使运动员将排球比赛规则熟记于心，充分发挥运动员积累比赛经验的主观能动性。

⑥ 要求运动员熟练掌握切实高效的训练方法和手段。

⑦ 推动运动员的运动感知觉、运动表象力、动作概念能力等战术思维能力得到快速发展。

⑧ 培养和增强排球运动员实际操作能力，促使运动员更好地适应训练和比赛。

⑨ 促使排球运动员全面掌握排球运动特点、规律，提高运动员结合自

身状况制订和完善个人训练计划的能力。

⑩ 指导运动员熟练掌握运动生理学、运动心理学、运动生物力学等方面的基本知识，保证排球运动员能熟练掌握客观评价训练效果的方式方法。

⑪ 保证排球运动员充分掌握运动医学和运动心理学等方面的知识要点，指导他们熟练掌握并运用集简便性和易操作性于一体的测试方法。

⑫ 促进运动员技能、战术、体能、心理、智能等综合素质的提高。

2. 排球运动智能训练的要求

① 深刻领会排球运动员智能训练的多重作用，带动排球运动员自觉参与相关的训练活动，有效激发运动员独立完成训练任务的积极性。

② 教练员要制订出科学可行的排球运动训练计划，保证智能训练贯穿在不同时长的训练计划中，从而使运动员智能水平得到大幅度提升。

③ 促使训练人员与科研人员高效协作、紧密配合，共同研究和解决智能训练过程中出现的问题。

④ 制定评定排球运动员的可行性智能评价制度和方法。

3. 排球运动智能训练的内容

（1）观察力

观察力是指运动员认识专项运动本质规律的具体程度，具体反映为参赛运动员能以最快速度察觉并推断出对方内心活动、技战术实施等，运动员准确而深刻地观察和认识这些情况，有助于排球运动员及时、迅速、正确地做出对策。

排球运动智能训练，应注重提高排球运动员收集对方运动员各项信息的准确程度，为运动员进攻动作或者反击动作的准确性和实效性提供保障。

（2）记忆力

记忆是个体大脑对过去经历事物的体现，而排球运动员的记忆力则是其已经具备的技战术水平在参赛时可以体现出来的程度。

具有良好的记忆力有助于高校大学生更好地掌握排球运动知识与技能，对于提高高校大学生的排球运动能力具有重要的促进作用。

就大学生排球运动员来讲，更要不断提高记忆力，加强记忆力训练。具体来说，参赛运动员技战术水平的发挥和其记忆动作的实际情况存在很大联系，在日常训练中已经熟练掌握的技战术往往会在比赛中经常反映出来。记忆力之于比赛的重要影响在于运动员参赛过程中需要完成这个动作时能否"自动化"地再现出来。具备良好的记忆力可避免排球运动比赛中以下不良现象的出现：

① 在比赛场地内紧张氛围的影响下，运动员的记忆力出现凝固，日常运动训练中反复使用的技战术动作往往无法发挥出来。

② 在想赢怕输思想作用下，运动员行为和动作严谨过度会使记忆进攻动作或者反击动作的反应速度变慢。

③ 比赛中对方有出其不意的动作和战术时，会使运动员紧张，不能从已有经验中搜索整理出正确的应对方案。

（3）想象力

排球运动员的想象力具体是指运动员对技术动作、赛况、战术的再现、发展和创新的能力。

排球运动员想象力的运用范围很广，运动员在训练场上完成所有训练内容都离不开想象力的支撑作用。想象力能对技术创新产生显著作用，良好的想象力有助于排球运动员准确判断对方意图，在比赛中出其不意，攻其不备。

(二) 排球运动智能训练方法

1. 丰富理论知识体系

（1）在基础知识的传授中发展智能

① 教练员要向运动员讲解排球运动的基本概念和基本原理，保证运动员准确掌握和运用训练的有关规律，改善排球运动员思维能力发展效果，为排球运动员实现知识技能迁移创造有利条件。

② 利用多媒体教学在内的多元化教学手段，指导运动员逐步运用多种思维形式看待问题和处理问题，由此使运动员思维能力得到有效发展。

③ 将学习理论知识和参与排球训练活动有机结合起来，促使排球运动员在运用知识实践中的实际操作能力有所增强。

（2）在排球专项理论知识的传授中发展智能

① 教练员应用生物力学知识剖析各项技术动作时，要有意识、有目的地增强排球运动员的观察力和思维力。

② 日常教学训练中不断激发排球运动员积极学习和掌握有关排球运动的赛事规则和裁判方法，促使运动员的思维能力、观察能力以及适应能力有所增强。

③ 丰富排球运动员的知识结构，包括科学安排训练计划、自我监控能力、健康保健知识。

2. 观摩高水平排球赛事

安排排球运动员观摩高水平排球运动比赛中运动员的表现，促使运动员在观察过程中充分调动思维，设法使运动员的分析能力和智力水平得到大幅度提升，使运动员意识到自身的缺点，逐步达到取长补短的目的，提高掌握动作技能的效率。

3. 注重运动训练实践操作

在运动训练过程中指导运动员深入探讨技术动作和战术配合，将运动员的灵感和智能充分激发出来，高效解决训练过程中的技战术问题。

针对竞赛和训练过程中相关问题的集中归纳，制定具备系统性特征的训练手段，使排球运动训练过程有序开展，结合排球运动心理训练，提高运动员在特殊比赛情景所产生的特殊心理状态下对已有知识、技能、经验、现场信息的处理能力。

需要特别指出的是，在排球运动员运动训练过程中，加大运动员技战术能力培养力度的同时，应重视技战术能力培养，积极开展一般智力水平测试，把运动员心智技能培养摆在重要位置，重视运动员的智力测评与智力选材。

第二节　高校排球技术教学与训练指导

排球运动技术是高校排球运动教学与训练的重要内容，也是高校排球运动教学与训练的主体部分，通过排球运动技术学练，能为高校大学生参与排球运动奠定良好的技术基础，使大学生的排球运动参与成为可能。排球运动技术学练不仅是运动者参与排球运动的入门基础，而且通过科学系统的学练还能让运动者真正体会到排球运动的乐趣，并在排球运动学练中避免不必要的运动损伤，因此在高校排球运动中，技术教学与训练是十分重要而且必要的。

一、排球运动技术概述

(一) 排球运动技术的概念与分类

1. 排球运动技术的概念

排球运动技术概念研究是排球技术研究中较早的一部分内容，随着排球运动发展的逐渐深入，人们对排球运动技术的认识也不断深入，排球运动技术的概念也在不断完善。一般认为，运动员在排球比赛中所采用的各种合理击球动作，以及各种配合动作统称为排球运动技术。

排球运动技术是个体从事排球运动的重要技能基础。

随着排球运动的不断发展，排球运动的特点越来越鲜明。具体来说，其不仅有着较强的对抗性，还具有激烈的竞争性，鉴于此，为了保证良好的技术运用效果，要求排球运动员不仅要熟练掌握排球运动的各种攻守技术，还要能够灵活运用，也正因如此，才更说明排球运动技术教学与训练的必要性与重要性。

2. 排球运动技术分类

发展到现在，排球运动技术体系已经非常成熟，不同的排球运动技术丰富多样，可应用于不同的排球运动场景中。关于排球运动技术的分类，可以从两个方面进行阐述。

广义的排球运动技术分类，可以将排球技术分为运动员身体部位击球时的动作和配合动作两个方面。

狭义的排球运动技术分类，可以将排球运动技术分为无球技术和有球技术，这里对排球运动技术的分类主要是从狭义角度进行划分的。

(二) 排球运动技术的特点与要求

1. 排球运动技术的特点

(1) 瞬时性

随着排球运动的不断发展，排球运动场上竞争越来越激烈，排球运动的节奏不断加快。使得在排球运动参与过程中，运动员的排球运动技术的应用要非常快速。

排球运动的强竞争、快节奏，对运动者的排球运动技术动作要求非常高，再加上排球比赛规则在这方面也有相应的要求，这就使得运动者必须在最短的时间内，快速、准确地完成技术动作。

（2）动态性

排球的技术动作是一种需要运动员在运动场上快速完成的技术，如果不能快速、准确完成技术动作，就有可能被对方抢占先机。在排球运动比赛过程中，从发球开始到排球落地结束，排球一直处于空中飞行的状态，面对处于不断的运动变化中的球，运动员要及时快速处理，快速反应，不断实施技战术，确保球的正确飞行和始终处于对自己有利的飞行状态。

（3）双重性

排球技术的应用具有双重性，这种双重性主要是指排球运动技术实施的进攻和防守目的与效果的双重性。具体来说，排球运动技术动作的属性往往是进攻与防守的有机结合，比如，较为典型的有传球技术、垫球技术、拦网技术等，在排球比赛过程中，运动员所实施的这些技术是可攻可守的。

（4）发展性

任何事物都是不断向前发展的，排球运动也不例外，随着排球运动的不断发展，排球运动的技术、战术等都在不断发生着变化，其规则也有所改进，随着排球运动技术的成熟和排球运动规则的变化，排球运动的技术也更加丰富，不断有新的排球运动技术及技术组合出现。

2.排球运动技术的要求

排球运动技术运用的全面性。排球运动对运动参与者的技术要求是全面性的，在高校排球运动教学与训练中，应注重排球运动技术教学与训练的内容的全面性，在学习和掌握排球运动技术方面，遵循全面性的原则，熟练掌握每个技术动作，才能够为运动员技术动作的灵活应用奠定良好的基础，才能够更好地做好攻守转换。

排球运动技术运用的灵活性。排球运动技术的双重性特点决定排球运动技术的应用可以做到灵活运用，排球运动竞争比较激烈、比赛节奏快，因此场上人球关系和攻守变化迅速，同时，每一个运动员都有自己的运动特长和特点，这也要求运动者在排球技术运用中将运动员的个性化特点充分体现出来。因此，排球运动参与者必须结合技术目的、场上赛况、个人特点等灵活运用技术。

排球运动技术运用的合理性、准确性。要求运动员要灵活、准确地运用排球技术，根据比赛规则来合理运用技术动作，同时，保证技术动作的正确性和准确性。除此之外，为了保证理想的技术运用效果，还要求运动员具有良好的空间、时间和位置感觉等。

排球运动技术运用的实用性。要求排球运动参与者在排球运动技术运用方面，要严格遵循实用性原则。排球运动场上赛况复杂变幻，同一种紧急情况下运动员会面临多个不同技术实施的选择，只有实用的技术动作才能够与实战需要相符，才具有运用的价值和意义，才能真正发挥排球运动技术的效果，达到预期目的。

二、排球运动无球技术学练

(一) 准备姿势

1. 技术分析

(1) 稍蹲准备姿势

稍蹲准备姿势是一种较高身体重心的排球技术实施的提前身体准备姿势，是一种在排球运动场上不需要快速移动的技术准备姿势。

稍蹲姿势，两脚左右分开，脚间距略大于肩宽，双屈膝，脚尖内收，脚跟稍提，两臂自然屈肘，目视来球。

(2) 半蹲准备姿势

在排球运动中，半蹲准备姿势多用于接发球、拦网和各种传球。

半蹲姿势做击球准备时，两脚左右开立，也可一脚稍前一脚稍后，脚间距略大于肩宽，脚尖内收，脚跟稍提，屈膝100°～110°，以便随时蹬地起动。上体稍前倾，两臂自然屈肘，目视来球。

(3) 低蹲准备姿势

低蹲准备姿势是排球运动中一种较为被动的准备姿势，多用于防守和各种保护动作。

低蹲准备时，对于身体重心的把控，应做到重心要低，两脚左右开立，也可一脚稍前一脚稍后，脚间距大于肩宽，脚尖内收，脚跟稍提，身体前倾，肩肘的垂直线过膝，膝部的垂直线过脚尖，目视来球。

2. 教学程序

① 教学讲解：明确运用目的、作用、动作方法等。

② 教学示范：结合教学讲解，正确、形象、生动示范技术动作姿势。

③ 组织练习：由原地做准备姿势过渡到移动中做准备姿势。

④ 纠错、总结。

3. 训练方法

① 徒手模仿。

② 慢跑中根据信号迅速转身 180° 做准备姿势。

③ 两人一组，一人做上举、平举、放下的手势，另一人根据既定手势做相应的直立、半蹲、摸地的动作。

(二) 移动技术

1. 技术分析

移动技术是排球运动的各种击球技术动作实施的重要基础，没有移动，排球运动参与者只能原地击球，整个排球运动就不复存在了。

高校排球移动技术教学与训练内容如下：

(1) 起动

起动是移动的开始，起动时，先降低重心，收腹，上体前(侧)倾，两脚瞬间迅速、有力蹬地，提重心、身体前倾，快速向前位移，双手配合身体摆动。

(2) 移动

① 并步

并步是短距离内脚步的并列移动，移动前，两脚应前后站立，与肩同宽，两膝微屈，上体稍前倾，两手自然放松置于腰腹；并步时，前脚向来球方向跨出一步，后脚随后迅速蹬地跟上，并做好击球前的姿势。

② 滑步

滑步是连续的并步移动，排球运动中，如果来球较远，需要依靠滑步接近球。

侧横滑步：两脚并立或开立，根据对手或球的移动方向，连续向一侧进行快速、连续的跨步移动，接近来球。

前滑步：上体前倾，快速向前、连续开立跨步移动。

后滑步：与前滑步动作相同，方向相反。

③ 滑跳步

滑跳步又称碎步，步幅小、频率快、防守面积大。

滑跳时，屈膝，使重心下降，上体前倾，一脚连续蹬地，两脚小步幅、快频率向移动方向滑动。

④ 跨步

跨步是排球运动的一种简单移动技术方法。移动时一脚为中枢脚，另一脚跨出。

同侧跨步：屈膝，一脚做中枢脚蹬地，另一脚向移动方向跨出，跨出后重心移至跨出的脚。

异侧跨步：屈膝，一脚做中枢脚蹬地，另一脚向与脚相反的方向跨出，跨出后，重心移至中枢脚。

⑤ 跨跳步

跨跳步是在跨步基础上更远距离的移动技术方法。

在排球运动中，如果来球较远，跨步仍不能接近，应先用后脚向来球方向蹬离地面，腾空，前脚落地，迅速屈膝，后脚及时跟上，降低重心，近球击出。

⑥ 交叉步

交叉步是运动员上体稍倾向来球方向，远侧脚从近侧脚前面，沿来球方向，交叉迈出一步的移动步法。其特点是步子大、动作快、制动强。当来球在体侧 3 米左右时采用。

⑦ 转身

屈膝，上体稍前倾，重心在两脚间，前脚碾地，移动脚用力蹬地，上体随移动脚的蹬转改变身体方向，碾地脚向移动方向跨出，并支撑身体，另一脚随即跟上或继续向移动方向迈出。

⑧ 跑

跑是一种快速移动，当来球距身体较远时可采用跑步移动接近球。

变速跑：利用速度变化快速移动脚步。

变向跑：跑进中，突然用与移动方向相反方向的脚用力蹬地，屈膝，扣脚尖，腰部向移动方向转动，另一脚大步向移动方向跨出。

侧身跑：脚尖对准跑动方向，身体向移动方向倾斜，双脚迅速向移动方向迈进。

（3）制动

制动是移动技术的结束，是由移动转为静止的过程。排球运动中运动者从移动状态过渡到静止状态可采用以下两种制动方法：

① 一步制动

移动的最后阶段，跨出一大步，降低重心，膝和脚尖适当内转，用全脚掌横向蹬地以抵住身体重心继续向前移动的惯性力，同时以腰腹力量控制上体，使身体重心的垂直线停落在脚的支撑面以内。

② 两步制动

移动的倒数第二步做第一次制动，紧接着跨出最后一步做第二次制动，同时身体后倾，两膝弯曲，重心下降，双脚用力蹬地制动。

2. 教学程序

① 教学讲解：教学讲解移动的目的、作用、种类、动作方法、与准备姿势的关系等。

② 教学示范：边教学讲解边教学示范。正确、形象、生动地示范技术动作姿势。

③ 组织练习：由徒手练习到结合球练习，再结合其他基本技术练习。

④ 纠错、总结。

3. 训练方法

① 看或听信号后做变向移动。

② 看或听信号做前进和后退的练习。

③ 采用滑步从排球场地一边移动到另一边。

④ 向上抛球，在球没有落地之前从球下钻过。

⑤ 从场地一端的端线跑向另一端的端线，在中途的几个标识点进行转

身跑。

⑥两人一组，面对面半蹲站立，双手互拉，一人向各个方向移动，另一人跟着做。

⑦两人一组，一人不同方向抛两球，另一人移动接球并抛回。

⑧三人一组，绕三角障碍物任意跑动，一人追，两人跑。

⑨六人一组，平行站在端线处原地跑，看或听信号冲刺跑。

三、排球运动有球技术学练

(一) 发球技术

发球技术的实施是排球运动对抗的开始，发球技术不受对方因素的干扰，运动者可结合自身的排球运动技战术意图来选择相应的发球技术，在发球技术实施中，排球运动员享有最大的自由权。

1. 技术分析

高校排球运动技术教学与训练中，大学生应掌握如下几种排球发球技术方法：

(1) 正面上手发球

①技术特点

正面上手击球力量大、速度快、弧线平、击球快、落点准确，是排球运动参与者最常用的排球发球技术。

②技术动作

发球前，两脚前后开立，以左脚在前、左手持球为例，左手腹前持球，准备抛球发力。

发球时，左手 (或双手) 平稳抛球至右肩前上方，右臂屈肘后引，肘与肩平，手掌成勺，上体右转、抬头、挺胸、展腹，重心移至后脚。

击球时，两脚蹬地，上体快速左转，含胸、收腹、上挥右臂，全手掌击球的后中下部。

击球后，迅速入场，投入下次击球准备。

（2）正面下手发球

① 技术特点

正面下手击球失误少，准确率高，但球速慢，力量小，攻击性差，适用于初学者。

② 技术动作

发球前，面对球网，两脚前后开立，左脚在前，两膝稍弯，上体前倾，左手持球于腹前下方。

发球时，体前右侧腹前抛球，离左手高度30厘米左右，右臂伸直右下摆。

击球时，右脚蹬地，右直臂，以肩为轴，由后下方向前上挥摆，体前右侧以全掌或掌根击球的后下方，击球后，重心跟进前移，迅速入场。

（3）侧面下手发球

① 技术特点

动作简单，借助腰腹转动发力，发球稳定性较大，攻击性小，适用于排球初学者。

② 技术动作

发球前，左肩对球网，屈膝，上体前倾，重心居中，左手腹前持球。

发球时，腹前低抛球，球至腹前离身体约一臂之距，离左手高度30厘米左右，右臂伸直右后下摆，右转体。

击球时，右脚蹬地发力，左转体，重心移至左腿，右臂上摆，在腹前用全掌或掌根击球的后下方。

击球后，迅速入场。

（4）发飘球

① 技术特点

发飘球，球在空中不旋转，但不规则晃动，威力大，难以判断飞行路线和落点。

② 技术动作

正面上手发飘球：面对球网，前后开立，左脚在前，左手持球；抛球比正面上手发球高度稍低、稍朝前，上体左转、后仰，挺胸、展腹、举臂后振蓄力；下甩臂、收腹、含胸，五指并拢，用掌下1/3部位击球中下部，作用力通过球的重心。

勾手发飘球：左侧对球网，自然开立，左手头前上平稳抛球，右手随上体右转右下摆，蹬地转体，挺胸、展腹，手臂从后下方经上前挥，用掌根、虎口击球中下部，不屈腕。

（5）跳发球

① 技术特点

跳发球，利用弹跳高击球，击球点高，攻击性强，难度大，体力消耗大。

② 技术动作

发球前，距端线 3~4 米，面对球网，右手或双手持球。

发球时，抛球至右肩前上方 2 米左右，落点在端线附近，抛球后，迅速 2~3 步助跑起跳。

击球时，收腹、转体、起跳、挥臂，两臂积极协调大幅摆动，击球动作与正面扣球动作相似。

击球后，双脚落地，屈膝缓冲，迅速入场。

2. 教学程序

① 教学讲解：详细讲解各发球技术动作环节、动作要点；解析不同发球技术适用情况、作用；明确发球技术的抛球、击球、手法三要素。

② 教学示范：结合讲解对各发球技术动作进行完整、分解示范。

③ 组织练习：由徒手练习到结合球练习；由近距离到远距离发球练习；由不结合网到结合网练习；由技术性发球到战术性发球。

④ 教学评价与纠错、改进、总结。

3. 训练方法

① 徒手模仿发球练习。

② 不离手的抛球练习。

③ 不实击球的做引臂和摆臂击球练习。

④ 自抛高度固定的球的练习。

⑤ 反复进行目标掷准练习。

⑥ 对墙发球：逐渐拉大与墙的距离。

⑦ 两人一组，分别站在边线两侧对发球。

⑧ 两人一组，各距网 6 米发球，逐渐拉大距离。

⑨ 两人一组，在固定击球高度击球，体会击球点位置和挥臂动作。

⑩ 四对四或六对六集体发球质量竞赛练习。根据发球质量，攻击性强得 2 分，一般得 1 分，失误得 0 分，分数高的队获胜。

(二) 传球技术

1. 技术分析

排球传球技术旨在将球传给同伴，由同伴再击球进攻或防守。高校排球运动教学中，大学生应掌握以下几种常见的传球技术：

(1) 正传球

① 技术特点

准确性高、稳定性高，动作容易协调配合，变化多端。

② 技术动作

以正面双手传球为例，技术动作解析如下：

传球前，稍蹲准备，看准来球，快速移动接近来球。

传球时，上体稍挺起，蹬地、伸膝、伸臂迎球，在球近额时，双手张开成半球形触球，双手拇指相对成"一"或"八"字形。

(2) 侧传球

① 技术特点

侧向传出来球，传球面积较大，但方向控制和球的飞行路线控制有一定难度。

② 技术动作

传球前，迎球动作、手形均与正面传球相同。

传球时，出球方向一侧的手臂低一些，另一侧手臂稍高；击球时，蹬地、侧转体，伸臂，脸前或稍偏位置击球传出。

(3) 背传球

① 技术特点

背传球，即向身体背后方传球，难度大，但可出其不意、迷惑对方。

② 技术动作

传球前，稍蹲姿势准备，背对目标，上体后仰，击球手法与正传相同。

传球时，击球点在额前、稍向头上方；展腹、伸肘、蹬腿，手腕后仰，掌心向上，击球上部，拇指托球后挑；手触球后，手腕后翻。

（4）跳传球

① 技术特点

跳传球，跳起在空中击球传出，击球点高，方向多变，击球方式灵活，可单手或双手击球、可原地跳、助跑跳、单脚跳、双脚跳。

② 技术动作

以原地起跳双手跳传为例，看准来球，双脚蹬地、双臂上摆，在身体升至空中最高点时快速伸臂，主动屈指、屈腕，以手指、手腕弹力击球传出。

2. 教学程序

① 教学讲解：讲解传球技术的动作方法、技术要领、特点、运用时机及其在比赛中的地位与作用。

② 教学示范：先完整示范，再分解示范各传球技术的动作细节和动作要领，尤其重视击球时的手形动作示范。

③ 组织练习：先徒手练习，再结合球练习。

④ 纠错、总结。

3. 训练方法

（1）原地传球

① 徒手模仿练习。

② 对地传球：蹲姿，约15厘米高度对地连续传球。

③ 对墙传球：距墙3米，连续传球击墙上目标。

④ 自抛自传：由胸前垂直向上抛球，抛球高度约1米，准备自传；当球下落时，手指、手腕保持弹性将球弹起，连续向上自传。

⑤ 抛传球：一抛一传或一抛一接，体会手形。

⑥ 传接球：两人一组，做好传球的手形，接同伴抛来的球，体会传球的手形。

⑦ 传击球：两人一组，相互传击球，不限动作和击球次数。

⑧ 互抛互接：两人一组，于额前上方抛击球或互接球，相互纠正手形。

⑨ 传固定球：两人一组，一人持球做额前上推送传球的动作；另一人单手压球，体会传球手形和身体协调用力。

⑩固定距离对传球：两人一组，相距3～5米，连续对传球。

（2）移动传球

①行进间自传球：从端线出发，自传行进到网前，从边线外返回。

②行进间对传球：两人一组，从端线出发，对传并行进到网前，从边线外返回。

③移动后传球：两人一组，由同伴抛任意球，练习者移动后传球。

④三人三角传球：三人一组，各相距3米成三角形进行传球练习。

⑤横向移动换位传接球：四人一组，各相距4～5米，成"口"字形，横向移动换位接球。

⑥多人跑动三角传球：三队人员，站成三角，两人的点先传球，传完球后随传球路线跑到下一点，循环进行。

（三）垫球技术

1. 技术分析

垫球是利用身体与球接触时，通过球施加于身体后身体给予球的反弹力将球击出的技术。

垫球是通过手臂或身体其他部位由球的下方向上将来球垫击反弹出去的击球动作。垫球是排球比赛中防守的基础，多用于接发球、接扣球、接拦回球及处理各种困难球，是运动员争取得分的重要技术，主要有以下几种垫球方式：

（1）正面双手垫球

①技术特点

属于防守技术，可弥补传球不足、辅佐进攻、变被动为主动，准确率高，容易控制落点。

②技术动作

击球的击球手手形有三种，即包拳式、叠掌式和互靠式；击球时，以前臂桡骨内侧平面触球。

根据来球力度，包括以下三种击球方法：

垫轻球：半蹲或稍蹲准备，看准来球，蹬地、跟腰、提肩，当球距腹前约一臂时，两臂夹紧，插入球下，顶肘、抬臂、压腕，击球后下部，抬臂送球。

垫中等力量球：半蹲或稍蹲准备，迎球速度要慢，手臂放松，蹬地、跟腰、提肩、伸臂、压腕，在腹前击球后下部，抬臂送球。

垫重球：半蹲或低蹲准备，看准来球，含胸、收腹，手臂随球屈肘后撤，缓冲来球力量，垫击球的后下部；击球后，重心协调向前，抬臂送球。

（2）正面单手垫球

① 技术特点

手臂伸得远，击球范围大，动作快，但触球面积小，较难控球。

② 技术动作

看准来球，积极移动，右脚跨一大步，身体向右倾斜，右臂伸直，自右后下方向前上方摆动，用前臂内侧、掌根、虎口或手背击球的后下部。

（3）体侧垫球

① 技术特点

防守范围大，是救球的重要技术方法，但不易控制方向、弧线和落点。

② 技术动作

以左侧来球为例，看准来球，右脚蹬地，左脚左大步跨出，重心左移，单臂或双臂伸出迎球，挺腰、收腹，击球的后下部。

（4）背向垫球

① 技术特点

击球点高，不宜观察目标、控球性差。

② 技术动作

以两臂背向垫球为例，看准来球，球飞过身体时，两臂夹紧伸直，插到球下，蹬地、抬头、挺胸、展腹、上体后仰，两臂后上摆，击球的前下部。

（5）跨步垫球

① 技术特点

动作快、控制范围大、但击球面积小，较难控制击球方向。

② 技术动作

看准来球，积极移动，大跨步接近球，屈膝深蹲，上体前倾，两前臂伸直，击球的后下部，将球垫起。

(6) 低姿垫球

① 技术特点

便于控球，适用于应对来球低、速度快、接近身体的球。

② 技术动作

低蹲垫球：以双手垫球为例，看准来球，准确判断落点，快速移动身体迎球，降低重心，前腿屈膝外展、后腿蹬伸，两臂贴近地面插入球下，将球垫起。

半跪垫球：看准来球，准确判断落点，快速移动身体迎球，低蹲垫球的基础上继续前移重心，前压上体、提腰、提肩，后腿膝内侧和脚弓内侧着地支撑，两臂贴地插入球下，翘腕垫球。

全跪垫球：看准来球，准确判断落点，快速移动身体迎球，在半跪垫球方法的基础上前压上体，两膝垂直投影超过脚尖，膝内侧跪地支撑。两臂插入球下，以小臂、虎口或翘腕动作将球垫起。

(7) 前扑垫球

① 技术特点

防守控制范围大、应用广、易掌握。

② 技术动作

较近来球：看准来球，半蹲准备，上体前倾，前脚掌蹬地，身体向来球伸展扑出，双臂直伸插入球下，提肩、抬臂，将球垫起。

较远来球：看准来球，如果双手不能触到球，可单臂前扑垫球。手臂前伸，用手背、虎口或小臂击球下方，另一手屈肘撑地，击球后击球手侧胸腹着地滑行。

(8) 鱼跃垫球

① 技术特点

在排球运动中，鱼跃垫球多用于当来球较低、较远，来不及移动到来球落点。鱼跃垫球的特点是控制范围大，动作难掌握，对运动员的灵敏素质要求较高。

② 技术动作

看准来球，半蹲准备，积极移动，前移动重心，判断好来球的落点，前脚掌用力蹬地，采用一至两步助跑或原地跃出，充分伸展身体、前伸手臂，用手背、虎口或前臂将球垫起；击球后双手在体前着地支撑，屈肘缓冲。

(9) 挡球

① 技术特点

击球力量大，球的可控性强，可应对高度高、速度快、力量大的来球。

② 技术动作

单手挡球：看准来球，积极移动，主动伸臂，在头部上方或侧上方用力击球。

双手挡球：看准来球，手臂上举，屈肘、肘部朝前，手腕后伸，在脸额或两肩的前上方，以手掌外侧和掌根所组成的平面挡击球的后下部，将球向前上方挡起。

2. 教学程序

① 教学讲解：准确、全面讲解垫球技术动作方法、技术要领及比赛应用。

② 教学示范：先完整、后分解示范，并做好各个角度和侧面的技术动作示范，同时注重垫球手形动作的示范。

③ 组织练习：由徒手练习过渡到结合球的练习，再结合其他技术进行练习。

④ 客观评价学生练习，并指出不足和改进方法，进行教学总结。

3. 训练方法

① 听或看口令做正面双手垫球模仿练习。

② 自抛自垫球。

③ 连续对墙垫球，逐渐拉长与墙距离。

④ 垫固定球：两人一组，一人抛球一人垫球，体会击球动作。

⑤ 移动垫球：两人一组，在移动中垫回同伴的抛球。

⑥ 垫抛球：两人一组，一人抛球，一人垫球。

⑦ 对垫球：两人一组，隔网或不隔网对垫球。

⑧ 发球和垫球结合练习：两人一组，相距 4~6 米，一人发球一人垫球。

⑨ 三人一组，三角连续垫球练习。

⑩ 三人一组，隔网站立，一发二接。要求每人负责一条线，一个区。

⑪ 四人一组，一发三接，要求同上。

（四）扣球技术

1. 技术分析

（1）正面扣球

① 技术特点

击球准确性较高，可随时改变扣球路线、力量和落点。

② 技术动作

正面扣高球：扣球前，稍蹲准备，助跑，两臂从体侧向后引，积极上摆，双腿蹬地起跳；挺胸、展腹，上体稍向右转，右臂后上屈臂抬起，身体成反弓形。

扣球时，收腹发力，带动肩、肘、腕各部位成鞭打动作向前上挥臂，五指微张成钩形，以全手掌包满击球的后中部，扣球后，前脚掌先着地，屈膝缓冲。

单脚起跳扣球：助跑的最后一步以单脚踏地，另一只脚积极前上摆动起跳，比双脚起跳冲得更远，跳得更高。跳起后，扣球动作与正面扣球基本相似。

双脚冲跳扣球：助跑动作基本同正面扣球，两步助跑，助跑最后一步踏跳时，双脚用力蹬地，身体迅速腾起，抬头、挺胸、展腹、弓背；击球时，快速收腹，挥臂，手腕推压，击球的后中部。

（2）勾手扣球

① 技术特点

可很好地改变球的方向，力量大，可直接过网得分。

② 技术动作

起跳前，动作基本同正面扣球，跳起后，上体后仰或右转，右肩下沉，挺胸、展腹，手臂伸直，掌心向上，手张成勺形。

击球时，转体、收腹，直臂由下经体侧向上划弧，头前上方用全手掌击球后中部。

2. 教学程序

① 教学讲解：通过教学讲解让学生明确扣球技术的概念、要领、特点、作用等。

②教学示范：先完整后分解教学示范，明确各个动作环节的细节。最后再进行完整技术动作示范，使学生能观察和掌握正确的扣球技术动作定型。

③组织练习：先进行挥臂击球与起跳练习，再练习扣定点球和扣一般弧度球。

④教学评价、纠错、总结。

3.训练方法

①徒手模仿扣球挥臂，体会鞭打动作。

②手持哑铃做负重挥臂，增加手臂扣球力量。

③原地快速挥臂，打固定目标物，提高扣球准确性。

④原地起跳摆臂、二步起跳摆臂练习，提高弹跳与挥臂的动作协调性。

⑤原地起跑，由站立开始，屈膝下蹲同时两臂由前向后摆动。

⑥向不同方向的跨跳练习。

⑦慢跑，两步助跑起跳，再慢跑，再起跳，反复进行。

⑧原地自抛扣球练习。

⑨连续对墙扣反弹球。

⑩助跑自抛扣球练习。

⑪扣固定球练习：两人一组，一人双手头上持球，另一人扣固定球。

⑫扣反弹球练习：两人一组，对地扣反弹球。

⑬助跑扣球练习：两人一组，一人抛球，另一人助跑扣球。

⑭三对三防、调、扣对抗。

⑮四对四或六对六攻防练习。要求只准扣远网球。

(五) 拦网技术

1.技术分析

排球运动中，运动员用腰部以上位置在近网拦截对方击球过网，即为拦网技术。

(1) 单人拦网

①技术特点

起跳灵活、防守快速，但防守面积较小。

② 技术动作

面对球网，距网30~40厘米。密切观察场上情况，积极移动，屈膝，蹬地起跳；腾空后，两手从额前平行于球网向上伸出，直臂、提肩，两臂平行；两手接近球，自然张开，呈勺形；手腕用力捂盖球的前上方。

(2) 双人拦网

① 技术特点

拦网范围较大，但容易漏拦网或相互干扰。

② 技术动作

以一人为主拦队员，另一人为配合队员，一般距扣球点近的队员为主拦队员，拦网技术动作基本同单人拦网。

需要特别指出的是，应合理控制同伴间距离，避免距离太远出现"空门"；避免距离太近互相干扰起跳；避免手臂空中重叠；避免打手出界。

(3) 三人拦网

① 技术特点

拦网范围大，可强势反攻，但容易相互干扰。

② 技术动作

以三人中位于中间的队员为主进行拦网，主拦网队员积极起跳，拦网技术动作同单人拦网，两侧队员迅速移动、及时起跳，积极配合同伴拦网。

2. 教学程序

① 教学讲解：教学讲解拦网技术的动作方法、技术要领、运用时机、实施作用。

② 教学示范：完整示范与分解示范相结合，可让学生观看图片和影像演示。

③ 组织学生进行单人拦网、双人拦网以及三人拦网练习。

④ 教学评价与总结。

3. 训练方法

① 徒手原地起跳拦网。

② 原地或对墙做伸臂，体会拦网手形。

③ 移动起跳拦网。

④ 两人一组，原地起跳配合拦网。

⑤ 两人一组，移动后起跳配合拦网。

⑥ 两人一组，一人自抛自扣，另一人拦网。

⑦ 两人一组，网边移动隔网起跳拍手。

⑧ 两人隔网一扣一拦。要求扣球准确，拦网不起跳。

⑨ 两人一组，一人主动，另一人被动在网前移动拦网。

第三节　高校排球战术教学与训练指导

一、排球运动战术概述

(一) 排球战术的概念与分类

1. 排球战术的概念

运动战术是运动者在运动训练和比赛过程中运用技术和身体之长，扼制对方，夺得胜利的策略和方法。

在排球运动中，运动员的良好运动实战表现建立在熟悉对方情况或临场变化的基础之上。在此基础上，运动员结合场上情况采取符合排球运动规律的技术组合或有预见、有目的、有组织地统一行动，即为排球战术。

2. 排球战术的分类

排球运动历史悠久，发展到今天，已经形成了丰富的战术内容体系，结合不同的分类依据，可以对排球战术进行不同的分类。具体如下：

(1) 根据战术的人数分类

根据战术参与人数，排球战术可分为个人战术和集体战术。

① 排球个人战术：运动员个人完成战术。

② 排球集体战术：两个或两个以上运动员配合完成。

(2) 根据战术的组织形式分类

① 排球进攻战术：主动把控比赛节奏和球权。

② 排球防守战术：在对方占据比赛优势的情况下，积极、谨慎应对，力避失分。

现代排球比赛中，进攻与防守在赛场上始终存在，并不断转换，二者之间具有非常密切的关系，在比赛过程中相互依存、互为基础、彼此渗透。

（3）根据战术的运用分类

根据战术运用进行分类，排球战术可分为四类，具体如下：

① 接发球及其进攻（一攻）战术。

② 接扣球及其进攻（防反）战术。

③ 拦回球及其进攻（保攻）和接传战术。

④ 垫球及其进攻（推攻）战术。

（二）排球战术的构成与运用

1. 排球战术能力构成

（1）战术意识

战术意识是排球运动员在战术组织与实施过程中的思维活动，良好的战术意识是运动员科学制定、实施战术的基础，是比赛中抓住战机的重要基础。有助于排球运动员正确认识排球运动战术的实施特点、发展规律、适用条件和环境。

排球战术意识有着较为显著的特点，具体表现在如下几方面：

① 战术行动的预见性

② 战术判断的正确性。

③ 进攻战术的主动性。

④ 防守战术的积极性。

⑤ 战术运用的灵活性。

⑥ 战术配合的集体性。

排球运动员战术意识的培养是建立在一定基础之上的，其基础主要体现在：在遵循排球各种技术战术的一般规律的同时，在平时有目的地进行系统的战术练习，并在比赛中不断积累经验，并将其应用于实战中，在不断总结、提高的过程中，逐步提高自己对场上的情况观察的敏锐性和做出反应的灵敏性。

排球运动实践表明，排球运动员在比赛中越拥有强烈的战术意识，越能在排球运动比赛中抓住战机，组织形式与对策，与同伴默契配合。

（2）战术指导思想

排球战术指导思想要求在排球运动实践过程中要快、狠、准、活地运用战术，具体分析如下：

①快。在排球运动训练和比赛中，运动员应快速判断，迅速反应，起动快，步伐移动快，抢位快，完成击球动作快。

②狠。排球战术的实施应做到进攻凌厉，球路多变，以气势和实力击垮对手。

③准。排球运动战术实施的准，要求运动员在快速多变中战机抓得准，掌握技术准确并运用自如，落点准。

④活。排球运动场上人员多、人球关系变化快，运动员必须灵活运用战术，只有活用，才能够让对手措手不及、出现失误，此外，战术活用还有助于战术创新，可促进排球运动战术的发展。

（3）战术理论

理论知识对实践具有重要的指导作用。排球运动参与者应掌握丰富的排球运动战术理论相关知识，具体包括以下内容：

①战术指导思想、原则。

②战术形式、阵型、套路及优缺点。

③战术演变、发展。

④战术运用对策及范围。

⑤战术运用的前提条件。

⑥规则对排球战术的限制与要求。

⑦排球战术在比赛中的作用。

⑧对手相关情况的理论分析。

（4）战术数量

排球运动发展至今已经形成了庞大的排球战术内容体系，要求排球运动员应熟悉每一个排球战术的特点、效果、适用环境、组织实施。一个优秀的运动员（运动队），必须掌握多种战术，才有可能在现代复杂多变的排球比赛中灵活运用相应的排球战术来化解比赛危机，这是比赛中提高排球运动员（运动队）应变能力的重要基础。

这里必须指出的是，在排球运动比赛中，运动员（运动队）对丰富的排球战术的掌握，应符合自己的特点，能形成绝招，并应重点掌握几个具有良好攻防效果、发展潜力的新的排球战术。

（5）战术质量

高质量的战术指战术熟练、先进、有绝招、不断创新。这是体现战术能力的一个重要措施，也是发挥战术作用的重要前提。排球运动员对于任何战术都应该考虑其实施的效果和质量问题，不要在比赛中做无谓的身心能量消耗。

2. 排球战术运用

（1）掌握节奏

当代排球比赛中，对控球权的争夺非常激烈，高水平的排球比赛中，双方都想进攻和阻止对方进攻，但快攻不可能一直存在，排球比赛的节奏总是有快有慢。

在排球战术训练中，运动员必须认识到快攻与快守是掌握节奏的主要因素，是比赛中争夺时间、抢占空间的重要基础。因此，要结合场上情况，该快的时候快，该慢的时候就慢，不能一味求快，也不能始终沉浸在较慢的比赛中，要注意比赛节奏快与慢的有机结合，合理转换。

（2）消耗对方

排球运动对运动者的身心能量消耗是非常大的，在排球运动训练和比赛中，当自己觉得疲惫的同时，对手往往也处于相同的状态，这时哪一方能实现自我休息调整并进一步设法消耗对方，则哪一方就能获胜。排球比赛中，通过控制球的落点，最大限度地利用整个场地，把球击到场区的四个角上或离对手最远的地方，就能够使对手在每一次回球时体力尽可能多的消耗。此外，在争夺一球得失时，也可以通过多拍来调动对手，让对手多跑动，多做无效的杀球。但是，需要注意的是，在消耗对方体力的同时，自己要节省体力和精力，以在对手体力不支时，再行进取。

（3）调动对方

排球运动场地不算大，而且场上各队分别有五名队员，因此能很好地进行战术分区与保护。对方站在场区的中心位置，以全面地照顾各个角落，排球比赛中，要使对方击不到球较为困难。但是，可以考虑把对方吊离中心位置，这时可攻击对方空当，是排球战术应用的一个不错的选择。

排球运动训练和比赛中，运动员还可以通过重复球或假动作将对方的步法打乱，从而造成对方身体重心失去控制，来不及还击或延误击球时间而回球质量差，造成被动，自己则抓住有利时机，由被动转为主动。

（4）攻守结合

排球比赛中，进攻与防守不是截然分开的，运动员应在进攻时加强渗透和提高传球的威胁性，真正做到攻中寓守，守中有攻。

二、排球运动进攻战术学练

（一）排球运动进攻战术教学内容

1. 快攻战术

排球快攻战术是在各种快球及以快攻掩护下，由同伴或本人实施进攻的战术方式。排球快攻战术是高校排球运动战术教学的重要和基础教学内容之一。

（1）快球进攻

二传队员将球传给扣球队员，扣球队员快速挥臂击球进攻。快球有近体快（A）、短平快（B）、背快（C）、背短平快（D）、背溜（E）等。

（2）自我掩护进攻

排球自我掩护进攻战术是指进攻队员运用打各种快球的假动作来掩护自己的第二个实扣进攻的战术，具体包括三种战术方法，通过高校排球运动教学，学生应该熟悉掌握以下三种战术方法的实施技巧与适用情况：

①"时间差"进攻。

②"位置差"进攻。如短平快前错位、近体快前错位、近体快后错位。

③"空间差"进攻。也称空中移位进攻，利用身体在空中的移动，如前飞、背飞、后飞等来迷惑和避开对方。值得一提的是"空间差"是中国排球运动员的创新动作。

（3）快球掩护进攻

快球掩护进攻是指快攻队员利用各种快球或横向跑动吸引对方拦网，给其他队员创造一打一或空网扣球的进攻打法。

排球运动的快球掩护进攻包括以下几种战术打法：

① 交叉进攻。

② 夹塞进攻。

③ 梯次进攻。

④ 双快或三快进攻等。

2. 强攻战术

排球强攻战术是指排球运动员直接、果断、直观、连续地猛烈进攻，丝毫不掩饰进攻意图，直接强逼对方。该战术适用于实力强劲的运动员（运动队）。

强攻战术方法有如下几种：

（1）围绕进攻

围绕进攻是需要与同伴进行配合的一种进攻战术方法，在战术实施过程中，同伴之间跑动换位，相互掩护，推动战术的实施。

排球围绕进攻包括以下两种形式：

"后围绕"进攻：从二传队员前面绕到后面去扣球。

"前围绕"进攻：从二传队员后面绕到前面去扣球。

（2）拉开进攻

二传队员将球传到标志杆附近进攻的打法称为拉开进攻。拉开进攻可以扩大攻击面，能有效避开拦网，有利于线路变化和造成对手打手出界。

（3）后排进攻

后排进攻，简单来说，就是在后排组织进攻，需要同伴在场地的后排位置相互配合，扣球过网，该战术实施对扣球运动员的扣球技术有较高要求。

（4）调整进攻

现代排球运动竞争激烈，场上赛况多变，运动员的既定战术在比赛中不一定能被有效运用，这时就需要对进攻战术及其策略进行调整。

3. 两次进攻及转移战术

随着排球运动的不断发展，排球比赛节奏日渐激烈、赛况多变，赛场上，很多时候运动员往往不能在比赛中一击制胜，这就需要及时快速地采取补救措施，在这种情况下根据排球比赛规则规定可实施二次进攻。

在排球运动中，两次进攻及其转移的实施能有效弥补第一次进攻的不足，具有非常重要的作用，高校排球战术教学中，大学生应掌握两次进攻的战术形式。

4.立体进攻战术

立体进攻是指前排与后排、快攻与强攻、时间与空间上的多方位组合进攻。

(二) 排球运动进攻战术训练方法

1.发球战术能力训练

① 拼发球：两人或多人对抗比赛，进攻方大力发球、跳发球、重飘球。

② 找点发球：两人或多人对抗比赛，进攻方将球发到对方薄弱区域。

③ 找人发球：两人或多人对抗比赛，进攻方找对方实战能力不足的人发球。

④ 短距离一发一接练习：三人一组，一人发低平球，一人接发球，一人递球，发球速度由慢到快，发20个球后，三人互换继续练习。

⑤ 三发三接比赛：六人一组，在排球场上纵向一分为二，分列两侧，一组站在发球区发球，另一组接发球，20个球后，两组交换继续练习。

2.一传战术能力训练

① 配合传球练习：将一传球垫或传到二传队员头上，弧度稍高，便于二传。

② 强攻练习：一传弧度宜高，以便同伴调整传球。

③ 快攻练习：一传弧度较平，速度稍快。

④ 两次球战术练习：一传弧度要高，落点靠近网口，便于二次进攻。

3.二传战术能力训练

① 分球练习：根据运动员特点和布局分球，配合进行传球攻防练习。

② 时间差、空间差练习：在对方拦网过程中，充分利用技术实施的时间、空间差，造成对方战术失败，为我方创造进一步进攻或者反攻的机会。

③ 打空当：根据对方站位，突然将球打入对方空当，使其无法及时救球。

4.扣球战术能力训练

(1) 变化扣球线路

① 直线和斜线相结合，长线与短线相结合；直线助跑扣斜线球；斜线助跑扣直线球等。

② 突然扣向对方防守技术差和意志不顽强的队员。

③ 突然扣向对方空当和防守薄弱的区域等。

（2）变化扣球动作

① 多球反复转体、转腕扣球练习。

② 用高点扣球，从拦网人手上突破。

③ 正面扣球变为勾手扣球，攻其不备。

④ 利用 "时间差" "位置差" "空间差" 晃开对方拦网。

（3）避开拦网队员的手

① 扣球路线变化练习。

② 远近网扣球练习。

③ 扣吊结合的击球练习。

④ 扣球时间差判断与练习：提早或延迟时间击球。

⑤ 两次球练习：阻止对方形成双人拦网。

（4）造成对方失误

① 打手出界。

② 轻扣球触及拦网队员的手，使球随拦网队员一同下落。

③ 平打，造成对方拦网触手后落入后区或出界。

④ 反复吊球练习，争取落在对方网前。

5. 拦网战术能力训练

① 改变拦网手位置：直线改斜线，或斜线改直线。

② 制造假象，引诱对方，然后封锁对方。

③ 造成对方犯规：发现对方要打手出界时，及时将手撤回，使对方出界犯规。

三、排球运动防守战术学练

（一）排球运动防守战术教学内容

1. 接发球防守战术

（1）接发球战术要求

① 准确判断

在体育运动训练和比赛场上，准确判断是实施技战术的重要前提，如果运动者不能准确判断场上赛况并准确预料场上人、球变化，就不能对接下来的技战术实施做出准确的决策，则再优秀的运动员、再先进的技战术的实施都是毫无成效的。因此，接发球前，一定要准确判断。

②合理选位

在组成接发球阵型时，应以前排靠近边线的队员为基准进行合理取位，尽量扩大横向防守面积，同排队员之间保持适当距离，同列队员之间不要重叠站位，避免相互影响。

③分工与配合

分工配合要求同伴之间有良好的默契。一般来说是前排队员与后排队员之间的配合，如果球落在三人之间，先喊的队员优先接球，前排优先接球。

④接发球的保护

排球比赛中，运动员应了解排球场上的基本站位、位置的轮换，了解五人接发球的阵型和战术组织与实施，加强接发球的保护意识，避免无人接球。

（2）接发球的阵型

排球运动的战术阵型是战术实施的重要基础，就排球运动接发球战术阵型来说，不同的战术阵型适用于实施不同的战术，具有不同的战术威力。

2. 接传、垫球防守战术

①观察对方，判断落点。

②二传队员及时"插上"，其他队员补位。

③接球队员确保传、垫球到位。

④优先选择"中、边二传"或"心二传"阵型。

3. 接扣球防守战术

（1）接扣球防守战术环节

①拦网

人盯人拦网战术：负责拦网的排球运动员每个人都有固定的拦网对象，拦网队员各自负责拦对方与自己相对应位置的进攻队员，该战术具有职责清楚，分工明确的特点。

人盯区的拦网战术：球网分左、中、右三个区，各负责一个区，该战术可有效对付定位进攻及一般进攻，特点是拦网准确率高，不会漏网。

②后排防守

后排防守战术的实施，战术的重心在场地的后排，一般来说，要求运动员中有较好的远距离击球、扣球技术的运动员，同时后排防守的实施要求运动员之间能有效、默契地配合，以便实现二传，后排防守队员的主要任务是放对方的次要路线、吊球、触拦网队员的球。

(2) 接扣球防守阵型

接扣球防守有以下四种阵型：

①无人拦网防守阵型

针对对方多变战术，看准时机，如果出现无人拦网，应抓住机会在网前救球，避免对方突袭网前。

②单人拦网防守阵型

在水平一般的排球比赛中，如果对方技战术一般，可选派一名运动员在网前专门负责拦网，其他人组织进攻。单人拦网的优点是增加了防守人数，便于组织进攻。

在高水平排球比赛中，由于对方进攻战术多变，只能被迫单人拦网，其他队员应立即下撤参加防守。

③双人拦网防守阵型

采用"边跟进"和"心跟进"战术阵型进行双人拦网，以专门应对对方的大力扣杀、吊球。

"边跟进"防守多在对方进攻能力强、战术多变、吊球少时采用，包括活跟、死跟、内撤、双卡等战术阵型。

④三人拦网防守阵型

三人拦网在高水平的排球比赛中，或者对方实力强劲的比赛中多使用，要求三人之间密切配合，避免争抢、避免漏网，有效控制和保护网前。

4.接拦回球战术要求

①培养防拦回球的战术意识。

②拦回球的弧度要高，以便组织进攻。

③以前场为重点区域，低重心，稳固防守，注意提高救球的起球率。

④二传队员及时参与接拦回球。

⑤其他队员配合二传队员，积极传球。

(二) 排球运动防守战术训练方法

1. 选位配合与接发球训练

① 徒手模仿防守站位练习。

② 在场上不同位置站立，听口令换位跑动。

③ 接抛球练习：六人一组。教练员在对方场地网前，抛球过网，六名运动员在半场站成"一三二"五人接发球阵形，接教练员抛过来的球，一人在网前接住垫球再返给教练员。每轮接 3~5 球，六轮后换六名运动员上场练习。

④ 一发一接练习：一人发球，五人接球，两边同时进行。

⑤ 三人接发球进攻：对方在发球区发球，本区三人接发球进攻。

⑥ 五人接发球：运动员分成两组，一组教练员发球，另一组运动员发球。六人在场上按五人接发球阵形站位，网前运动员接住垫球后，把球滚到边线外。接 3~5 次发球后转一轮，再转一轮，又下场一人，上场一人，如此大轮转。

2. 拦网战术能力训练

① 网前徒手拦防配合：全体分三组，呈三路纵队分别站在 2、3、4 号位区域。三人一组，在网前站位，其他人在进攻线后准备。看教练员的手势，组成双人拦网和下撤防守，然后换下一排三人到网前练习。

② 拦网判断及跟动：三人一组，网两侧组数相同，隔网对抗，其他运动员在 3 米线后或附近等候，教练员在中场指挥。面对教练员的组看教练员的手势方向移动双人拦网，其他队员下撤。背对教练员的组双人拦网，力争与对手同时完成动作。

③ 拦、防结合：采用拦斜防直或反之的方法反复练习。

④ 连续拦扣：三对三对抗，进攻方组织各种进攻，另外一方三人配合拦网。

3. 其他防守战术能力训练

① 调整传球和反攻训练：教练员隔网站在高台上扣球，后排三名队员进行各种线路的防守、调整传球和反攻练习。

② 无对抗条件下的防守练习。

③ 简单对抗条件下的防守练习。

④ 较激烈对抗条件下的防守练习。

⑤ 模拟决胜局的攻防练习。

参考文献

[1] 蔡金明.体育教学技能训练 [M].哈尔滨：哈尔滨工业大学出版社，2017.11.

[2] 杨春越，林柔伟，蒋文梅.体育教学设计与实践 [M].延吉：延边大学出版社，2017.07.

[3] 蒋发尚.环境资源与体育教学 [M].北京：中国国际广播出版社，2017.09.

[4] 王晟.运动技能与体育教学 [M].长春：吉林大学出版社，2017.07.

[5] 吉丽娜，李磊.高校体育教学与训练理论实践探究 [M].北京：地质出版社，2017.06.

[6] 宋文钦.新课程下的体育教学改革实践 [M].长春：东北师范大学出版社，2017.08.

[7] 任婷婷.高校体育教学管理改革与模式构建 [M].长春：吉林大学出版社，2017.07.

[8] 陈爱莉，史伟，郭张箭.现代体育教学功能解析与科学发展研究 [M].北京：中国商务出版社，2017.06.

[9] 张艳.高校体育教学与体育竞赛活动研究 [M].北京：北京工业大学出版社，2018.12.

[10] 宋军.高校体育保健课与体育教学 [M].成都：四川大学出版社，2018.08.

[11] 刘锦著.现代体育教学体系的建设与发展研究 [M].北京：中国书籍出版社，2018.01.

[12] 杨明强.学校体育教学理论与实践研究 [M].武汉：武汉大学出版社，2018.08.

[13] 刘满.体育教学团队的科学建设与管理 [M].北京：中国商业出版

社，2018.05.

[14] 李尚滨，李淑红. 现代高校排球运动理论与实践研究 [M]. 北京：中国纺织出版社，2018.07.

[15] 王健. 高校排球教学理论与方法研究 [M]. 北京：团结出版社，2018.02.

[16] 李元华. 高校排球创新教学与科学竞训研究 [M]. 北京：九州出版社，2018.12.

[17] 朱淦芳. 高校排球教学教程 [M]. 长春：吉林大学出版社，2018.10.

[18] 王丹. 体育教学的理论与实践探索 [M]. 北京：北京理工大学出版社，2019.04.

[19] 曾佳. 大学体育教学与管理研究 [M]. 长春：吉林出版集团股份有限公司，2019.05.

[20] 韦勇兵，申云霞，汤先军. 体育教学与运动技能分析 [M]. 长春：吉林人民出版社，2019.12.

[21] 安基华，李博士. 体育教学理论与实证研究 [M]. 长春：吉林人民出版社，2019.12.

[22] 王伟. 体育教学理论及实训研究 [M]. 北京：北京工业大学出版社，2019.10.

[23] 刘景堂. 高校体育教学改革研究 [M]. 北京：中国纺织出版社，2019.12.

[24] 李丽丹. 高校排球训练理论与实践研究 [M]. 哈尔滨：哈尔滨地图出版社，2019.10.

[25] 高家良，郝子平. 体育教学理论与实践创新研究 [M]. 西安：西北工业大学出版社，2020.09.

[26] 常德庆，姜书慧，张磊. 高校体育教学与运动训练研究 [M]. 长春：吉林出版集团股份有限公司，2020.02.

[27] 曹垚. 现代体育教学理论与实践训练探索 [M]. 长春：吉林人民出版社，2020.07.

[28] 谢宾，王新光，时春梅. 高校体育教学与运动训练研究 [M]. 长春：吉林人民出版社，2021.10.

[29] 李进文 . 高校体育教学与体育文化融合发展研究 [M]. 北京：中国原子能出版传媒有限公司，2021.09.

[30] 温正义 . 高校体育教学与大学生体育实践能力培养研究 [M]. 北京：北京工业大学出版社，2021.10.

[31] 王然 . 高校排球教学实践及其课程创新研究 [M]. 长春：吉林科学技术出版社有限责任公司，2021.06.

[32] 王薇 . 高校排球运动教学与训练发展研究 [M]. 长春：吉林出版集团股份有限公司，2022.04.